AF166263

Theodor Kipp

Geschichte der Quellen des römischen Rechts

Verlag
der
Wissenschaften

Theodor Kipp

Geschichte der Quellen des römischen Rechts

ISBN/EAN: 9783957000767

Auflage: 1

Erscheinungsjahr: 2014

Erscheinungsort: Norderstedt, Deutschland

Hergestellt in Europa, USA, Kanada, Australien, Japan
Verlag der Wissenschaften in Hansebooks GmbH, Norderstedt

Cover: Foto ©Daniela Dirscherl / pixelio.de

GESCHICHTE DER QUELLEN

DES

RÖMISCHEN RECHTS.

VON

Dr. THEODOR KIPP
O. PROFESSOR AN DER UNIVERSITÄT BERLIN.

———

ZWEITE UMGEARBEITETE AUFLAGE.

———

Leipzig
A. Deichert'sche Verlagsbuchh. Nachf.
(Georg Böhme).
1903.

Vorwort.

Das vorliegende Buch, welches im Jahre 1896 zuerst erschien und von dem im Jahre 1897 eine italienische Übersetzung von G. Pacchioni veranstaltet wurde, stellt sich zur
Aufgabe, eine kurz gefaßte Geschichte der Quellen des
Römischen Rechts zu bieten. In der ersten Auflage habe
ich mich im wesentlichen darauf beschränkt, eine Sachdarstellung mit sparsamen Belegen aus den Quellen und noch
sparsameren Hinweisen auf die Literatur zu geben. Bei der
Neubearbeitung dagegen empfand ich das Bedürfnis, sowohl den
Quellenapparat wesentlich zu verstärken, wie auch die Literatur,
insbesondere die neuere und neueste, weit eingehender zu berücksichtigen. Aber auch abgesehen von diesen Punkten
wird man nach manchen Richtungen das Buch verändert und,
wie ich hoffe, verbessert finden. Insbesondere bin ich bemüht
gewesen, die neueren Quellenfunde gebührend zu beachten
und gewisse Grundfragen der Quellentheorie: *ius gentium*,
aequitas, *ius naturale*, Gewohnheitsrecht, mehr in den Vorder-
grund zu rücken und in der Darstellung zu vertiefen.

Berlin, im Juni 1903.

Theodor Kipp.

Inhalt.

Viertes Kapitel.

Die Rechtswissenschaft.

Fünftes Kapitel.

Sechstes Kapitel.

Die Justinianische Gesetzgebung und ihre orientalischen Bearbeitungen.

Siebentes Kapitel.

Achtes Kapitel.

Bibliographische Vorbemerkungen.

Quellenwerke.

Ausgaben des Corpus iuris civilis s. § 31.

Die Überreste der römischen Jurisprudenz außerhalb des Corpus iuris civilis
bieten: Krüger, Mommsen und Studemund, Collectio librorum
iuris Anteiustiniani und Huschke, iurisprudentiae Anteiustinianae quae
supersunt. Über beide Werke, wie auch über Lenel, Palingenesia iuris
civilis und Bremer, Jurisprudentiae Antehadrianae quae supersunt s. § 24
Anm. 1.

Bruns, fontes iuris Romani antiqui. 6. Aufl. von Mommsen und Gradenwitz. P. I Leges et negotia; P. II Scriptores (Auszüge aus Nicht-
juristen.) Freib. u. Leipz. 1893.

Wo für inschriftliches Material Bruns versagt, ist zurückzugehen auf Dessau,
inscriptiones Latinae selectae Berol. I 1892. II, 1 1902 oder weiter auf das
Corpus inscriptionum Latinarum (C. J. L.) Berol. 1862 sqq.

Papyrussammlungen s. § 33 Anm. 20.

Darstellungen der römischen Rechtsgeschichte insbesondere der Quellengeschichte.

G. F. Puchta, Kursus der Institutionen. B. I. 10. Aufl. nach dem Tode
des Verfassers besorgt von P. Krüger. Leipzig 1893.

O. Karlowa, römische Rechtsgeschichte I. B. Staatsrecht und Rechtsquellen.
Leipzig 1885.

P. Krüger, Geschichte der Quellen und Literatur des römischen Rechts
(Bindings Handbuch d. deutschen Rechtswissensch. I, 2). Leipzig 1888.

F. Schulin, Lehrbuch der Geschichte des römischen Rechts. Stuttg. 1889.

M. Voigt, römische Rechtsgeschichte. 3 Bde. Leipzig 1892—1902.

P. Jörs, das römische Recht. Birkmeyers Encyklopädie der Rechtswissenschaft. Berlin 1900. Quellen S. 77—91.

P. F. Girard, Manuel élémentaire de droit Romain. 3. Aufl. Paris 1901.
S. 1—88.

R. Sohm, Institutionen. 11. Aufl. Leipzig 1903. S. 14—134.

Bruns-Pernice-Lenel, Geschichte und Quellen des römischen Rechts in
Holtzendorffs Encyklopädie der Rechtswissenschaft. 6. Aufl. Berlin
1902/3. S. 73—170.

Römisches Staatsrecht.

Th. Mommsen, römisches Staatsrecht. 3 Bde. (Marquardt-Mommsen,
Handbuch der römischen Altertümer B. 1—8.) B. 1. 2 in 3. Aufl. und B. 3, 1
Leipzig 1887. B. 3, 2 das. 1888.

— — Abriß des römischen Staatsrechts (Bindings Handbuch der
deutschen Rechtswissenschaft I, 3). Leipzig 1893.

Theorie der Rechtsquellen.

M. Wlassak, Kritische Studien zur Theorie der Rechtsquellen im Zeitalter
der klassischen Juristen. Graz 1884.

E. Ehrlich, Beiträge zur Theorie der Rechtsquellen I. T. das ius civile, ius
publicum, ius privatum. Berlin 1902.

Römische Rechtswissenschaft.

P. Jörs, römische Rechtswissenschaft zur Zeit der Republik. 1. Tl. Bis
auf die Catonen. Berlin 1888.

H. H. Fitting, über das Alter der Schriften römischer Juristen von Hadrian
bis Alexander. Basel 1860.

W. Kalb, das Juristenlatein. 2. Aufl. Nürnberg 1888.

— — Roms Juristen, nach ihrer Sprache dargestellt. Leipzig 1890.

Hülfsmittel zur Exegese.

Th. Schimmelpfeng, Hommel redivivus oder Nachweisung der bei den
vorzüglichsten älteren und neueren Civilisten vorkommenden Erklärungen
einzelner Stellen des Corpus Juris Civilis. 3 Bde. Cassel 1858/59.

B. Brissonius, de verborum quae ad ius civile pertinent significatione, zuletzt bearbeitet von Heineccius. Halle 1748.

H. E. Dirksen, manuale Latinitatis fontium iuris civilis Romanorum.
Berlin 1837.

H. G. Heumann, Handlexikon zu den Quellen des römischen Rechts. 8. Aufl.
von Thon. Jena 1895.

Vocabularium iurisprudentiae Romanae. Editum iussi instituti Savigniani (von
Gradenwitz, Kübler, E. Th. Schulze, Helm, jetzt unter Leitung
von Kübler). Berlin, im Erscheinen seit 1884.

Die Anführungen aus der Zeitschrift der Savigny-Stiftung
für Rechtsgeschichte (Weimar 1880 ff.) beziehen sich auf die romanistische
Abteilung.

---

§ 1. Einleitung.

Von Quellen[1]) des Rechts spricht man in einem doppelten Sinne, dem der Entstehungsquellen und dem der Erkenntnisquellen.

I. Die Entstehungsquellen, die Quellen, aus denen das Recht fließt, sind genau genommen die Faktoren, von denen die Rechtsbildung ausgeht: die Inhaber gesetzgebender Gewalt oder die Träger sonstiger rechtsschöpferischer Macht, wie das Volk als Urheber der Rechtsgewohnheit, die Juristen als Schöpfer des Juristenrechts. Gewöhnlich aber versteht man unter Rechtsquellen nicht diese schöpferischen Faktoren, sondern nennt so die von ihnen ausgehenden Akte, durch welche sie Recht schaffen: das Gesetz, die Rechtsgewohnheit, die gemeine Meinung der Juristen.

II. Erkenntnisquelle des Rechts ist alles, woraus wir unsere Kenntnis des Rechts schöpfen. Weitaus die Hauptrolle spielt dabei die Schrift. Es kommen aber auch andere Dinge in Betracht.[2]) Die schriftliche Rechtsüberlieferung bewegt sich in der unmittelbaren Wiedergabe der Texte von Rechtssatzungen, in Mitteilungen, Ausführungen, Erwägungen über den Inhalt be-

---

[1]) Das darin liegende Bild ist auch den Römern nicht fremd. Liv. III, 34: fons omnis publici privatique iuris. Dort ist aber der Sinn ein eigentümlich gefärbter: die XII Tafeln unter der gewaltigen Masse übereinandergehäufter Gesetze der Urquell des Rechts; übrigens wohl mehr im Sinne der Entstehungsquelle als nur der Erkenntnisquelle.

[2]) Münzen sind nicht bloß durch ihre Inschrift, sondern auch durch ihre Bilder, ihre Zusammensetzung, ihr Gewicht lehrreich, und das Münzwesen ist öffentlichrechtlich wie privatrechtlich von vielseitiger Bedeutung; die notitia dignitatum (§ 24) ist nicht bloß durch ihren Text, sondern auch durch ihre Abbildungen wichtig.

stehender Rechtssätze, in Erklärungen, Beurkundungen, Erzäh-
lungen, welche das Recht in der Anwendung auf den einzelnen
Fall zeigen, oder sonst Schlüsse auf Rechtssätze erlauben.
Den ersten Rang nehmen ein buchmäßig verbreitete Werke:
Gesetzbücher, juristische Privatarbeiten und Werke der nicht-
juristischen Literatur, die bei den Römern in allen ihren
Zweigen für die Erkenntnis des Rechtes ergiebig ist. Dazu
kommen Inschriften auf Bronze und Stein, Urkunden auf
wachsüberzogenen Holztäfelchen, Bronzetäfelchen, Papyrus.

III. Die Lehre von den Entstehungsquellen des römischen
Rechts ist ein Stück des römischen Rechts selbst; denn
Rechtsvorschriften sind es, welche darüber bestimmen, wie sich
Recht bilden soll. Die Einsicht in jene Lehre verdanken wir
ebenso wie alles, was wir sonst vom Inhalt des römischen Rechts
wissen, den Erkenntnisquellen des römischen Rechts. Man könnte
sonach versucht sein, die Lehre von den Erkenntnisquellen
selbständig voranzustellen. Das ist aber nicht möglich, weil
man ohne Darlegung der Lehre von den Entstehungsquellen
oft gar nicht zeigen kann, in wiefern dies oder jenes den
Wert einer Erkenntnisquelle des römischen Rechts hat. Die
folgende Darstellung behandelt daher Entstehungsquellen und
Erkenntnisquellen in Verbindung miteinander. Die Lehre von
den Entstehungsquellen des römischen Rechts ist aber nur
dann vollständig, wenn auch dargelegt ist, welche Geltungs-
kraft, welcher Geltungsbereich dem aus ihnen geflossenen
Recht zukam, und auch an der ganz andern Frage ist nicht
vorbeizugehen, inwieweit nach römischer Ansicht eine Norm,
um Recht zu sein, der Sanktion durch eine sg. Rechtsquelle
überhaupt bedarf.

Erstes Kapitel.

Allgemeine Fragen.

§ 2.

Übersicht über die Formen der Rechtsbildung bei den Römern. Positives Recht und *ius naturale*. *Ius* und *aequitas*.

I. Die Römer gehen davon aus, daß das Recht eine von einem Gemeinwesen ausgehende, für den Bereich dieses Gemeinwesens bestimmte Lebensordnung ist. Römisches Recht ist, was die Römer auf einem der von ihnen selbst anerkannten Wege der Rechtsbildung sich als Recht geschaffen haben. Im Anfange steht vorwiegend gewohnheitsrechtliche Rechtsbildung. Aber schon früh trat eine Gesetzgebung in Tätigkeit, gehandhabt von den geordneten Volksversammlungen unter Leitung von Beamten. Die erste umfassende Gesetzgebung sind die XII Tafeln. Die Rechtswissenschaft hatte zuerst ihren Sitz im Kollegium der Pontifices, seit etwa 300 v. Chr. emanzipierte sie sich vom Priestertum. Die gemeine Lehre der Juristen, ihre das Volksrecht umbildende *interpretatio*, wurde dem Volksrecht gleich als Recht anerkannt. Gewohnheitsrecht, Volksgesetzgebung und Juristenrecht bildeten das *ius civile*. In der jüngeren Zeit der Republik gewann eine neue Rechtsquelle Bedeutung: die Edikte der Jurisdiktionsmagistrate, vor allem der Prätoren und kurulischen Ädilen. Der im Laufe der Zeit in beständiger Wiederholung gefestigte Inhalt der Edikte trat als Amtsrecht, *ius honorarium,* dem *ius civile* gegenüber.

1*

In der Kaiserzeit Augustischen Stils war die Volksgesetzgebung noch eine kurze Zeit lebhaft tätig, wurde aber bald
bei Seite gelegt; die Edikte der Jurisdiktionsmagistrate spielten
in der Fortbildung des Rechts nur noch eine untergeordnete
Rolle; unter Hadrian gelangte ihr Inhalt zum endgültigen
Abschluß. Dagegen traten als neue Quellen des Rechts, und
zwar gleichgeachtet dem alten Volksgesetz, als Quellen des
ius civile, ein: die Senatuskonsulte und die Festsetzungen
(constitutiones) der Kaiser. Die Rechtswissenschaft, welche
sich in den ersten beiden Jahrhunderten der Kaiserzeit zur
höchsten Blüte erhob, erfreute sich der alten Anerkennung
ihrer schöpferischen Kraft, ja ihre Macht wurde noch gesteigert
durch die Einführung des Privilegiums für hervorragende
Juristen, Gutachten gewissermaßen im Namen des Kaisers
zu erteilen.

In der Zeit der diokletianisch-konstantinischen Monarchie
dagegen ist der Kaiser der alleinige und unumschränkte Gesetzgeber, der sich jede Mitwirkung der Rechtswissenschaft
an der Fortbildung des Rechts verbittet.

II. Dies in vorläufigem Überblick die Wege der Rechts-
schöpfung bei den Römern. Es hat aber schon bei den Römern
der Gedanke nicht gefehlt, der zu allen Zeiten immer wieder
auftaucht, daß es gegenüber dem Recht, welches ein Volk sich
schafft, dem sogen. positiven Recht, auch ein natürliches Recht
gebe, ein *ius naturae,*[1]) *ius naturale,*[2]) welches allen Völkern
gemeinsam, oder gar Menschen und Tieren gemeinsam sei,
von der Natur ihnen eingepflanzt.[3])

Insofern das *ius naturale* allen Menschen gemeinsam sein
soll, berührt sich sein Begriff mit dem des *ius gentium,* von
dem unten die Rede sein wird (§ 3). Ein Menschen und
Tieren gemeinsames Recht gibt es nicht, weil das Tier keiner

---

[1]) Pomp. D. L, 17, 206.
[2]) Paul. D. I, 1, 11.
[3]) Cic. de off. III, 5, 28, de harusp. resp. 14, 82, Gai. I, 1. D. I, 1, 9,
XLI, 1, 1 pr., Ulp. D. I, 1, 6 pr., Paul. D. XIX, 2, 1. Vgl. über das ius
naturale M. Voigt, Das ius naturale, aequum et bonum und das ius gentium der
Römer. 4 Bde., Leipzig 1856—1875. — Bergbohm, Jurisprudenz und
Rechtsphilosophie I (Leipzig 1892) S. 154 ff.

Rechtsvorschrift Gehör leihen kann. Im übrigen ist folgendes zu bemerken: Rechtssätze, welche wir in der uns beherrschenden Rechtsordnung beobachten, erscheinen uns als natürlich, wenn wir finden, daß elementare Gerechtigkeitsgründe für sie sprechen, die nach unserem Urteil weder aus den Besonderheiten unserer Zeit, noch aus denen unseres Volkes sich erklären, sondern allgemein menschlich und dauernd sind. Und darin liegt eine ganz berechtigte Denkungsart. Denn so viel auch die Rechtsordnungen verschiedener Völker und Zeiten an Verschiedenheiten aufweisen, so fehlt es doch auch nicht an Sätzen, die in der Tat seit Jahrtausenden dieselbe unmittelbar einleuchtende Überzeugungskraft besessen haben. Die Römer nennen z. B. den Satz *naturalis*, daß man sein Geld wieder fordern kann, wenn man es zahlte in dem irrigen Glauben, die Summe schuldig zu sein,[4]) und denselben Satz finden auch wir ganz „natürlich". Gerechtigkeitserwägungen aber, die als — nach Ansicht des Urteilers — einfache, allgemeingültige und dauernde einem vorhandenen Rechtssatz den Anspruch auf das Prädikat eines natürlichen geben, sind auch von jeher nicht nur zur Begründung der Anforderung aufgetreten, daß die Rechtsordnung ihre Sätze ihnen entsprechend zu gestalten habe, sondern diese Anforderung hat die beständige Neigung, in die Behauptung überzugehen, daß die als natürlich empfundenen Sätze bereits geltende Rechtssätze seien, auch wenn ihre Anerkennung in den Quellen des positiven Rechts nicht nachzuweisen sei. Die römischen Juristen haben prinzipiell durchaus nicht das *ius naturale* als geltendes Recht unabhängig von den positiven Quellen betrachtet. Sie wußten z. B. zu sagen, daß das *ius naturale* die Freiheit aller Menschen forderte, und doch war die Sklaverei ein anerkanntes Rechtsinstitut.[5]) Ihre ganze freie Stellung zu dem gegebenen Rechtsstoff aber, zu dessen beständiger Fortbildung im Sinne der Annäherung an das Gerechtigkeitsideal sie berufen waren, anders ausgedrückt: die Stellung der Rechtswissenschaft selbst unter den anerkannten Quellen des Rechts eröffnete den von der

---

4) Paul. D. XII, 6, 15 pr. Indebiti soluti condictio naturalis est.
5) Ulp. D. I, 1, 4.

Rechtswissenschaft als dem *ius naturale* entsprechend erachteten Sätzen ein weites Tor in das römische *ius civile*.

III. In diesem Zusammenhange ist auch das Walten der *aequitas*[6]) im römischen Recht zu betrachten. Durch keinen seiner glänzendsten Einzelsätze hat das römische Recht sich so viel Anspruch auf seine Unsterblichkeit erworben als durch die Art, wie es grundsätzlich sein Verhältnis zur Äquität bestimmt hat. *Aequitas (aequum, bonum et aequum)* ist zunächst ein sittlicher Begriff: die Gerechtigkeit, Billigkeit[7]) als Inbegriff von Normen und subjektiv als entsprechende Tugend. In derselben Art, wie das Recht als natürlich hingestellt wird, wenn es der Urteilende für allgemein und unwandelbar gerecht und billig hält, in derselben Art wird auch die Gerechtigkeit selbst nicht selten als etwas Natürliches bezeichnet.[8]) Das Recht ist nun nicht die *aequitas* selbst, aber es will einen Niederschlag der *aequitas* darstellen.[9]) Es will seinen Inhalt nach den Anforderungen der *aequitas* gestalten, nach ihnen ausgelegt und angewandt werden. *Aequitas* ist Maßstab der Kritik des bestehenden Rechtes. Im Gegensatz zum *aequum ius*[10]) ist *ius iniquum* un-

---

[6]) M. Voigt, in dem oben Note 3 angeführten Werke. — Leiit, Civilistische Studien. 4. H. Jen. 1877, bes. S. 190 ff., S. 209 ff. — Krüger S. 119 ff. — Federico de Cola, lo stretto diritto e l'equitá nel diritto Romano. Messina 1888. — Emilio Costa, il diritto privato nelle comedie di Plauto. Torino 1890. p. 58 sq. Pernice Zeitschr. d. Sav.-Stift. XX (1899) S. 147 ff. Kipp, Pauly-Wissowa's Realencyclopädie Artikel aequitas.

[7]) Im weitesten Sinne kann sich aequitas auf das gesamte Verhalten zu Göttern und Menschen beziehen. Cic. top. 90: aequitas tripertita dicitur esse: una ad superos deos, altera ad manes, tertia ad homines pertinere.

[8]) Natura aequum: Pomp. D. XII, 6, 14, naturalis aequitas: Gai D. XXXVIII, 8, 2, XLI, 1, 93, Paul. D. XLIV, 1, 1, Ulp. D. IV, 4, 1 pr., iure naturae aequum: Pomp. D. L, 17, 206.

[9]) Cicero (top. 9) definiert das ius civile als aequitas constituta iis qui eiusdem civitatis sunt. Celsus (D. I, 1, 1 pr.) nennt das Recht: ars boni et aequi.

[10]) Nach römischer Ansicht ist aequitas nicht ein Gedanke, der erst in junger Zeit in das Recht eingedrungen ist. Cicero u. Tacitus rühmen die Aequität der XII Tafeln (Cic. de rep. II, 61, Tac. Ann. III, 27). Tacitus nennt sie sogar das Ende des gerechten Rechts (finis aequi iuris) im Gegensatz zu den Gesetzen der Folgezeit. Auch sonst wird die Äquität sehr alter Sätze hervorgehoben: Paul. D. XLIX, 15, 19 pr., Gai. III, 7, Ulp. XXVI, 2, D. XXXVIII, 16, 1, 4.

billiges Recht,[11]) *ius strictum* ein zwar nicht ganz unbilliges, aber doch den Forderungen der *aequitas* nicht weit genug entgegenkommendes Recht.[12]) *Aequitas* ist Maxime der Auslegung des Rechts, die im Sinne der Fortbildung des Rechts nach den Forderungen der *aequitas* gehandhabt wird und werden soll. Die *interpretatio* ist Mittlerin zwischen Recht und *aequitas.*[18]) Endlich aber ist *aequitas* auch ein Inbegriff von Normen, die das Recht vielfältig ergänzen. Es ist schlechthin unmöglich, daß das Recht mit Sätzen, die ins einzelne gehen, den Rechtsgenossen erschöpfende Verhaltungsmaßregeln, dem Richter erschöpfende Anweisungen zum Spruch gebe. Die Rechtsvorschriften bedürfen der Ergänzung aus dem, was im Leben als gerecht und billig angesehen wird. Wenn in den Quellen *aequitas* als Richtschnur für Magistrate wie Geschworene aufgestellt wird,[14]) so bezieht sich dies keineswegs nur auf die

---

[11]) Gai, III, 25. (iuris iniquitates.)

[12]) Gai. III, 18.

[18]) Aequitas verlangt, daß nicht am Buchstaben gehaftet wird. Daher stellt sie Cicero in Gegensatz zu scriptum, verba, litterae (Cic. Brut. 145. 198, de orat. I, 242 sqq., p. Caec. 65. 77. 80. 104, p. Mur. 27. Damit tritt aequitas zunächst nicht in Gegensatz zum ius, sondern ius und aequitas stehen vereint dem Buchstaben und der Spitzfindigkeit gegenüber (Cic. p. Caec. 57. 61. 65. 77. 80. 81. 104). Die Auslegung soll den Willen des Gesetzgebers erforschen (Cels. D. I, 3, 17—19. Tryph. D. XLIX, 15, 12, 8). Aber dies verwandelt sich in der Hand der römischen Juristen in das Ziel, die Vorschrift so auszulegen, wie sie der gerecht denkende Gesetzgeber nach Ansicht der Juristen in Berücksichtigung der Gerechtigkeitsüberzeugungen der Gegenwart geben müsste, auch wenn das ihrem ursprünglichen Sinne nicht entspricht. Daher gehen die Juristen im Interesse der Äquität des Ergebnisses von dem bisherigen Rechte oft weit ab, indem sie der aequitas den Vorzug geben vor dem ius (Ulp. D. XV, 1, 32 pr., Paul. D. XXXIX, 3, 2, 5), dem strictum ius (Pap. D. V, 3, 50, 1, XXIX, 2, 86 pr., Paul. D. XIII, 5, 30), der stricta ratio (Gai. D. XLI, 1, 7, 5; Pap. D. XI, 7, 43), dem rigor iuris (Ulp. D. XL, 5, 24, 10), der subtilitas iuris (Javol. D. XXXIX, 5, 25, Cels. D. VIII, 3, 11) u. s. w. Drangen sie mit ihrer Ansicht allgemein durch, so wurde deren Inhalt zum Rechtssatz.

[14]) Liv. III, 88. Cic. de lege agr. II, 102, in Ver. I, 136, 151, III, 42, V, 27. Ammian. XXII, 10, 2. C. J. L. IX, 1575. X, 4863. Cic. pro. Clu. 156, 159, in Ver. II, 109. III, 220. Eine im Jahre 1901 gefundene Ehreninschrift für den Valerius Dalmatius, Statthalter der provincia Lugdunensis tertia, aus dem fünften Jahrhundert, beginnt: Jus ad iustitiam revocare aequumque tueri Dalmatio lex est quam dedit alma fides Bis sex scripta (XII Tafeln) tenet praetoris-

aequitas als Auslegungsmaxime, sondern auch auf gerechte
Würdigung der Tatsachen und Handhabung gerechten Ermessens in Ergänzung der Rechtsvorschriften. Oft glaubt man,
daß der Gedanke der *aequitas* etwas erst verhältnismäßig
spät im römischen Recht Aufgetauchtes sei; aber es ist vielmehr umgekehrt zu behaupten, daß gerade in den ältesten
Zeiten das freie Ermessen der Magistrate wie der Geschworenen
eine besonders große Rolle gespielt hat, und daß es durchaus
römisch ist, das Regiment des Ermessens auch in solch alter
Zeit als ein Regiment der *aequitas* aufzufassen,[15]) wenn auch
der Inhalt der Normen der *aequitas* von der alten Zeit anders
aufgefaßt wurde als von der späteren. Die römische Volksgesetzgebung ging allerdings grundsätzlich darauf aus,
alles so viel wie möglich selbst zu bestimmen und das freie
Ermessen zurückzudrängen. Aber auch sie konnte doch der
Mitwirkung desselben keineswegs ganz entbehren. Es kommt
vor, daß das Gesetz eine Entscheidung ausdrücklich in das
Ermessen des Magistrats stellt,[16]) und schon die XII Tafeln
kennen Streitigkeiten, bei deren Schlichtung das freie Ermessen
des oder der Geschworenen die Hauptrolle spielt *(arbitrium
finium regundorum, familiae erciscundae, aquae pluviae arcendae).*
Aber auch sonst sind die Bestimmungen der Gesetze großenteils so gefaßt, daß ihre Anwendung ohne Eingreifen billigen
Ermessens gar nicht gedacht werden kann, weil sie mit Begriffen
des Lebens operieren, die sie selbst nicht festlegen. Der römische
Senat bekennt sich zur *aequitas* als der Maxime seiner Verwaltung
schon in den ältesten Beschlüssen, die wir von ihm kennen.[17])
Er verweist ebenso wie die Gesetze die Beamten auf ihr Ermessen[18]) und hat hierzu um so mehr Anlaß, als er ihnen staats-

---

que omne volumen (das Edikt) Doctus et a sanctis condita principibus (Kaiserkonstitutionen). — Vgl. Mommsen, Sitzungsber. der Berl. Akad. 1902
S. 836 ff. Mitteis Zeitschr. der Sav.-Stift. XXIII (1902), S. 443 f.

[15]) Liv. III, 13. 33.

[16]) Lex. agrar. 35. 73. 74. 78. 83, lex. Acil. repet. 30. 65, lex. Cornel.
de XX quaest. 33, lex. Jul. munic. 21. 33. 47. 54.

[17]) SC. de Bacchanal. 26. SC. de Tiburt. 4. SC. de Asclepiade Lat. 11,
Gr. 30.

[18]) SC. de Thisbaeis 44 sq. Suet. de cl. rhet. c. 1. SC. de Asclepiade
Lat. 11, Gr. 31.

rechtlich streng genommen nur Ratschläge erteilen kann. Die beiden Hauptträger der Ausbildung des römischen Rechts zu seiner Blüte, das prätorische Edikt und die Jurisprudenz, haben in der einsichtigsten Weise der *aequitas* als einer das Recht ergänzenden Entscheidungsnorm die gebührende Stellung gesichert. Der Prätor hat oft in seinem Edikt sich selbst die Prüfung der Sachlage im Einzelfalle vorbehalten,[19]) vor allem aber die Anweisungen, welche im jüngeren Civilprozess der Geschworene vom Prätor erhielt, größtenteils so gefaßt, daß der Richter sich ausdrücklich zur Beachtung der Normen der *aequitas* verpflichtet sah. Zum Teil waren die Formeln geradezu auf *bonum et aequum* gestellt.[20]) In der grossen Gruppe der *actiones bonae fidei* kam die Verweisung auf die *aequitas* dadurch zum Ausdruck, daß der Richter beauftragt wurde, den Beklagten zu verurteilen auf dasjenige,[21]) was der Beklagte dem Kläger *ex fide bona* schuldig sei *(quicquid Numerium Negidium Aulo Agerio dare facere oportet ex fide bona),* worunter nichts anderes als das *bonum* und *aequum* zu verstehen war.[22]) In der ebenfalls großen Gruppe der *actiones arbitrariae* wurde der Geschworene angewiesen, den Beklagten erst dann zu verurteilen, wenn er nicht in einer nach Ermessen des Richters festgesetzten Weise den Kläger zufriedengestellt habe *(nisi arbitratu tuo [iudicis] restituet).*[23]) Allerdings ist durch die Praxis und die unausgesetzte Arbeit der Juristen in weitem Umfange wiederum als Rechtssatz fixiert worden, was als der *bona fides,* der *aequitas* entsprechend anzusehen sei, und insofern die Herrschaft der *aequitas* als solcher wieder zurückge-

---

[19]) S. u. § 10.

[20]) Cic. de off. III, 61. Gai. D. IV, 5, 8. Ed. praet. D. IV, 3, 1 pr. Ulp. D. XI, 7, 14, 6.13. XLVII, 10, 17, 2. Paul. D. XLVII, 10, 18 pr. XLIV, 7, 34 pr., Ed. praet. D. XLVII, 12, 3 pr. Pap. D. XLVII, 12, 10, Ed. aedil. D. XXI, 1, 42.

[21]) Genauer: einen dem entsprechenden Geldbetrag.

[22]) Tryphon. D. XIV, 3, 31 pr. Bona fides quae in contractibus exigitur aequitatem summam desiderat.

[23]) Von diesen Klagen heißt es in J. 4, 6, 31: in his enim actionibus et ceteris similibus permittitur iudici ex bono et aequo secundum cuiusque rei de qua actum est naturam aestimare quemadmodum actori satisfieri oporteat.

drängt, aber man hat sich immer gehütet, hierin zu weit zu gehen.[24])

§ 3.

Geltung des römischen Rechts im Römischen Reich.

Jus civile und *ius gentium*.

I. Das römische Recht hat das römische Gebiet keineswegs von Anfang an ausschließlich beherrscht, sondern es galten dort nach dem System der Personalität der Rechte viele Nationalrechte nebeneinander, die das römische Recht nur in langer Entwickelung und niemals vollkommen verdrängt hat.[1]) Das römische Recht hat das Prinzip der Personalität des Rechts. Es geht grundsätzlich von der Anschauung aus, daß die Gesetze des römischen Volks und was ihnen gleichsteht, also ihre *interpretatio* durch die Juristen und das unter Römern hergebrachte Gewohnheitsrecht, nur für den römischen Bürger geschaffen sind. Dieses Recht ist *ius Quiritium, ius civile populi Romani, ius civile, id est ius proprium civitatis nostrae. — Jus civile proprium est civium Romanorum.*[2]) Die Nichtrömer *(peregrini)* bindet also das römische Nationalrecht nicht. Es gilt für sie nur, wenn sie

---

[24]) Cels. D. XLV, 1, 91, 3: esse enim hanc (Verschulden beim Verzuge) quaestionem de bono et aequo, in quo genere plerumque sub auctoritate iuris scientiae perniciose, inquit, erratur. Scaev. D. XLIV, 3, 14 pr.: de accessionibus possessionum nihil in perpetuum neque generaliter definire possumus. consistunt enim in sola aequitate.

[1]) Vgl. Mommsen, röm. Staatsrecht III, S. 603 ff. — Mitteis, Reichsrecht und Volksrecht in den östlichen Provinzen des römischen Kaiserreichs. Leipzig 1891. — Wlassak, römische Prozeßgesetze II. Abt. Leipzig 1891, S. 93 ff. — Baron, Peregrinenrecht und *ius gentium*. Leipzig 1891. — Pernice, Zeitschr. der Sav.-Stift. XX (1899) S. 138 ff. — Baviera il diritto internazionale dei Romani Arch. giuridico LX 1898 p. 266 sq., 463 sq. LXI (1899) p. 243 sq. 433 sq. Dazu H. Krüger, Zeitschrift der Savigny-Stift. XX (1899) S. 264 ff. Ehrlich, Beiträge zur Theorie der Rechtsquellen. Berlin 1902 S. 84 ff.

[2]) Gai. I, 1. D. I, 1, 9. XLI, 1, 1 pr. Ulp. D. I, 1, 6 pr. J. I, 2, 1. 2.

es recipiert haben *(adsciscere, fundus fit aliquis populus alicuius legis).*[²]) Aber Rom hat das Recht für sich allerdings beansprucht, nach seinem Willen durch seine Gesetze auch die Nichtbürger zu binden. So ist durch das sempronische Plebiszit im J. 193 v. Chr. verordnet, *ut cum sociis ac nomine Latino pecuniae creditae ius idem quod cum civibus Romanis esset.*[⁴]) Die Kapitalisten hatten zur Umgehung der Zinsgesetze sich hinter bundesgenössischen Gläubigern versteckt, auf welche jene Gesetze nicht Anwendung fanden; jetzt wurden sie auf die Bundesgenossen als Gläubiger der Römer ausgedehnt. Soweit aber eine solche Ausdehnung nicht stattgefunden hat, hat der Nichtbürger am römischen Recht keinen Teil, kann sich nicht einmal nach dessen Sätzen durch Rechtsgeschäft verpflichten oder berechtigen, wenn ihm nicht besonders (wie den Latinern) das *ius commercii* d. h. die Rechtsgemeinschaft des Vermögensverkehrs, oder das *ius connubii* d. h. die Ehegemeinschaft und somit überhaupt die Familienrechtsgemeinschaft, oder beides verliehen ist. Der Nichtbürger lebt nach seinem Nationalrecht, seinem *ius civile.*[⁵]) An diesem Nationalrecht hat der Römer seinerseits keinen Teil. Nur diejenigen Peregrinen, welche nach ihrer Unterwerfung unter Rom keinerlei Anerkennung ihrer Rechtsordnung erhalten haben *(peregrini dediticii)*, haben in römischen Augen ein Volksrecht überhaupt nicht, ebenso wie die aus dem römischen Bürgerrecht Ausgestossenen *(capitis deminutio media)*. Sie sind ἀπόλιδες *hoc est sine civitate.*[⁶]) Solche Personen können z. B. ein Testament überhaupt nicht machen, weil dasselbe nach römischer Ansicht stets gemäß einem bestimmten Volksrecht zu errichten ist.[⁷])

---

²) Cic. pro Balbo 8, 21. 22: innumerabiles aliae leges de civili iure sunt latae: quas Latini voluerunt, adsciverunt. Gell. XVI, 13, 6 von den cives sine suffragio: neque ulla populi Romani lege adstricti nisi in quam populus eorum fundus factus est. Fest. s. v. fundus.

⁴) Liv. 35,7.

⁵) Gai. I, 1: Quod quisque populus ipse sibi ius constituit, id ipsius proprium est vocaturque ius civile. J. I, 2, 2: Ius quidem civile ex unaquaque civitate appellatur, veluti Atheniensium.

⁶) Marci. D. XLVIII, 19, 17.

⁷) Ulp. D. XXXII, 1, 2: Hi quibus aqua et igni interdictum est, item

II. Ausser dem jeweiligen peregrinischen Volksrecht
finden aber auf die Peregrinen auch in ziemlich weitem Umfange
Satzungen Anwendung, die ihnen von den Römern oktroyiert
sind: dahin gehören die Provinzialordnungen, welche nach Eroberung oder Wiedereroberung einer Provinz aufgestellt werden (s. u. § 9), die vielen einzelnen Städten verliehenen Stadtordnungen (s. u. § 9), namentlich aber auch die Edikte der Provinzialstatthalter und der Quaestoren für den Bereich ihrer provinzialen Jurisdiktion (s. u. § 9). In der Kaiserzeit haben SCC.
und kaiserliche Konstitutionen von vornherein kein Bedenken
getragen, Vorschriften für alle Reichsangehörigen ohne Unterschied der Nationalität aufzustellen.[8])

III. Ein wichtiger Hebel zur Herstellung der Rechtseinheit
auf dem Boden des römischen Reiches und zugleich der inneren
Fortbildung des römischen Rechtes war das von den Römern s. g.
ius gentium. Es mußte sich beim Verkehr von Römern mit
Peregrinen und von Peregrinen verschiedener Nationalität die
Frage aufwerfen, welches der verschiedenen Nationalrechte
auf ihre Beziehungen anzuwenden sei. Diese Frage hätte sich
von dem Prinzip der Personalität des Rechtes aus durch eine
der des heutigen internationalen Privatrechts ähnliche Theorie
lösen lassen: man hätte Festsetzungen darüber treffen können,
wie unter den beteiligten Rechtsordnungen zu wählen sei.
Auch das moderne internationale Privatrecht geht nur zum
Teil von dem Prinzip der Territoralität des Rechts aus, zu
nicht geringem Teil beruht es auf dem Gedanken der Per-

---

deportati fideicommissum relinquere non possunt, quia nec testamenti faciendi
ius habent, cum sint ἀπόλιδες.

[8]) Gai. I, 58: nach einer Konstitution von Antoninus Pius neque civibus
Romanis nec ullis aliis hominibus qui sub imperio populi Romani sunt licet
supra modum et sine causa in servos suos saevire. Gai. I, 81: Ein Senatus-
konsult unter Hadrian bestimmte, daß ein Kind, dessen Vater Latiner, dessen
Mutter Peregrinin sei oder umgekehrt, dem Stande der Mutter folgen solle.
Ulp. D. XLVII, 12, 8, 5 spricht den allgemeinen Satz aus, daß kaiserliche
Reskripte aller Orten gelten, auch im Widerspruch mit dem Stadtrecht.
Zu Ulpians Zeit hatten zwar schon alle Städte Bürgerrecht, aber
er trägt seine Ansicht im Anschluß an eine Verordnung Hadrians vor, zu dessen
Zeit es noch nicht so war. Diocl. C. J. VI, 24, 7 verwirft den Brüderschafts-
vertrag, auch unter Peregrinen.

sonalität des Rechts. Eine solche Lösung haben aber die Römer **nicht** gegeben, sondern **statt** der beteiligten National-rechte ein drittes Recht angewandt, das *ius gentium*.

Das *ius gentium* tritt mit der Prätention auf, ein Recht zu sein, das bei allen Völkern gelte.[9]) In Wahrheit ist es ein in den Edikten der mit der Peregrinenjurisdiktion betrauten Magistrate und in der Theorie der Juristen gebildeter Zweig des römischen Rechts, hat also die formellen Quellen mit dem sonstigen römischen Recht gemein. Der Sache nach war es größtenteils wirklich gemeinsames Recht der Mittelmeervölker, wird sich freilich auch insoweit unter der Hand der römischen Juristen umgebildet haben; zum Teil aber sind es Sätze des nationalrömischen Rechtes, welche die Römer dem Peregrinen-verkehr zugänglich zu machen Anlass fanden. Der allgemeine obligatorische Vertrag der Römer war die *stipulatio* in münd-licher Frage des Gläubigers und bejahender Antwort des Schuldners. Diesen Vertrag reservierten sie für die römischen Bürger, wenn er in den Worten *spondesne? spondeo* auftrat, erklärten ihn aber, wenn statt dieser Worte andere gewählt wurden (*dabis? dabo* u. s. w.) für Sache des *ius gentium*.[10]) Der Stipulation entspricht die mündliche Quittierung *habesne acceptum? habeo*, die *acceptilatio*; auch sie ist aus dem rö-mischen *ius civile* in das *ius gentium* übergegangen.[11]) Den obligatorischen Kontrakt durch Eintragung in das Hausbuch wollte nur eine Schule der römischen Juristen (die Sabinianer, s. u. § 18) und auch diese nur für einen bestimmten Fall als den Peregrinen zugänglich gelten lassen.[12]) Hauptsächlich rech-neten die Römer zum *ius gentium* die frei entfalteten Verkehrsobligationen,[13]) die Verträge, die entweder ohne jede

[9]) Gai. I, 1: quod vero naturalis ratio inter omnes homines constituit, id apud omnes populos peraeque custoditur vocaturque ius gentium quasi quo iure omnes gentes utuntur = D. I, 1, 9.

[10]) Gai. III, 93.

[11]) Ulp. D. XLVI, 4, 8, 4.

[12]) Gai. III, 138.

[13]) Ulp. D. II, 14, 7 pr. § 1: Iuris gentium conventiones quaedam actiones pariunt quaedam exceptiones. Quae pariunt actiones, in suo nomine non stant, sed transeunt in proprium nomen contractus: ut emptio venditio locatio con-ductio societas commodatum depositum et ceteri similes contractus. Paul. D.

Form geschlossen werden können, die Konsensualkontrakte
— Kauf *(emtio venditio)*, Miete, Dienst- und Werkverdingung
(alle drei als *locatio conductio* zusammengefaßt), Auftrag *(mandatum)*, Gesellschaft *(societas)* — oder doch keiner anderen
Form bedürfen, als daß eine Partei etwas leistet unter ent-
sprechender Übernahme einer Verpflichtung durch die andere,
die Realkontrakte, zunächst Darlehen *(mutuum)*, Leihe *(commodatum)*, Hinterlegung *(depositum)*, Verpfändung *(pignus)*, ferner
auch das von der Leihe getrennte, aber mit ihr verwandte
Precarium; nicht minder die Forderungen auf Herausgabe einer
ungerechtfertigten Bereicherung.[14])

Angewandt wird das *ius gentium* zunächst sein in Fällen
der oben bezeichneten Kollision; dann aber, da es ja bei
allen Völkern gelten sollte, auch unter Angehörigen derselben
Nation, und so auch unter Römern. *Quod civile, non idem
continuo gentium, quod autem gentium, idem civile esse debet*
(Cicero).[16]) Zwar wusste man, daß das einzelne *ius civile* von
dem *ius gentium* abweichen könne,[16]) aber dieses mußte jedenfalls beim Schweigen des Volksrechts Anwendung finden,
und ist auch im Widerspruch mit veralteten Sätzen des
römischen *ius civile* als Träger der neueren Rechtsideen angewandt worden. Ebenso wird es den Peregrinenrechten
gegenüber in der Hand der Römer oft dazu gedient haben,
von ihnen missbilligte Sätze des Volksrechts ausser Anwendung zu setzen.

Häufig wird von den römischen Juristen nur ein Rechts-
prinzip, wie die Anerkennung der Notwehr,[17]) oder ein Institut,

---

XVIII, 1, 1, 2 (Kauf). Paul. D. XIX, 2, 1 (locatio conductio), Ulp. fr. Endlich.
1, 2 (locatio conductio). Gai. III, 154 (societas). Gai. III, 132 (Darlehen). Ulp.
D. XLIII, 26, 1, 1 (precarium).

[14]) Marci. D. XXV, 2, 25: iure gentium condici puto posse res ab his qui
non ex iusta causa possident.

[16]) Cic. de off. III, 17, 69.

[16]) Gai. I, 83: Animadvertere tamen debemus ne iuris gentium regulam
vel lex aliqua vel quod legis vicem obtinet aliquo casu commutaverit. Ulp.
D. I, 1, 6: Jus civile est quod neque in totum a naturali vel gentium recedit
nec per omnia ei servit.

[17]) Flor. D. I, 1, 3 cf. D. I, 1. 1, 4.

wie Sklaverei, Freilassung,[18]) Eigentumserwerbung durch Okkupation, Alluvion, Pflanzung, Tradition[19]) in das *ius gentium* verwiesen, vorbehältlich also der Ausgestaltung durch die National-
rechte. Denn der Sklave des Peregrinen ist seinem Herrn
nach peregrinischem, der des Römers nach römischem Rechte
unterworfen, die Freilassung des Römers wirkt anders, als die
des Peregrinen (der vom römischen Bürger Freigelassene wird
römischer Bürger); Okkupation und Tradition verschaffen den
Peregrinen nicht römisches Eigentum, sondern das seines
Rechts.[20]) Auch ganz allgemeine Pflichten, wie Religiosität,
Gehorsam gegen Eltern und Vaterland, werden als Sätze des
ius gentium formuliert[21]) oder gar so ziemlich der ganze Lauf
der Welt darauf zurückgeführt.[22]) Diese vom praktisch anwendbaren *ius gentium* sich mehr oder weniger weit entfernen-
den Ideen bilden die Brücke zu denjenigen vom *ius naturale*.
Vielfach wird, was dem *ius gentium* zugeschrieben wird, zugleich als *ius naturale* bezeichnet in dem oben (S. 4) erwähnten
Sinne, daß das allen Völkern gemeinsame Recht ihnen von
der Natur eingepflanzt sei.[23]) Von da kam man wie ebenfalls bereits oben (S. 4) bemerkt, mit einem Schritt weiter
selbst zu einem Menschen und Tieren gemeinsam angeborenen
Rechte, welches dann von dem *ius gentium*, das nur für die
Menschen gilt, verschieden ist.[24]) Aber auch abgesehen von
diesem Punkte wird wohl das *ius gentium* von dem *ius naturale* unterschieden; Ulpian führt die Sklaverei auf *ius gentium*
im Gegensatz zum *ius naturale* zurück.[25])

IV. Die Anwendung des römischen Rechts, auch soweit
dasselbe als *ius civile* auf den Kreis der Bürger beschränkt
blieb, mußte gleichen Schrittes mit der Ausdehnung des

---

[18]) Gai. I, 52: die potestas über die Sklaven. Ulp. D. I, 1, 4: die Sklaverei
und die Freilassungen.

[19]) D. XLI, 1, 1—9.

[20]) Vgl. Gai. II, 40.

[21]) Pomp. D. I, 1, 2.

[22]) Hermogen. D. I, 1, 5: Krieg und Frieden, Unterscheidung der Nationen,
Gründung von Reichen, Eigentum, Häuserbau, Handel und Wandel.

[23]) S. § 2 Note 3.

[24]) Ulp. D. I, 1, 1, 3. 4.

[25]) D. I, 1, 4.

Bürgerrechts vordringen. Caracalla hat, wie es scheint, das Bürgerrecht allen Gemeinden des Reichs verliehen, die es noch nicht hatten. Genau sind die Grenzen seines Erlasses nicht bestimmbar.[36]) Ganz aufgehoben ist der Unterschied zwischen Bürgern und Nichtbürgern durch ihn nicht, schon um deswillen, weil auch in der Folge noch das Bürgerrecht verloren, durch gewisse unvollkommene Freilassungen peregrinischer Stand erworben werden, und Nichtreichsangehörige auf dem Boden des Reichs sich aufhalten konnten. Im justinianischen Recht sind zwar jene unvollkommenen Freilassungen beseitigt, die beiden andern eben erwähnten Kategorien von Peregrinen kommen aber noch vor. Freilich war auch innerlich der Gegensatz von *ius civile* und *ius gentium* abgeschliffen. Die Institute, welche noch als Privilegium römischer Bürger galten, hatten sich eingeschränkt auf das Familienrecht und das Erbrecht. Für eine Ehe, aus welcher väterliche Gewalt über die Kinder hervorgehen soll, ist Civität beider Gatten erforderlich, das Kind bedarf der Civität, um in väterlicher Gewalt stehen zu können. Vormund sein und bevormundet werden, erben und beerbt werden kann nach römischem Recht auch unter Justinian nur der römische Bürger.[37]) Daß aber das römische Recht auch in seiner justinianischen Fassung die Volksrechte nicht ganz verdrängt hat, lehrt insbesondere die Autorität, welche auch nach Justinian das syrisch-römische Rechtsbuch (§ 24) behalten hat.

---

[36]) Ulp. D. I, 5, 17 sagt zwar: In orbe Romano qui sunt, ex constitutione imperatoris Antonini cives Romani effecti sunt. Aber es ist unzweifelhaft, daß damit zuviel gesagt ist. Vgl. Mommsen Hermes XVI S. 474 ff., Staatsr III 1 S. 699, Mitteis a. a. O. S. 159 ff.

[37]) J. I, 10 pr. Justas autem nuptias inter se cives Romani contrahunt. J. I, 9 pr. In potestate nostra sunt liberi nostri, quos ex iustis nuptiis procreaverimus. J. I, 12 § 1: Verlust der väterlichen Gewalt durch Verlust des Bürgerrechts, Untergang der väterlichen Gewalt dadurch, daß das Kind aufhört, Bürger zu sein. J. I, 22, 1. 4: entsprechendes für die Vormundschaft. Ulp. D. XXVIII, 5, 6, 2: Der zum Erben Eingesetzte muß römischer Bürger sein, es schadet nur nichts, wenn er es zwischen Testamentserrichtung und Tod des Erblassers eine Zeit lang nicht ist. Ulp. D. XXXII, 1, 2: Der Nichtbürger kann nicht testieren.

Zweites Kapitel.

§ 4.

Das römische Gewohnheitsrecht.[1]

I. Daß in den Anfängen Roms die Rechtsbildung hauptsächlich eine gewohnheitsrechtliche war, sagt nicht bloß die römische Tradition, die dabei die Kraft der gerichtlichen Sprüche besonders betont,[2] sondern es wird auch bestätigt durch die allgemeine geschichtliche Erfahrung und durch den in den Ständekämpfen der Republik erhobenen Ruf nach geschriebener Gesetzgebung. Aber auch seitdem die Gesetz-

---

[1] Das berühmte Werk Puchtas: Das Gewohnheitsrecht. 2 Teile. Erl. 1828. 1887 behandelt das römische Gewohnheitsrecht im ersten Buch (I, S. 1—120). Das Gewohnheitsrecht im allgemeinen wie das römische im besonderen behandeln auch die Pandektenwerke. Bei ihnen weitere Literatur, vergl. namentlich Windscheid, 8. Auflage von Kipp I, § 15*. Gierke, Deutsches Privatrecht I, § 20, Neukamp, das Gewohnheitsrecht in Theorie und Praxis des gemeinen Rechts. Referat und Kritik. Arch. für bürgerliches Recht XII (1897.) S. 89 ff. Neuestens Brie, Die Lehre vom Gewohnheitsrecht. I. Teil. Breslau 1899. Römisches Recht, S. 1—58. — Pernice, Zum römischen Gewohnheitsrechte, Ztschr. der Sav.-Stift. XX (1899) S. 126 ff., dazu ein Nachtrag (mit bes. Rücksicht auf Brie). Das. XXII (1901) S. 59 ff. — Sturm, Revision der gemeinrechtlichen Lehre vom Gewohnheitsrecht unter Berücksichtigung des neuen deutschen Reichsrechtes, Leipzig 1900, nimmt gelegentlich auf römisches Recht Rücksicht, stellt die römischen Anschauungen aber nicht zusammenhängend dar.

[2] Pomp. D. I. 2, 2, 1: initio civitatis nostrae populus sine lege certa sine iure certo primum agere instituit omniaque manu a regibus gubernabantur. Dionys. X, 1: οὔπω γὰρ τότ᾽ ἦν οὔτ᾽ ἰσονομία παρὰ Ῥωμαίοις, οὔτ᾽ ἰσηγορία, οὐδ᾽ ἐν γραφαῖς ἅπαντα τὰ δίκαια τεταγμένα ἀλλὰ τὸ μὲν ἀρχαῖον οἱ βασιλεῖς ἐφ᾽ αὑτῶν ἔταττον τοῖς δεομένοις τὰς δίκας καὶ τὸ δικαιωθὲν ὑπ᾽ ἐκείνων, τοῦτο νόμος ἦν.

gebung (mit den XII Tafeln) begonnen hatte, eine umfassende
Tätigkeit zu entfalten, ist der Fluß des Gewohnheitsrechts
nicht versiegt. Cicero [3]) wie die klassischen Juristen [4]) erkennen es als eine dem Gesetz ebenbürtige Rechtsquelle an,
so daß auch das Gesetz durch Gewohnheitsrecht aufgehoben
werden kann, da dieses nur ein anderer Ausdruck desselben
Volkswillens ist, der das Gesetz trägt.[5]) Verlangt wird für
die Anerkennung eines Gewohnheitsrechtssatzes in ziemlich un-
bestimmten Ausdrücken, daß er durch Sitte, Gewohnheit sich
befestigt hat *(mos mores [majorum], consuetudo [diuturna,
longa, inveterata])*.

Die Gewohnheit erscheint als Begründungstatsache für den
Rechtssatz, nicht als bloßes Erkenntnismittel für die Rechtsüberzeugung des Volks, die in sich allein im Stande wäre
den Rechtssatz zu schaffen.[6]) Natürlich muß es sich dabei um
eine Rechts sitte, eine Rechtsgewohnheit handeln, d. h. die
Gepflogenheit muß von dem Gedanken getragen sein, daß es
sich von Rechts wegen gebühre, so zu handeln.[7]) Im Volke

---

[3]) Cic. de invent. II, 22, 65. 67: Consuetudinis autem ius esse putatur id
quod voluntate omnium sine lege vetustas comprobavit. — Cic. top. 5,28. Auct.
ad Herenn. 2, 19 Consuetudine ius est id, quod sine lege aeque ac si legitimum
sit, usitatum est.

[4]) S. im allgemeinen D. I, 3, 32—40.

[5]) So Jul. D. I, 3, 32. Inveterata consuetudo pro lege non immerito
custoditur et hoc est ius quod dicitur moribus constitutum, nam cum ipsae
leges nulla alia ex causa nos teneant quam quod iudicio populi receptae sunt,
merito et ea quae sine ullo scripto populus probavit tenebunt omnes, nam
quid interest suffragio populus voluntatem suam declaret an rebus ipsis et factis.
Quare rectissime etiam illud receptum est, ut leges non solum suffragio legis-
latoris sed etiam tacito consensu omnium per desuetudinem abrogentur.
S. auch Hermogen. D. I, 3, 35: velut tacita civium conventio. Gell. II,
24, 11, XI, 18, 4, XII, 13, 5, XX, 1, 7—10. 22. 28. Pernice XX
S. 156 ff.. XXII S. 69 ff. 74 ff. Brie S. 16 ff. Pernice sieht die Ansicht
Julians, daß das Gewohnheitsrecht ein Gesetz abschaffen könne, als eine doktri-
näre an und erklärt sich grundsätzlich gegen die „derogatorische Kraft" des
Gewohnheitsrechtes, räumt ihr aber doch schliesslich viel ein. M. E. ist sie
prinzipiell zu bejahen. So auch Brie S. 87 ff.

[6]) Vgl. neuestens Brie S. 12 ff. Pernice XXII S. 69. Die entgegen-
gesetzte Ansicht von der Stellung der Gewohnheit hatten Savigny und Puchta.

[7]) Daß die Gewohnheit darum doch etwas Tatsächliches ist (Pernice
XXII S. 22. 60 ff. ist allerdings vollkommen richtig, und ebenso unzweifelhaft,

geht die Ansicht von dem, was Recht ist, und von dem, was Recht sein sollte, beständig durcheinander. Die Handlungen und Unterlassungen, deren ständige Wiederholung den Rechtssatz schafft, gehen von dem Gedanken aus, daß er schon bestände.[8]) Insofern ruht jedes Gewohnheitsrecht auf einem Irrtum. Die Frage,[9]) inwieweit es der Entstehung eines Gewohnheitsrechtssatzes hinderlich sei, wenn die Rechtsgewohnheit auf Irrtum beruhe, setzt den Fall, daß die Rechtsgewohnheit von einer bestimmten irrigen Vorstellung über tatsächliche Verhältnisse getragen ist oder auf einer irrigen Auslegung eines bestimmten Rechtssatzes beruht, dessen (scheinbarem) Zwange man sich fügt, ohne daß die innere Überzeugung damit übereinstimmt. Auch in solchen Fällen ist aber die rechtsbildende Kraft der Gewohnheit nicht zu leugnen. Die Aufklärung des Irrtums kann nur zu einer Rückbildung oder Umbildung führen, wenn sie ihrerseits die praktische Ausübung für sich gewinnt. Ein Satz des Celsus,[10]) den man wohl für die Unverbindlichkeit der auf Irrtum beruhenden Gewohnheit anführt, erkennt in Wahrheit den Rechtscharakter eines Satzes, der auf einem in der Gewohnheit eingewurzelten Irrtum beruht, an, und spricht sich nur gegen analoge Ausdehnung so entstandener Sätze aus.[11])

II. Konstante Praxis der Gerichte wird der außergerichtlichen Rechtsgewohnheit selbständig zur Seite gestellt *(consuetudo aut rerum perpetuo similiter iudicatarum auctoritas)*;[12]) aber auch bei erweislicher außergerichtlicher Gewohnheit wird

---

daß die Rechtsgewohnheit und diejenige, welche nur eine außerrechtliche Sitte schafft, vielfach tatsächlich nicht scharf auseinander gehalten werden können. Pernice XX, S. 127 f.

[8]) Pernice XXII S. 70.

[9]) Vgl. Windscheid-Kipp, Pand. I § 16 Note 3.

[10]) D. I, 3, 39: Quod non ratione introductum sed errore primum, deinde consuetudine obtentum est, in aliis similibus non obtinet.

[11]) So auch Dernburg, Pand. I § 27⁴, Regelsberger, Pand. I § 20⁷ Pernice XXII S. 81, der aber zweifelt, ob Celsus überhaupt von einem Rechtssatz spricht und nicht vielmehr von einem obrigkeitlichen Dekret, auf das sich eine Gewohnheit aufbaute oder von etwas Ähnlichem. Brie S. 30, nach verhältnismässig größter Wahrscheinlichkeit.

[12]) Callistr. D. I, 3, 38.

besonderes Gewicht darauf gelegt, daß sie in einem
Streitfalle durch gerichtliches Urteil Bestätigung gefunden hat.[18]) Tatsächlich steht die Rechtsgewohnheit des
Volkes mit der gerichtlichen Praxis in inniger Wechselwir-
kung, ebenso wie beide von den Lehrmeinungen der Juristen
beeinflußt werden und ihrerseits jene beeinflussen. Auch das
prätorische Edikt entnimmt seine Erwägungen der Praxis des
Verkehrs und der Gerichte wie der Lehre der Juristen und
wirkt seinerseits auf alle jene zurück. In den Zeiten des ent-
wickelten römischen Rechts tritt die selbständige Rechtsbildung durch die Volksgewohnheit in den Hintergrund; die
Gewohnheit wirkt mehr indirekt durch ihren Einfluß auf
Praxis, Lehrmeinungen und Edikte.[14])

III. Einer besonderen Betrachtung bedarf die Frage, wie
die römischen Gesetzgeber sich zum Gewohnheitsrecht gestellt
haben. Davon, daß das Gewohnheitsrecht nur auf Grund
einer Zulassung durch den Gesetzgeber sich bilden könnte,
findet sich bei den Römern nichts. Wohl aber haben die
Kaiser das Recht für sich in Anspruch genommen, eine bestehende Rechtsgewohnheit anzuerkennen oder ihr die Anerkennung zu versagen. Die freie Stellung, welche die Kaiser
in ihren Erlassen allem bestehenden Recht gegenüber ein-
nehmen, das beständige Hinübergreifen ihrer Verfügungen in
das gesetzgeberische Gebiet, läßt von vornherein nichts anderes
erwarten, als daß sie bestehende Rechtsgewohnheiten bei-

---

[18]) Primum quidem illud explorandum arbitror, an etiam contradicto
aliquando iudicio consuetudo firmata sit. (Ulp. D. I, 3, 34.) Der Sinn dieser
Stelle wird jedenfalls durch den obigen Text getroffen. Zweifelhaft mag sein,
ob man (wie die vorige Auflage) geradezu übersetzen darf, in einem kontra-
diktorischen Urteil, d. h. in einem Urteil, das nach zweiseitiger Streitverhand-
lung gefällt wird (Gegensatz: Versäumnisurteil). Contradictum iudicium wäre
freilich ἅπαξ λεγόμενον. (Kübler im Vocabularium iurisprudentiae
Romanae s. h. v.) Mommsen h. l. (größere Ausgabe) hält contradicto aufrecht; aber er nimmt es adverbial. Das führt sachlich zum gleichen Er-
gebnisse. Eine schon von Heineccius in Brissonius Wörterbuch vertretene
Konjektur will contradicta lesen, aber contradicta consuetudo ist auch ein
sehr anfechtbares Latein.

[14]) Dies ist der Grundgedanke der Ausführungen von Pernice. (Vgl.
XX S. 128) S. auch Brie S. 8 ff. 52 ff.

seite schieben, die sie dem Inhalt nach nicht billigen. Dies tat schon Trajan, indem er eine Bestimmung der Provinzialordnung des Pompejus für Bithynien gegenüber einer entgegenstehenden Gewohnheit wiederherstellte, ohne doch prinzipiell auszusprechen, daß die Gewohnheit gegen ein Gesetz nicht aufkomme.[15]) Der allgemeine Ausspruch, daß die Rechtsgewohnheit das Gesetz nicht besiegen könne, gepaart mit dem anderen, daß sie auch wider die Vernunft nicht aufkomme, liegt uns vor in einem Erlaß Constantins.[16]) Allein ganz allgemein das bestehende Gewohnheitsrecht insoweit zu kassieren, als es irgend welchen gesetzlichen Bestimmungen zuwiderliefe, hätte einen ganz sinnlosen und zudem völlig aussichtslosen Versuch bedeutet, die römische Rechtsgeschichte um Jahrhunderte zurückzuschrauben. Noch Justinian, der jenen Erlaß Constantins in seinem Codex (§§ 27, 29) aufnahm, hat, während er seinem Zinsgesetz gegenüber die Berücksichtigung abweichender Gewohnheiten verbietet,[17]) nichts dagegen einzu-

---

15) Plin. ad Traj. 114. 115. Trajan wurde von dem jüngeren Plinius, als dem Statthalter von Bithynien, um Entscheidung angegangen in folgendem Falle: die Provinzialordnung des Pompejus (lex Pompeja) hatte bestimmt, daß den bithynischen Städten freie Verleihung ihres Bürgerrechts zustehen sollte, nur sollten nicht Bürger einer bithynischen Stadt zugleich Bürger einer anderen werden. Das war durch Gewohnheit außer Übung gekommen und sogar in sehr vielen Fällen Bürger, die dem zuwider aufgenommen waren, Buleuten geworden. Plinius zweifelte, ob sie aus den Stadtsenaten zu entfernen seien. Der Kaiser erkennt den Zweifel als berechtigt an: Merito haesisti ... nam et legis auctoritas et longa consuetudo usurpata contra legem in diversum movere te potuit. Er entscheidet, daß das bisher Geschehene nicht umzustossen, in Zukunft aber die lex Pompeja zu beachten sei. Offenbar ist er dabei von dem Gedanken geleitet, daß die Wiedereinführung der Beobachtung der lex Pompeja sich aus sachlichen Gründen empfehle; denn im entgegengesetzten Falle hätte er unzweifelhaft nicht aus Respekt vor einem alten Gesetz (nicht einmal einem Volksgesetz, sondern einer einseitigen Verfügung des Pompejus) die entgegenstehende Gewohnheit verworfen. Ich stimme also mit Brie S. 41 nicht überein, der die Entscheidung des Kaisers darauf gründet, daß das vom Vertreter des römischen Volkes (Pompejus) den Unterworfenen gegebene Gesetz sie absolut bindet.

16) Constantin C. J. VIII, 52 (53), 2: Consuetudinis ususque longaevi non vilis auctoritas est, verum non usque adeo sui valitura momento, ut aut rationem vincat aut legem.

17) C. J. IV, 32, 26, 3.

wenden, daß ältere Gesetze, deren Inhalt er nicht wieder herbeiwünscht, durch Gewohnheit aufgehoben sind.[18]) Jener Ausspruch Constantins wird die Begründung dafür abgegeben haben, daß der Kaiser eine bestimmte Rechtsgewohnheit wegen Widerspruchs mit einem Gesetze, dessen Inhalt er aufrecht erhalten wissen wollte, oder wegen sonstigen Widerspruchs mit seiner eigenen Einsicht verwarf. Ob Constantin den Satz bereits in der Form ausgesprochen hat, die er im justinianischen Recht angenommen hat, eine Form, aus der der Richter auch für sich das Recht ableiten konnte, einer Rechtsgewohnheit wegen Widerspruchs mit einem Gesetz oder seiner, des Richters, Anschauung vom Vernünftigen die Anerkennung zu versagen, bleibt zweifelhaft, ist aber keineswegs unmöglich. Denn auch Julian hat Ähnliches verordnet. Er bestimmte,[19]) daß Gewohnheiten zu beachten seien, *cum nihil per causam publicam intervenit* und daraus macht die schulmäßige *interpretatio*, die im westgotischen Römergesetzbuch vorliegt (unt. § 25), daß eine Gewohnheit wie ein Gesetz gilt, wenn sie nicht dem öffentlichen Wohl zuwiderläuft,[20]) worüber doch wohl derjenige zu erkennen das Recht haben soll, vor dessen Gericht man sich auf die Gewohnheit beruft. Daß damit eine gewisse Unsicherheit des Rechtszustandes gegeben ist, ist nicht zu verkennen: die Gewohnheit unterliegt der beständigen Prüfung ihrer Verbindlichkeit aus beständiger Nachprüfung ihres Werts. Aber schließlich ist das von dem Verfahren der juristischen Klassiker dem geltenden Recht gegenüber (§ 2 [13]) doch nicht wesentlich verschieden. Keineswegs kann man den Erlaß Constantins in seinem oder im Sinne Justinians dadurch erklären, daß man annimmt, er habe sich nur auf sog. partikuläre, nicht auf gemeine Gewohnheiten des ganzen Reiches bezogen. Wenn es auch richtig ist, daß bei der Größe des Reiches einheitliche positive Rechtsgewohnheiten nicht leicht vorkommen konnten, so kam doch in negativer Richtung, nämlich in der Nichtbefolgung älterer Gesetze *(desuetudo)* ein-

---

[18]) C. J. VI, 51, 1, 1. Nov. 89 c. 15 pr.
[19]) C. Th. V, 12, 1.
[20]) Interpr. ad c. Th. V, 12, 1: Longa consuetudo quae utilitatibus publicis non impedit, pro lege servabitur.

heitliches ständiges Verhalten im ganzen Reiche vor,[21]) und es ist nicht anzunehmen, daß die Denkweise des Kaisers über solche negative Gewohnheiten eine andere war, als über positive. Auf den Fall einer noch nicht völlig gefestigten Gewohnheit bezieht sich die Vorschrift von Leo und Zeno, daß, wenn Streit entsteht über ein *novum ius quod inveterato usu non adhuc stabilitum est*, kaiserliche Entscheidung eingeholt werden soll.[22])

---

[21]) B r i e S. 6 Note 18. S. 44.
[22]) C. J. I, 14, 11.

Drittes Kapitel.

Recht setzende Staatsakte.

§ 5.

1. Angebliche Rechtsaufzeichnungen der Königszeit.[1]

I. Die spätere Zeit kannte als *leges regiae* eine Reihe von Satzungen sakralen Inhalts oder doch über Rechtsverhältnisse, welche mit dem Sakralwesen zusammenhängen und unter sakralem Schutze stehen. Es gab ein Werk *de ritu sacrorum*,[2] gewöhnlich nach seinem angeblichen Urheber *ius Papirianum* genannt,[3] in welchem solche *leges regiae* gesammelt waren. Dazu schrieb ein Granius Flaccus[4] einen Kommentar. Die Berichte, welche das Werk selbst zum Teil bis in die Königszeit zurückführen, sind widerspruchsvoll und unglaubhaft. Streng genommen läßt sich die Existenz des Buches nicht einmal für die letzten Zeiten der Republik mit Sicherheit behaupten.[5]

---

[1] M. Voigt, die leges regiae, Leipzig 1876. Mommsen, Staatsr. II, S. 41 ff. Karlowa S. 105 ff. Jörs, Gesch. d. röm. Rechtswissenschaft I S. 59 ff. Krüger S. 8 ff. Zusammenstellung der quellenmäßigen Nachrichten gibt Bruns, fontes I p. 1 sqq.

[2] Daß dies der Titel war, bezeugt Serv. in Aeneid. 12, 836.

[3] Macrob. Saturn. III, 11, 5. — Serv. l. c. bringt als landläufigen Ausdruck lex Papiria.

[4] Granius Flaccus in libro de iure Papiriano scribit (Paul. D. 50, 16, 144).

[5] Nach Dion. 8, 36 hätte Ancus Marcius die sacrorum commentarii, welche Numa Pompilius verfaßt hatte, sich von den Pontifices geben lassen und auf Tafeln auf dem Forum aufgestellt. Vor Alter seien sie verwischt, aber nach Vertreibung der Könige von dem (ersten) Pontifex Maximus G. Papirius wieder hergestellt. Pomponius (D. I, 2, 2) behauptet im § 20, daß noch zu seiner Zeit ein Buch vorhanden war, welches alle leges regiae enthielt und von Sex. Papirius, einem hervorragenden Manne aus der Zeit des Tarquinius

Inhaltlich aber werden viele der *leges regiae* in der Tat aus der Königszeit stammen, fraglich jedoch, aus welcher Rechtsquelle.[6])

Sagenhaft[7]) ist auch der Bericht des Dionysius von Halicarnaß über die Gesetzgebung des Servius Tullius, der insbesondere das Institut der Zivilgeschworenen eingeführt, auch ungefähr 50 Curiengesetze über Verträge und Delikte durchgebracht haben soll, von denen die auf Verträge bezüglichen durch Tarquinius Superbus aufgehoben, durch die ersten Konsuln wiederhergestellt wären.

II. Die spätere Sitte der Magistrate, Aufzeichnungen über ihre Amtshandlungen zu machen *(commentarii magistratuum)*, mag schon von den Königen beobachtet sein; auch werden *commentarii regum* öfter erwähnt.[8]) Diese Erwähnungen

---

Superbus herrührte; in § 86 nennt er als denjenigen, der leges regias in unum contulit, einen P.' Papirius, ohne genauere Zeitangabe, aber jedenfalls so, daß er älter sein müßte, als die Verfasser der XII Tafeln. Hirschfeld, Sitzungsbericht d. Berliner Akad. Philos.-hist. Kl. 1903 I, S. 3 ff. nimmt an, daß es sich hier um Geschichtsfälschungen zu Ehren des Geschlechts der Papirier handelt, was sehr wahrscheinlich ist. Hirschfeld folgert aus dem Schweigen Ciceros in einer Stelle, in der er den Patrizierstand der Papirier nachweisen will (ad fam. IX, 21), daß zu seiner Zeit (und zwar wahrscheinlich noch im Jahre 46 v. Chr.) den gelehrten Kreisen Roms weder jene Papirier noch die einem von ihnen zugeschriebene Sammlung der Königsgesetze bekannt gewesen sein können. Sicher ist dieser Schluß wohl nur in Bezug auf die Verbindung der Sammlung mit dem Namen eines Papirius. Aber einen positiven Beleg für die Existenz der Sammlung in der letzten Zeit der Republik gibt es allerdings nicht. Der Kommentator derselben, Granius Flaccus muß nicht notwendig derselbe gewesen sein, der dem Cäsar ein Buch de indigitamentis (Gebetsformeln) widmete (Hirschfeld a. a. O. S. 11 ff.), obwohl nicht nur die Namensgleichheit, sondern auch der verwandte Inhalt der fraglichen beiden Bücher dafür spricht. Ja, es steht nicht einmal fest, daß der Cäsar, welchem das Buch de indigitamentis gewidmet war, der Diktator ist. Nach Serv. l. c. (Note 2) hat aber wenigstens Vergil das Werk de ritu sacrorum gekannt. Älter als das ius Papirianum sind jedenfalls die »monumenta« des M' Manilius (§ 16 I, 2), welche, wie Hirschfeld a. a. O. S. 2 ff. nachweist, angebliche Gesetze Numas enthielten, wenn auch nicht nur solche.

⁶) Edikte des Königs als des Oberpriesters? Uraltes priesterliches Gewohnheitsrecht?

⁷) S. auch Lenel, Holtzend. Encyklop. S. 89.

⁸) Dion. IV, 13. 25. 43. V, 2.

können aber, selbst wenn jene Dokumente wirklich einmal existiert haben, nur auf mittelbarer und unsicherer Kunde von ihnen beruhen.

2. Die Volksgesetzgebung. (*Leges latae.*)

§ 6.

Allgemeine Lehren vom Volksgesetz.

I. *Lex*[1]) in dem hierhergehörigen Sinne des Worts ist der eine Rechtsvorschrift aufstellende Beschluß der Volksgemeinde, welcher auf Antrag eines Magistrats ergeht *(lex rogata, lata).* Dies ist der verfassungsmäßige Weg zur Aufstellung dauernder Rechtsvorschriften in der römischen Republik. Über die Gesetzgebungskompetenz der einzelnen Arten von Volksversammlungen bemerken wir nur kurz Folgendes.

1. Die ursprünglich alleinstehenden Curiatcomitien haben in historischer Zeit nur noch die Beschlußfassung über das Imperium der meisten Magistrate *(lex curiata de imperio)* und über gewisse spezielle Angelegenheiten, deren Erledigung eines Gesetzgebungsaktes bedarf. Solange nämlich das Testament als eine Dispensation von dem gesetzlichen Erbrecht durch Spezialgesetz behandelt wurde, ist dieses Gesetz in Curiatcomitien ergangen.[2]) Desgleichen unterlag die Arrogation, die Annahme eines bisher keiner väterlichen Gewalt Unterliegenden an Kindesstatt, der Beschlußfassung der Curiatcomitien.[3])

2. Die allgemeine Gesetzgebung liegt in historischer Zeit

---

[1]) S. dazu Pernice Zeitschr. der Sav.-Stift. XXII S. 64 ff.

[2]) Gai. II, 101. Gell. XV, 27, 1—3. Es ist freilich bestritten, ob das testamentum in calatis comitiis einen Gesetzgebungsakt darstellt und nicht vielmehr die Volksgemeinde bei diesem Testament nur Zeugschaft leistet. Für die im Text vertretene Ansicht: Mommsen, röm. Staatsrecht III, 1, S. 319 f. Ihering, Geist des r. R. I zu 55b ff. Pernice, (wenigstens für die ursprüngliche Zeit) Festg. f. Gneist, Berlin 1888 S. 129. Girard p. 793 suiv. A. M. Karlowa II S. 848 ff.

[3]) Gai. I, 98 sqq. Gell. V, 19, 1—6.

zuerst bei den Centuriatcomitien, mit denen aber die beiden folgenden Versammlungen in Konkurrenz treten.

3. Seit wann Tributcomitien, d. h. nach Tribus geordnete patrizisch-plebejische Versammlungen zur Gesetzgebung verwandt sind, ist nicht genau zu sagen. Livius bringt ein Beispiel von 357 v. Chr.[4])

4. Beschlüsse der nach Tribus geordneten Plebejerversammlung *(concilium plebis)* haben für das Gesamtvolk verbindliche Kraft seit der *lex Hortensia* zwischen 289 und 286 v. Chr. Vielleicht hatten sie schon vorher gleiche Kraft unter der Bedingung, daß der Senat sie genehmigt hatte, und hat die *lex Hortensia* die Bedeutung, diese Bedingung beseitigt zu haben.[5])

II. *Lex* heißt im strengen Sprachgebrauch nur das vom Gesamtvolk beschlossene Gesetz. Der Beschluss des *concilium*

---

[4]) Liv. VII, 16. Mommsen, Staatsr. III, 1 S. 322 f. nimmt an, daß die Tributcomitien schon vor den XII Tafeln geschaffen sind. Der comitiatus maximus der XII Tafeln (Bruns IV, 1. 2) fordere als Gegensatz leichtere Comitien, diese könnten nur die Tributcomitien sein. Das ist höchst wahrscheinlich zutreffend. Ein Gesetz dieser Art ist die lex Quinctia de aquaeductibus vom Jahre 9 v. Chr. Frontin de aqu. urb. Romae c. 129. (Bruns I p. 115 sqq.)

[5]) Es soll nach den Quellen dreimal festgesetzt sein, daß die Plebiszite Gesetzeskraft für alle Quiriten haben sollten; zuerst durch eine der leges Valeriae Horatiae von 449 v. Chr. (Liv. III, 55, 3), dann durch eine der leges Publiliae Philonis von 339 v. Chr. (Liv. VIII, 12, 14), endlich durch die lex Hortensia zwischen 289 und 286 v. Chr. (Gai. 1, 3. Gell. XV, 27, 4). Ist es nun schon dunkel, wie diese dreimalige Festsetzung sich erklären soll, (vielleicht muß man den Glauben daran ganz aufgeben und annehmen, daß in Wahrheit nur die lex Hortensia sich mit der Angelegenheit beschäftigte [Erman Zeitschr. d. Sav.-S. XXIII S. 455 f.]), so verwirrt sich die Sache dadurch noch mehr, daß schon vor der allerersten jener Bestimmungen von Plebisziten mit Gesetzeskraft die Rede ist; so bei Livius schon in den Kämpfen, die der Abfassung der XII Tafeln vorangingen, obwohl er in diesem Punkte sich nicht treu bleibt, (s. § 7 Anm. 1). Da nun in der Überlieferung hervortritt, daß die Tribune in der älteren Zeit, um ein Plebiszit einbringen zu können, oft erst lange Kämpfe zu bestehen hatten, so schließt Mommsen, Staatsr. III, 1 S. 156 ff., daß der Wille der Tribunen allein hierzu nicht genügte, sondern eine andere Instanz zuzustimmen hatte, die er in dem Senat findet. Dafür noch unterstützende Momente S. 158. Sicherheit aber besteht natürlich nicht. Daß die völlige Gleichstellung der Plebiszite mit den leges erst auf der lex Hortensia beruht, sieht auch Lenel Holtz. Enc. S. 104 Anm. 3 als sicher an.

plebis heißt technisch *plebiscitum*;[6]) im weiteren Sinne wird aber *lex* auch für dieses gebraucht. In der vorsichtigen Sprache der späteren Gesetze wird oft „*lex sive id plebiscitum est*" zur Bezeichnung eines Gesetzes verwandt, um anzudeuten, daß dasselbe möglicherweise *lex*, möglicherweise Plebiszit, der Unterschied aber gleichgültig sei.[7]) Nach dem Amtscharakter des beantragenden Magistrats scheiden sich *leges consulares, praetoriae, tribuniciae;* das einzelne Gesetz wird in adjektivischer Form mit dem Namen des Antragstellers bezeichnet, die konsularischen regelmässig mit denen beider Konsuln.

III. Die rechtswirksame Publikation des Gesetzes besteht in der Renuntiation, der förmlichen Verkündigung des Abstimmungsergebnisses. Die Urkunde des Gesetzes wird im Archiv (im Aerarium) aufbewahrt, welches unter Leitung der Quaestoren stand (bis a. 11 v. Chr. unter Teilnahme der Ädilen); nach einer *lex Licinia Junia* vom Jahre 62 v. Chr. sollte schon bei der Promulgation, der ersten Ankündigung des Vorschlags durch Edikt des Antragstellers,[8]) der Antrag im Aerár deponiert werden,[9]) damit die verbotene Abänderung des Vorschlags nach der Promulgation kontrolliert werden konnte. Die wichtigeren Gesetze wurden öffentlich, zuerst auf Holz, später auf Bronze aufgestellt.[10])

IV. Zu unterscheiden ist die Hauptvorschrift des Gesetzes von der *sanctio* (Befestigung), der Bestimmung über die Folgen der Übertretung der Hauptvorschrift. Ein Gesetz, welches Rechtshandlungen verbietet, ist *lex minus quam perfecta*, wenn die *sanctio* zuwiderlaufende Rechtshandlungen mit Nachteilen bedroht, ohne sie für nichtig zu erklären.[11]) Sind dem Übertreter nicht einmal Nachteile angedroht, so liegt *lex imperfecta*

---

6) Gai. I, 8. Gell. XV, 27, 4.

7) Lex Lat. tab. Bantin 7. 15, lex Rubr. c. 20.

8) Fest. s. v. promulgari: Promulgari leges dicuntur cum primum in vulgus eduntur.

9) Schol. Bobiensia ad Cic. pro Sestio 64, 6 (Orelli-Baiter).

10) Die Formen der Gesetzesurkunde zeigt die lex Quinctia de aquaeductibus. (Bruns I p. 115 sqq.)

11) Ulp. init. 2. Minus quam perfecta lex est quae vetat aliquid fieri et si factum sit, non rescindit, sed poenam iniungit ei qui contra legem fecit.

vor.[12]) *Lex perfecta* ist danach diejenige, welche übertretende Rechtshandlungen für nichtig erklärt.[13]) *Sanctio* heißt auch die oft eingefügte Klausel, daß wegen Befolgung dieses Gesetzes aus anderen niemand sollte zur Verantwortung gezogen werden können.[14]) Auch sie befestigt das Gesetz! Sie zeigt die juristische Vorsicht der Römer; denn eigentlich ist sie, da schon nach dem Zwölftafelgesetze von zwei widersprechenden Volksschlüssen der jüngere gilt,[15]) überflüssig. Oft finden sich Selbstbeschränkungen des Gesetzes, besonders eine Klausel, durch welche das Gesetz erklärt, beschworene ältere Satzungen nicht berühren und sonst nicht gegen etwa seiner Kompetenz entzogenes Recht verstoßen zu wollen. Hierfür hat Valerius Probus[16]) eine ständige Abkürzungsformel, die er auflöst: *si quid sacrosanctum est, quodve ius non sit rogarier, eius hac lege nihilum rogatur.*[17])

§ 7.
Die XII Tafeln.

I. In der Mitte des fünften Jahrhunderts v. Chr. hat das römische Volk sein Recht in einer umfassenden Gesetz-

---

[12]) Macrob. ad somn. Scip. II, 17, 13: inter leges illa imperfecta dicitur in qua nulla deviantibus poena sancitur.

[13]) Ein Beleg fehlt zufällig. Wahrscheinlich stand die Sache in dem fehlenden Anfangsstück Ulpians. Daß Gesetze, welche nicht Rechtshandlungen verbieten, niemals mit Nichtigkeit drohen können, ist selbstverständlich.

[14]) Cic. ad Attic. III; 23, 2 caput tralaticium de impunitate si quid contra alias leges eius legis ergo factum sit. Die lex de imperio Vespasiani (unter § 8) hat unter der Überschrift sanctio nichts als eine Vorschrift dieser Art (Bruns I p. 198).

[15]) Liv. VII, 17, ut quodcumque postremum populus iussisset id ius ratumque esset.

[16]) Prob. 3.

[17]) Cic. pr. Caec. 88, 95 sagt, daß in allen Gesetzen stehe: si quid ius non esset rogarier eius ea lege nihilum rogatum. Vgl. auch de dom. 40, 106. Nach Ciceros Ansicht scheint hauptsächlich mit jener Klausel der Grundsatz der Wahrung wohlerworbener Privatrechte ausgedrückt worden zu sein. Daß keine sanctio ein Gesetz gegen Abschaffung schützen kann, darüber treffend Cic. ad Attic. III, 23, 2.

gebung niedergelegt, dem Zwölftafelgesetz. Die Geschichte
dieser Gesetzgebung erzählt die Überlieferung in einer von
Widersprüchen stark durchsetzten Weise.[1]) Die Haupt-

---

[1]) In der Darstellung des Livius herrscht über die staatsrechtliche Seite
der Vorgänge vollständige Verwirrung. Zuerst kündigt Terentilius Arsa an,
daß er ein Gesetz promulgieren würde: ut quinqueviri creentur legibus de
imperio consulari scribundis (III, 9, 5). Das damit angekündigte Gesetz konnte
nur ein Plebiszit sein; denn ein Comitialgesetz haben die Tribunen nie
einbringen können. Später aber ist doch von Comitien über das Gesetz die
Rede (III, 24, 7) oder, was dem gleichsteht, vom ferre ad populum (nicht
plebem) (III, 29, 8, vgl. auch schon III, 9, 15 [quod populus in se ius dederit]).
Die Einbringung des Gesetzes durch die Tribunen vereitelten nach Livius die
Patrizier zuerst mit allerlei Künsten (artibus lex elusa (III, 14, 6), dann läßt
Livius ein Senatusconsult ergehen, das den Tribunen die Einbringung des Gesetzes
für das laufende Jahr verbietet (III, 21, 2, vgl. 29, 8), offenbar in der Annahme, daß dieses Verbot ausreichte, um die Einbringung auszuschließen.
Plötzlich kommen die Konsuln des Jahres 455 als mit einem ganz neuen Ein-
wande mit dem Satze: plebem et tribunos legem ferre non posse (III, 31, 6). Sie be-
streiten also die Möglichkeit eines Plebiszits, die das Frühere doch wenigstens unter
Voraussetzung der Zustimmung des Senats anerkennt. Ihr Einwand soll die Tribunen zu grösserem Entgegenkommen bewogen haben; diese bitten nun die Patrizier
(oder den Senat), wenn ihnen plebeiae leges mißfielen, so möchten sie ge-
statten, daß gemeinschaftlich legum latores sowohl aus den Patriziern wie den
Plebejern gewählt würden, qui utrisque utilia ferrent quaeque aequandae libertatis
essent (31, 7). Diese Schwenkung ist wieder ganz unklar. Die Konsuln be-
streiten, daß die Gesetzgebungskommission durch Plebiszit berufen werden
kann, die Tribunen antworten damit, daß die Zusammensetzung der Kommission
und der Inhalt der von ihr abzufassenden Gesetze anders werden soll. Aber
worin besteht diese Änderung? War denn zuvor das Verlangen der Plebejer
so weit gegangen, daß ausschließlich Plebejer eine Kommission zur Abfassung
von Gesetzen über das konsularische Imperium bilden sollten? Davon hat
Livius zuvor nichts gesagt. Plebeiae leges als eine Sondergesetzgebung für
die Plebejer kann der alte Vorschlag nicht zum Ziel gehabt haben; es kann
von vornherein nur auf eine auch die Patrizier bindende Gesetzgebung abgesehen
gewesen sein; denn eine andre hätte den Plebejern gegen die Patrizier nichts ge-
nützt, hätte auch nicht als leges de imperio consulari bezeichnet werden können.
Sollte jetzt der Inhalt der abzufassenden Gesetze ein weiterer sein als ursprünglich
geplant war? Dazu paßt, daß die XII Tafeln in Wahrheit weit mehr sind, als
leges de consulari imperio. Aber hieß das lenius cum patribus agere (Liv. III,
31, 7), wenn jetzt weit mehr verlangt wurde als zuerst? Livius kommt dann
auf die Gesandtschaft nach Griechenland (III, 31; 8. 32, 1. 32, 6. 7), vgl. den
Text zu sprechen. Die endliche Bestimmung, daß decemviri gewählt werden
sollten, bringt Livius mit einem einfachen placet, ohne zu sagen, was für ein
Rechtsakt diese Bestimmung war (III, 32, 7). Das einzig staatsrechtlich Klare

punkte sind folgende. In den Kämpfen der Plebejer und der Patrizier war ein wesentlicher Beschwerdepunkt der Plebejer, daß die damals noch rein patrizischen Magistrate, die bei ihrer Amtsführung wenig an Gesetze gebunden waren, parteiisch gegen die Plebejer verfuhren. Deshalb verlangten die Plebejer unter Führung der Tribunen und zwar zuerst des C. Terentilius Arsa, seit dem J. 462 v. Chr. eine geschriebene Gesetzgebung. Im Jahre 455 gaben die Patrizier die Abfassung von Gesetzen zu, es blieb aber streitig, ob die Plebejer daran tätigen Anteil nehmen sollten. Inzwischen wurde eine Gesandtschaft nach Griechenland geschickt, um die Gesetze Solons, auch andere griechische Rechte kennen zu lernen. Nachdem diese Gesandtschaft zurückgekehrt war, kam man im Jahre 452 v. Chr. überein, daß Decemvirn gewählt werden sollten als Gesetzverfasser und zugleich als Regierungskollegium mit Ausschluß anderer Magistrate und des Volkstribunats. In der Frage, ob Plebejer in dieses Amt sollten eintreten können, gab man schließlich den Patriziern nach, und für das Jahr 451 v. Chr. wurden nur Patrizier zu Decemvirn gewählt. Diese verfaßten die Gesetze der ersten zehn Tafeln, die von den Centuriatcomitien angenommen wurden. Für das Jahr 450 wurde wiederum ein Decemviralkollegium gewählt und zwar ein patrizisch-plebejisches. Dieses verfaßte die Gesetze der beiden letzten Tafeln, wurde aber infolge seiner Übergriffe gestürzt, und die beiden letzten Tafeln wurden erst nachher auf Antrag der Konsuln des Jahres 449, Valerius

---

an der ganzen Erzählung ist, daß die von den Decemvirn verfaßten Gesetze in den Centuriatcomitien angenommen wurden, und auch das sagt Livius deutlich nur von den ersten 10 Tafeln (III, 34, 6). Dionysius von Halicarnaß läßt die Tribunen von jeher decemviri (nicht erst quinqueviri) verlangen, und zwar mittels eines von ihnen an eine Tribusversammlung gebrachten Antrages (X, 3). Die Gesandtschaft nach Griechenland kennt er auch (X, 52). Dann läßt er ein Senatusconsult ergehen, welches die Wahl der Decemvirn anordnet (X, 55), die Wahl selbst läßt er in den Centuriatcomitien vor sich gehen (X, 56), ebenso die Bestätigung der ersten 10 Tafeln (X, 57). Er läßt aber auch die beiden letzten Tafeln, wie es scheint, von den Decemvirn selbst auch formell gesetzgeberisch vollendet werden (X, 60). S. noch Pomp. D. I, 2, 2, 3. 4. 24.

und Horatius zum Gesetz erhoben.[2]) Die Aufstellung der gesamten *leges decemvirales* auf Tafeln wird jedenfalls erst auf diese Konsuln zurückgeführt.[3]) So sehr aber auch diese Erzählung von Sagen durchwoben sein mag, so stehen doch die beiden Tatsachen, daß es *Decemviri legibus scribundis* gegeben hat, und daß eine von diesen verfaßte Gesetzgebung die Grundlage der gesamten späteren Rechtszustände der Römer war, mit aller Sicherheit fest, die sich in geschichtlichen Dingen erwarten läßt. Die neuerdings aufgestellte Behauptung, daß die XII Tafeln eine Fälschung seien, daß eine spätere private Rechtsdarstellung unter dem Namen der XII Tafeln für eine Gesetzgebung des römischen Volkes fälschlich ausgegeben ist, ist eine Ausgeburt übertriebener Zweifelsucht.[4])

---

[2]) Diodor. XII, 26.

[3]) Liv. III, 57, i. f.

[4]) Pais hat in seiner storia di Roma I, (Torino 1898) bes. p. 566 sq. ausgeführt, daß die XII Tafeln nichts anderes seien als das ius civile Flavianum (unt. § 14), also eine private Rechtsaufzeichnung aus der Zeit um 300 v. Chr., die man später für eine Gesetzgebung gehalten habe. Lambert, la tradition Romaine sur la succession des formes du testament devant l'histoire comparative (Paris 1901) sprach sich über Pais ohne abschließendes Urteil mit großer Achtung aus, ging aber dann — Nouvelle Revue historique de droit français et étranger XXVI (1902) p. 149 suiv. über Pais noch hinaus, indem er die XII Tafeln mit dem ius Aelianum (unt. § 14) identifizierte, ihr Alter also noch um 100 Jahre herabsetzte. Dies führt Lambert weiter aus in: la fonction du droit civil comparé, tome I les conceptions étroites et unilatérales (Paris 1903) p. 407 suiv. 593 suiv. Dagegen sind für die Echtheit der XII Tafeln als eines Gesetzgebungswerks aus der Mitte des fünften Jahrhunderts v. Chr. eingetreten: Girard, histoire de l'organisation judiciaire des Romains I (Paris 1901) pag. 50 n. 2, derselbe Nouvelle Revue historique XXVI (1902) p. 881 suiv., Erman in der Zeitschr. der Savigny-Stift. XXIII (1908) S. 450 ff., Lenel, Holtzendorffs Encykl. 6. Aufl. (1903) S. 96 Anm. 1. Eine Übersicht des Streitstandes bietet Erman a. a. O. Der positive Beweis der Echtheit der XII Tafeln läßt sich denen in zwingender Art nicht führen, die den Quellen gar nichts glauben wollen. Aber mit Recht betont Girard, daß die Sprache der XII Tafeln auch so, wie sie die uns vorliegenden Fragmente zeigen, in die Mitte des fünften Jahrhunderts besser paßt, als an das Ende des 4. oder gar des 8. Jahrh. v. Chr. Wir wissen sogar, daß sie ein Wort (lessum) enthielten, das schon Sex. Aelius, der Verfasser des ius Aelianum, nicht mehr verstand (Cic. de leg. II, 23, 59). Auch der Inhalt der XII Tafeln stimmt, wie Girard ferner mit Recht hervorhebt, nicht zu der Annahme, weder von Pais noch von Lambert. Besonders beweisend ist in dieser

II. Die Gesetzgebung der XII Tafeln war grösstenteils Aufzeichnung alten Gewohnheitsrechtes und umfaßte sowohl staatsrechtliche, strafrechtliche und prozessuale, wie privatrechtliche Dinge, war aber von der Vollständigkeit moderner Gesetzbücher wohl weit entfernt. Daß zur Vorbereitung des Werkes Kunde griechischen Rechts eingeholt ist, ein Grieche die Decemvirn beraten,[5]) und griechisches Recht den Inhalt der XII Tafeln in der Tat beeinflusst hat,[6]) ist innerlich keineswegs unglaublich, wenn auch die Nachrichten darüber

---

Beziehung die blutige Exekutionsordnung und der Satz, daß der Schuldner trans Tiberim, d. h. ins Ausland, verkauft werden konnte (tab. III, 5. 6 [Bruns], Gell. XX, 1, 47: trans Tiberim peregre venum ibant), während schon um 300 der Tiber nicht mehr Grenzfluß war. Ferner stützt sich Girard mit Recht darauf, daß sich die Überlieferung von den XII Tafeln als einer Gesetzgebung soweit zurückverfolgen läßt, als das nach Lage der geschichtlichen Quellen überhaupt erwartet werden kann. Es ist durchaus unglaubwürdig, daß eine private Rechtsdarstellung, verfaßt um 200 v. Chr., zu einer Zeit, als die römische Jurisprudenz bereits im starken Aufblühen begriffen war, durch Irrtum oder Betrug zu dem dauernden Ansehen einer Gesetzgebung hätte gelangen können, noch unglaublicher, daß sie in der Vorstellung der Späteren nicht etwa zu einer Gesetzgebung geworden, sondern vielmehr den Glauben an eine hinter ihr stehende Gesetzgebung erzeugt hätte (denn die Römer hielten die XII Tafeln und das Werk des Sex. Älius doch auseinander). Geht man um 100 Jahre weiter zurück auf das ius Flavianum, so wird derartiges um einen Schatten weniger unmöglich, aber noch keineswegs plausibel. Die gewaltige innere Entwickelung, welche das römische Privatrecht und der Prozess von den XII Tafeln bis zum Ende der Republik durchgemacht haben, erscheint, wenn man den zeitlichen Abstand um 250 Jahre verkürzt (Lambert), ganz unmöglich, wenn man ihm 150 Jahre nimmt (Pais), immer noch schwer begreiflich. Verlangt man bei den Römern eine Parallele zu den sonst häufigen Erscheinungen, daß alte Aufzeichnungen vom Gewohnheitsrecht für noch ältere Gesetzgebungen ausgegeben werden, so mag man sich mit den leges regiae begnügen. Und endlich: wenn einmal im Interesse des erhöhten Ansehens das Zwölftafelrecht künstlich zurückdatiert worden wäre, so ist sehr unwahrscheinlich, daß man damit so bescheiden gewesen wäre. Man würde es dann unzweifelhaft in die Königszeit versetzt haben. Der äußere Vorgang der Schöpfung der XII Tafeln, so unklar er im einzelnen überliefert ist, ist doch im Kern vollkommen glaubwürdig: die XII Tafeln eine Frucht des gewaltigen Kampfes der beiden Stände.

[5]) Pomp. D. I, 2, 2, 24: Der Ephesier Hermodorus, exulans in Italia.
[6]) Vgl. Gai. ad XII tab. D. X, 1, 13. D. XLVII, 22, 4. Cic. de leg. II. 23, 59.

Kipp, Quellen des röm. Rechts.   3

im einzelnen sagenhaft sind, und der Einfluß des griechischen Rechts nicht überschätzt werden darf.[7]) Ob die auf dem Forum aufgestellten XII Tafeln, von denen die Gesetzgebung ihren Namen führt *(XII tabulae, lex XII tabularum)* Bronzetafeln[8]) waren, oder ob diese erdichtet sind, und man in jener alten Zeit noch Holztafeln nahm, bleibt zweifelhaft. Daß die im gallischen Brande zu Grunde gegangenen Tafeln[9]) später erneuert wären, ist unwahrscheinlich.[10]) Denn in der späteren Zeit war die Gesetzgebung zwar dem Inhalt nach vollständig bekannt (bis in Ciceros Zeit lernten sie die Knaben in der Schule auswendig),[11]) aber ihre Form wurde im Laufe der Zeit mehr und mehr modernisiert, was im Angesicht eines authentischen, auf dem Forum zu lesenden Textes nicht möglich gewesen wäre. Trotz aller späteren Rechtsveränderungen sind die XII Tafeln noch spät als die eigentliche Grundlage des römischen Rechts angesehen worden; *fons omnis publici privatique iuris* sagt Livius mit Bezug auf die ersten 10 Tafeln, und läßt das Volk reden, wenn noch die beiden letzten hinzugefügt würden, so könne *velut corpus omnis Romani iuris* damit fertiggestellt werden.[12]) Noch im justini-

---

[7]) Steinhausen, de legum XII tabularum patria. Greifsw. [1887] und Boesch, de duodecim tabularum lege a Graecis petita. Gött. 1893 wollen von der Gesandtschaft nach Griechenland nichts wissen. Voigt XII Tafeln I S. 15: nur nach Grossgriechenland; auch Lenel, Holtz. Encyklop. S. 97 will nur zugeben, daß die Decemvirn Kenntnis des griechischen Rechts (aus campanischen Griechenstädten) besaßen. Dagegen schenken Karlowa I S. 112 und Krüger S. 9 der Nachricht von der Gesandtschaft nach Griechenland Glauben. Ebenso Costa, storia di dir. Rom. (1901) I p. 11 sg.

[8]) Liv. III, 57 i. f. Dion. X, 57. Eboreae bei Pomp. D. I, 2, 2, 4 kann aus roboreae, aber auch aus aereae entstanden sein.

[9]) Liv. VI, 1.

[10]) Man hat dafür wohl angeführt Cyprian. ad Donat. 10: incisae sint licet leges XII tabulis et publice aere praefixo iura praescripta sint, inter leges ipsas delinquitur, inter iura peccatur. S. gegen die Beweiskraft dieser Stelle Krüger S. 10[12]. Für die Wiederaufstellung Girard Nouv. Rev. historique 1908 p. 412 Liv. VI, 1 behauptet sie doch nicht deutlich.

[11]) Cic. de leg. II, 23, 59: discebamus enim pueri XII ut carmen necessarium, quas iam nemo discit.

[12]) Liv. III, 34.

anischen Recht gelten manche Bestimmungen der XII Tafeln fort. Sie sind von Juristen oft kommentiert (Sex. Aelius [§ 16], Labeo [§ 19], Gajus [§ 20]); aber auch andere Schriftsteller haben ihnen insbesondere in sprachlichem und antiquarischem Interesse Aufmerksamkeit gewidmet.

III. Auf den in juristischer wie nichtjuristischer Literatur zerstreuten Mitteilungen und Anführungen, welch letztere aber auch da, wo sie es vorgeben, wohl nirgends wörtlich genau sind, beruht unsre Kenntnis zahlreicher Bestimmungen der XII Tafeln. Die lapidare Sprache der Citate ist trotz der erwähnten Modernisierung immer noch altertümlich genug geblieben, um den Leser empfinden zu lassen, daß das gewohnte Latein nicht immer ausreicht, sie zu verstehen. Diese Schwierigkeit ist aber keineswegs unüberwindlich. Haupteigentümlichkeiten liegen in der mangelhaften Bezeichnung der Personen, an die sich das Gesetz wendet, oder von denen es redet, und in dem Gebrauch des Imperativs für nicht gebietende, sondern berechtigende Vorschriften.

IV. Mit der Ordnung und Ergänzung der Fragmente der XII Tafeln hat man sich seit dem 16. Jahrhundert beschäftigt, zuerst *Aymar du Rivail.*[13]) Wichtiger schon ist die Bearbeitung des grossen *Jacobus Gothofredus.*[14]) Der Grund der modernen Restitution ist von Dirksen gelegt.[15]) Die Bearbeitung von Schoell[16]) hat den Schwerpunkt in verbesserter philologischer Kritik. Bruns' fontes[17]) enthalten eine auf Dirksen und Schöll beruhende, sie verbessernde Handausgabe. — M. Voigt's Werk über die XII Tafeln[18]) ist bei aller seiner Gelehrsamkeit nur mit grosser Vorsicht zu benutzen.[19])

---

[13]) Aymarus Rivallius, civilis historiae iuris s. in XII tabularum leges commentariorum libri quinque. 1515.

[14]) Jac. Gothofredus, Quatuor fontes iuris civilis. 1653.

[15]) Dirksen, Übersicht der bisherigen Versuche zur Kritik und Herstellung des Textes der Zwölftafelfragmente (Leipzig 1824).

[16]) R. Schoell, legis duodecim tabularum reliquiae (Leipzig 1866).

[17]) I p. 15sqq.

[18]) M. Voigt, die XII Tafeln. Leipzig 1883.

[19]) S. auch Girard, textes de droit Romain p. 9 suiv. Über ein in russischer Sprache erschienenes Werk von Nikolski, System und Text der XII Tafeln (1897), s. v. Tubr, Kritische Vierteljahrsschrift XL (1898) S. 482 ff. Pergament Zeitschr. d. Sav.-Stift XIX (1898) S. 374 ff.

§ 8.

Die Volksgesetzgebung nach den XII Tafeln.

I. Seit den XII Tafeln sind sehr zahlreiche Volksgesetze, darunter auch viele privatrechtlichen Inhalts, ergangen. Noch in der ersten Kaiserzeit ist die Comitialgesetzgebung lebhaft tätig gewesen; doch nimmt sie schon unter Tiberius und Claudius ab und erlischt im Laufe des 1. Jahrhunderts ganz. Das letzte bekannte Volksgesetz ist eine von Kaiser Nerva beantragte *lex agraria*.[1]) Indessen blieb in der Kaiserzeit dem Volke auch später noch ein gesetzgeberischer Akt vorbehalten, nämlich die formelle Beschlußfassung über die Kompetenz des jeweiligen Kaisers, *lex de imperio principis*, von Ulpian[2]) *lex regia* genannt. Der Sache nach handelt es sich dabei aber nur um formale Bestätigung eines Senatuskonsults.

Die jüngeren römischen Gesetze lieben, anders als die XII Tafeln, einen verschachtelten, langatmigen Stil. In übergrosser Sorgfalt, die Sache ja richtig zu treffen, häufen sie oft Ausdrücke (ähnlich modernen englischen Gesetzen), bei denen es falsch sein würde, hinter jedem einen von dem des andern scharf gesonderten Begriff suchen zu wollen.[3]) Die Klarheit des römischen Rechts ist aus der Arbeit der Juristen, nicht aus der Gesetzgebung hervorgegangen.

II. Unsere Kunde von den *leges* beruht vorwiegend auf Überlieferung in der Literatur. Einzelnes ist inschriftlich erhalten. Zu erwähnen sind:

1. *Tabula Bantina*, eine bei Bantia (jetzt Banzi) in Lucanien a. 1790 gefundene Bronzetafel, auf deren einer Seite ein Bruchstück eines oskischen Gesetzes von unsicherem Inhalt und Ursprung steht; vielleicht ist es die von Rom den Bantinern verliehene Stadtordnung. Auf der anderen Seite steht

---

[1]) Callistr. D. XLVII, 21, 3, 1, Pernice, Ztschr.d.Sav.-Stift. XX (1899) S. 159 deutet den Zweifel an, ob etwa Callistratus von einem Senatusconsult spreche, verwirft dies jedoch selbst.

[2]) D. I, 4, 1 pr.

[3]) Man lese nur die Lex Quinctia de aquaeductibus, Bruns I p. 115 sqq.

ein Stück der *sanctio* eines lateinischen und zwar römischen Gesetzes aus der Zeit zwischen 133 und 118 v. Chr.[4])

2. Elf Bruchstücke einer Bronzetafel, welche vor 1521 in Rom waren, von denen aber einige jetzt nur noch in Abschriften vorhanden sind. Auf der einen Seite steht die *lex Acilia repetundarum* von 133 oder 132 v. Chr., auf der andern Seite die *lex agraria* vom Jahre 111 v. Chr.[5])

3. Eine in Rom im 16. Jahrhundert gefundene Bronzetafel, die achte einer Reihe, auf welcher die *lex Cornelia (Sullae) de viginti quaestoribus* von c. 81 v. Chr. verzeichnet war.[6])

4. Eine in Rom im 16. Jahrhundert gefundene Bronzetafel enthält ein bedeutendes Anfangsstück der *lex Antonia de Termessibus*, vom Jahre 71 v. Chr., eines Plebiszits, durch welches die Angehörigen von Termessus in Pisidien für frei, Freunde und Bundesgenossen des römischen Volkes erklärt werden, und dementsprechend ihre Rechtsstellung geregelt wird.[7]) Man könnte versucht sein, dies Gesetz als eine die Termessier subjektiv berechtigende *lex specialis* aufzufassen; richtiger würdigt man seinen Inhalt aber doch wohl, wenn man es als ein, objektive Rechtsvorschriften, allerdings von beschränkter Anwendbarkeit, aufstellendes betrachtet.

5. Eine 1760 in den Ruinen von Veleja bei Piacenza gefundene Bronzetafel,[8]) enthaltend einen Teil (in c. 19 anfangend, in c. 23 schließend) eines Gesetzes über die Munizipalgerichtsbarkeit in Gallia cisalpina, wichtig für das Recht der *cautio damni infecti, operis novi nuntiatio, confessio in jure*, verweigerten *defensio*. Das Gesetz ist erlassen, nachdem Gallia cisalpina durch eine *lex Roscia* vom Jahre 49 v. Chr. das römische Bürgerrecht erhalten hatte und wohl vor der im Jahre 42 v. Chr. erfolgten Vereinigung des cisalpinischen Galliens mit Italien.[9]) Man hält das Gesetz für ein Volks-

---

[4]) Bruns I. p. 48. sqq. Moratti, la legge osca de Bauzia Archivio giuridico LIII (1894) p. 745 sq.

[5]) Bruns I p. 55 sqq. [6]) Bruns I p. 90 sqq. [7]) Bruns I p. 94 sqq.

[8]) Bruns I p. 98 sqq.

[9]) Die Ansicht Karlowas, daß es sich umgekehrt gerade um Ausführungsbestimmungen zu dieser Vereinigung handelt, halte ich nicht für wahrscheinlich, aber immerhin für durchaus möglich.

gesetz, das sich selbst als *lex Rubria* bezeichnet, und hierbei ist trotz des von Mommsen erhobenen Widerspruchs zu bleiben.[10])

6. Das sog. *Fragmentum Atestinum* ist eine im Jahre 1880 zu Ateste, jetzt Este gefundene Bronzetafel, welche, wie die vorige von Munizipaljurisdiction handelt.[11]) Das Gesetz ist im Jahre 49 v. Chr. erlassen. Der Fundort und namentlich die Beziehungen des Bruchstücks auf die *lex Roscia* weisen entschieden darauf hin, daß es sich um ein Gesetz für Gallia cisalpina handelt. Daß die Tafel ein Stück der *lex Rubria*

---

[10]) Mommsen, Wiener Studien XXIV, H. 2 (Bormannheft) und Ephem. epigraph. IX p. 4 nimmt an, daß es eine lex data war (s. unt. § 9, I). Hierfür beruft er sich auf die Analogie sonstiger Provinzial- und Stadtordnungen, die doch keineswegs ausschließt, daß derartige Ordnungen auch durch unmittelbaren Volksschluß erlassen werden konnten. Ferner glaubt Mommsen, daß das starke Eingehen des Gesetzes in Einzelheiten für seine Natur als einer lex data spreche. Auch das trifft nicht zu. Man vergleiche z. B. die tab. Heracl., die unzweifelhaft einen Volksschluß enthielt, oder die lex Quinctia, die doch wahrlich an Eingehen ins einzelne nichts zu wünschen läßt. Das Gesetz stellt Prozeßformeln für den Fall der verweigerten cautio damni infecti auf. In ihnen wird die Verurteilung davon abhängig gemacht, daß der Beklagte einem ex lege Rubria ergangenen magistratischen Befehl zur Kautionsleistung den Gehorsam verweigert hat: quod eius is duovir quattuorvir praefectusve ex lege Rubria seive id plebeive scitum est, decreverit (lin. 28 sq. 88 sq.). Nun hatte aber das Gesetz selbst (lin. 7 sqq.) dem Munizipalmagistrat Recht und Pflicht gegeben, in Fällen des drohenden Schadens dem Beklagten zu befehlen, daß er ex formula, d. h. (dem Zusammenhang zufolge) gemäß dem Formular des Edikts des Peregrinenprätors durch einfache Stipulation (repromittere), unter Umständen mit Bürgen (satisdare), Ersatz des möglicherweise eintretenden Schadens verspreche: eum quei in ius eductus erit de ea re ex formula repromittere et sei sadisdare debebit, sadisdare iubeto decernito. Es ist m. E. nicht der geringste Grund, zu bezweifeln, daß diese Vorschrift des Gesetzes selbst es ist, welche die Prozeßformel mit den Worten: quod ex lege Rubria seive id plebeivescitum est decreverit in Bezug nimmt, also kein Grund, die lex Rubria mit Mommsen für ein von der velejatischen Tafel verschiedenes Gesetz zu halten. Es bedarf keiner Erwähnung, daß das Gesetz in den Prozeßformeln nicht sagen konnte: ex hac lege; denn im Gebrauch tritt die Prozeßformel aus dem Rahmen des Gesetzes heraus. Meint aber die velejatische Tafel sich selbst mit den Worten lex Rubria sive id plebeicitum est, so war sie doch wohl sicher ein Volksgesetz, denn daß in Bezug auf leges datae die Klausel sive id plebiscitum est vorkomme, ist nicht erweislich und nicht anzunehmen.

[11]) Bruns I p. 102 sqq.

biete, ist aber nicht anzunehmen, vielmehr wird es ein Vor-
läufer der *lex Rubria* gewesen sein.[12])

7. Tabula Heracleensis, eine 1732 in den Ruinen von
Heraclea in Lucanien gefundene Bronzetafel in zwei Stücken. [13])
Darauf steht ein großer Teil eines Gesetzes Cäsars vom Jahre
45 v. Chr., dessen erhaltene Bestimmungen Getreideverteilungen
und Strassenpolizei in Rom, sowie die Verfassung der Bürger-
gemeinden *(magistratus, decuriones)* betreffen. Man hat dieses
Gesetz bisher auf die Autorität Savignys[14]) als *lex Julia
municipalis* bezeichnet. Es ist aber von Mommsen neuerdings[15]) mit Recht darauf aufmerksam gemacht, daß diese
Bezeichnung willkürlich ist. Indessen sind die allgemeineren
Bestimmungen des Gesetzes über die Verfassung der Bürger-
gemeinden doch so zahlreich, daß man (gegen Mommsen)

---

12) Die lex Rubria hat für die Zuständigkeit der Munizipalmagistrate
eine Grenze nach dem Streitwert, und zwar reicht die Zuständigkeit jener
Magistrate bis zu 15000 Sesterzen. Das Fragm. Atestin. rechnet mit einer
andern Grenze, nämlich 10000 Sesterzen. Diese Summe wird zwar nur in
Ansehung von actiones famosae genannt (d. h. von Klagen, bei denen die
Verurteilung ehrlos macht). Es scheint aber der Sinn des Gesetzes nicht zu
sein, daß für solche Klagen eine besondere Kompetenzgrenze besteht, sondern
vielmehr, daß die an sich ohne Rücksicht auf den Streitwert bei actiones famosae ausgeschlossene Kompetenz des Munizipalmagistrats innerhalb der gewöhnlichen Kompetenzgrenze von 10000 Sesterzen durch den Willen des Beklagten begründet werden kann. Dann aber kann das Fragm. Atest. nicht
zur lex Rubr. gehören. Vgl. Appleton, Revue générale du droit 1900 p. 193 suiv.
bes. p. 234 suiv. ; dazu Kübler, Zeitschr. der Sav.-Stift. XXII (1901) S. 200 ff.
Der zweite Absatz des Fr. Atestin. hält für Privatprozesse die vor der lex Roscia
von a. 49 auf Grund besonderer Bestimmungen irgend welcher Art Muni-
zipalmagistraten zustehende Jurisdiktion aufrecht. Wie dies zuging, behandelt
Appleton l. c. p. 148 als unaufgeklärt. M. E. lag die Sache so: Man hätte
denken können, daß durch die Bürgerrechtsverleihung die besonderen Satzungen
der einzelnen Gemeinden beseitigt worden wären, und diese Folgerung wollte
das Fr. Atestin. ablehnen. Dabei citiert das Fr. Atestin. die lex Roscia als
ein Gesetz vom 11. März ohne Jahresangabe, was nur möglich war, wenn das
Gesetz des Fragments im selben Jahr, wie die lex Roscia erging (vgl. Appleton l. c. p. 206). Vielleicht hat die lex Rubria, indem sie die Kompetenzgrenze der munizipalen Gerichtsbarkeit erhöhte und eine eingehende Prozeß-
ordnung gab, den Vorbehalt des Fr. Atestinum abgeschafft.

13) Bruns I p. 104 sq.

14) Vermischte Schriften III s. 279 ff..

15) Ephemeris epigraphica IX p. 5 sq.

sehr wohl sagen kann, dasselbe enthalte eine allgemeine Städteordnung, die freilich der Ergänzung durch die speziellen Ordnungen der einzelnen Städte bedurfte.[16])

8. Ein bedeutendes Schlußstück des für Vespasian im Jahre 69 n. Chr. erlassenen Kompetenzgesetzes (vergl. oben I), s. g. *lex de imperio Vespasiani*, ist zu Rom auf einer Bronzetafel im 14. Jahrhundert gefunden worden.[17])

§ 9.
3. *Leges datae* und *leges dictae*.

I. Provinzen und Stadtgemeinden sind von den Römern Rechtsordnungen vielfach in der Weise verliehen, daß ein Magistrat das Gesetz, ohne einen römischen Volksschluß über dessen Inhalt einholen und ohne die Provinzialen oder Gemeindeangehörigen befragen zu müssen, einseitig auferlegt (*legem dare, lex data*).

1. Den Provinzen gab solche Ordnung in der Regel der Feldherr, der sie erobert oder nach einem Aufstande beruhigt hatte. Er war dabei an die nachträgliche Genehmigung des Senates gebunden, wenn nicht, wie gewöhnlich geschah, der Senat ihm eine Kommission beigegeben hatte, nach deren Beschlüssen er sich zu richten hatte. So hat der Konsul P. Rupilius im Jahre 131 v. Chr. nach dem ersten Sklavenkriege Sizilien neu geordnet durch die *de decem senatorum decreto* gegebene *lex Rupilia*, bekannt aus Ciceros verrinischen Reden;[1]) sie enthielt eine eingehende Gerichtsordnung. Pompejus erließ nach dem dritten mithridatischen Kriege im Jahre 64/63 v. Chr. umfassende Anordnungen für die asiatischen Länder, deren Genehmigung nach seiner Rückkehr zu einem Hauptstreitpunkt mit dem Senat wurde. Noch in der Kaiserzeit standen von ihm herrührende Bestimmungen als *lex Pompeja* in Geltung; wir kennen daraus solche über Munizipalbürgerrecht, Magistrate und Decurionen.[2])[3])

---

16) vgl. unt. § 9, I, 2. 17) Bruns I p. 192 sqq.

1) Cic. in Verr. II, 2, 13, 82; 16, 39.

2) Plin. ad Trai. 79. 80. 112. 114. 115. Vgl. ob. § 4 Anm. 15.

3) Nach Mommsen wäre auch das Gesetz der velejatischen Tafeln eine lex data für Gallia Cisalpina. S. darüber § 8, I, 5.

2. Das älteste Zeugnis einer von Rom verliehenen Stadtordnung ist die Nachricht, daß im Jahre 317 v. Chr. die
Bürgerkolonie Antium vom Senat Patrone *ad jura statuenda
ipsius coloniae* erhielt.[4]) Vielleicht gehört auch das oskische
Gesetz der *tabula Bantina* (§ 8 II, 1) hierher. Ob solche
Ordnungen in alter Zeit durch Volksschluß bestätigt wurden,
ist fraglich. In der späteren Zeit wurden Stadtordnungen
durchaus regelmäßig einseitig von einem oder mehreren Beamten erlassen, welche hierzu durch Volksschluß ermächtigt
wurden. Wie häufig und beliebt dies Verfahren war, zeigt
die Klausel des cäsarischen Gesetzes der *Tabula Heracleensis*,
daß die mit solcher Ermächtigung Ausgestatteten noch ein
Jahr nach Erlaß dieses Gesetzes das Recht der Verbesserung
ihrer Anordnungen haben sollten.[5]) Die einzelnen Stadtordnungen müssen auf dem allgemeinen Inhalt des genannten
Gesetzes gefußt haben. Daß sie in ihrem Inhalt vielfach
identisch waren, ist sehr glaublich.[6]) In der Kaiserzeit geht
die Verleihung von Stadtordnungen vom Kaiser aus. Er hat
dazu nicht im Einzelfalle Ermächtigung eingeholt, sondern ist
allgemein dazu für ermächtigt erachtet, unsicher mit welchem
formellen Anhalt.

Hierher gehören folgende Inschriften:

a) Die Stadtordnung von Tarent als Bürgerstadt, erlassen
zwischen 89 und 62 v. Chr. Davon ist die neunte Bronzetafel 1894 zu Tarent gefunden.[7])

b) Die *lex Ursonensis* oder *lex coloniae Juliae Genetivae*,
welche M. Antonius, der auf Cäsars Befehl ein Gesetz über
Kolonie-Gründung durchgebracht hatte, auf Grund dieses Gesetzes der unter jenem Namen kolonisierten Stadt Urso in

---

[4]) Liv. IX, 20 i. f. [5]) Tab. Heracl. lin. 159 sqq.

[6]) Vgl. unten Note 10 und zu Note 12. Mommsen, Ephem. epigr. IX p. 5
sqq. nimmt an, daß lex municipalis abstrakt gebraucht den identischen Inhalt der
einzelnen Stadtordnungen bezeichnet, da er eine allgemeine Städteordnung
leugnet (ob. § 8, 1, 7). Wahrscheinlich ist, daß jener Ausdruck das allgemeine gesetzliche Stadtrecht deckt, wie es sich zusammensetzt aus dem Inhalt
des cäsarischen Gesetzes und dem identischen Inhalt der einzelnen Stadtordnungen.

[7]) Mommsen, Ephem. epigr. IX p. 1 sqq. Scialoja, Bulletino dell'
stituto di dir. Romano IX, 1 (1896) p. 7 sg. 88. Dessau 6086.

Spanien (jetzt Osuna) im Jahre 44 v. Chr. verlieh. Einige in
Osuna 1870 — 1874 gefundene Bronzetafeln enthalten bedeutende Stücke davon, von (in) c. 61 bis (in) c. 82 und von (in)
c. 91 bis c. 134.[8])

c) Aus der Augustischen Zeit und wohl von Augustus
selbst verliehen ist ein Gesetz für Narbo, betreffend einen
dort eingesetzten Flamen, bruchstückweise erhalten auf einer
in Narbonne 1883 gefundenen Bronzetafel.[9])

d) Die Stadtordnung von Salpensa, s. g. *lex Salpensana*,
und die von Malaca (Malaga) s. g. *lex Malacitana*, welche
beide Domitian zwischen 81 und 84 den genannten damals
(seit Vespasian) des latinischen Rechts teilhaftigen Gemeinden
verlieh. Zwei Bronzetafeln, welche 1851 bei Malaga gefunden
sind,[10]) bieten von der *lex Salpensana* c. 21 bis c. 29, von der
lex Malacitana c. 51 bis (in) c. 69.[11]) Ein seit 1896 bekanntes bei Sevilla gefundenes Bronzebruchstück gibt einen
Teil des c. 67 der *lex Malacitana* wieder. Es gehört zu der
inhaltlich mit der *lex Malacitana* übereinstimmenden Ordnung
einer anderen spanischen Stadt.[12])

II. Das römische Bürgerrecht kann in der republikanischen
Zeit grundsätzlich nur durch Volksbeschluß verliehen werden,
es ist also ein den vorigen ähnlicher Akt delegierter Gesetzgebung, wenn ein Magistrat kraft ihm durch Gesetz erteilter
Ermächtigung das Bürgerrecht verleiht. Er erteilt damit aber
nur ein Personalprivilegium, und für die Kenntnis des objektiven römischen Rechts sind Erlasse dieser Art nur als Belege
für die Regeln wichtig, denen sie folgen, nicht, die sie sta-
tuieren. Die besprochene Ermächtigung ist zuerst an kolonie-

---

[8]) Bruns I p. 123 sqq. Fabricius Hermes B. XXXV (1900) S. 205 ff.
nimmt mit guten Gründen an, Antonius habe das in Cäsars Nachlaß unvollendet
gefundene Gesetz vollenden lassen und dabei gegenüber Cäsars Intentionen geändert. Dessau 6087.

[9]) Bruns I p. 140 sqq. Dessau 6088. 6089.

[10]) Vielleicht hatten die Malacitaner die Tafel des salpensanischen Gesetzes zur Ergänzung einer zu Verlust gegangenen Tafel ihres eigenen, inhalts-
gleichen, sich verschafft. Mommsen, Ephem. epigr. IX p. 10.

[11]) Bruns I p. 142 sqq.

[12]) Mommsen, Ephem. epigr. IX p. 10. Nicht recht zu bestimmen ist
das Bronzebruchstück das. p. 11.

gründende Beamte mit Bezug auf die Kolonisten,[13]) dann auch
an Feldherrn mit Bezug auf ihre Soldaten erteilt, z. B. im
Jahre 72 v. Chr. dem Pompejus durch Gesetz der Konsuln
L. Gellius und Gn. Cornelius nach dem sertorianischen Kriege.[14])
In der Kaiserzeit haben die Kaiser in umfassendem Maße aus-
gedienten Soldaten das Bürgerrecht und — mit Rücksicht
auf ihre Ansiedlung in einer Provinz — das *connubium* mit
einer peregrinischen Frau (denen, die bereits Bürger waren,
nur dies)[15]) verliehen. Die entsprechende Verfügung, welche
für zahlreiche Soldaten zusammen erging, wurde, wie ein Gesetz, auf dem Kapitol in Bronze angeschlagen, dem einzelnen
aber auf bronzenem Diptychon (zwei verbundenen Täfelchen),
ein von Zeugen beglaubigter Auszug daraus zu seiner Legi-
timation erteilt. Solche s. g. Soldatendiplome sind zahlreich erhalten.[16])

III. *Lex dicta* ist eine rechtliche Bestimmung, welche
jemand seiner eigenen Sache auferlegt. Dahin gehören also
auch Rechtsvorschriften, welche einer im Eigentum des Staates
oder der Gemeinde stehenden Sache von den zuständigen
Organen im Namen des Staates oder der Gemeinde auferlegt
werden. Solche *leges dictae* sind die sehr altertümlichen Hainge-
setze von Luceria und Spoletium, die Tempelordnung von Furfo
vom Jahre 58 v. Chr.,[17]) die von den Narbonensern 11—13
v. Chr. festgesetzten Vorschriften für einen neugestifteten Altar
des Augustus,[18]) eine Altarordnung Domitians,[19]) die von dem
duovir von Salona (Dalmatien) gegebene Ordnung eines Jupiter-
altars vom Jahre 137 n. Chr.[20])

Es kann unter Umständen zweifelhaft sein, ob ein Erlaß
mehr von dem Eigentümerrecht oder mehr von Regierungs-
rechten getragen wird. Die s. g. *lex metalli Vipascensis*,
eine kaiserliche gegen Ende des 1. Jahrhunderts n. Chr. er-

13) Cic. Brut. 20, 79. 14) Cic. pro Balb. 8, 19.
15) Gai. I, 57. Man ist aber dabei doch nicht zu weitherzig: das Privilegium gilt nur mit Bezug auf eine und zwar die erste nach der Entlassung
genommene Frau.
16) Beispiele bei Bruns I p. 252 sqq. cf. 871 sqq.
17) Bruns I p. 260 sq. 18) Bruns I p. 261 sqq.
19) Bruns I p. 264 sqq. 20) Bruns I p. 263.

lassene Ordnung für den nicht städtisch organisierten, im kaiserlichen Eigentum stehenden und von einem *procurator metallorum* verwalteten Bergwerksbezirk von Vipasca in Portugal, weist ihr eigener Ausdruck[21]) und die Natur ihrer Bestimmungen entschieden den kraft Eigentümerrechts ergangenen *leges dictae* zu. Von ihr ist ein Teil erhalten auf einer 1876 bei Aljustrel in Portugal in den alten Goldgruben gefundenen Bronzetafel.[22]) Die erhaltenen Bestimmungen beschäftigen sich hauptsächlich mit den Rechten und Pflichten derjenigen, welche vom Fiskus ausschließliche Gewerbebetriebe innerhalb des Bezirks gepachtet haben (Auktionator, Ausrufer, Badehalter, Schuster, Barbier u. s. w.). Diese Bestimmungen ruhen wesentlich auf dem fiskalischen Eigentum an dem Grundstück, auf welchem jene Gewerbe geübt und andere daran verhindert werden sollen. Ähnlicher Natur sind die Domänenordnungen. Wir haben eine Inschrift aus der Zeit Trajans, welche Festsetzungen von zwei kaiserlichen Prokuratoren über gewisse afrikanische Domänen des Kaisers enthält und zwar im Anschluß an eine *lex Manciana*[23]) und eine ähnliche, aber minder bedeutende Inschrift, enthaltend Festsetzungen der kaiserlichen Prokuratoren für mehrere afrikanische *saltus* im Anschluß an eine *lex Hadriana*[24]).

§ 10.

4. *Edicta magistratum. Ius civile* und *ius honorarium.*

I. Das *ius edicendi* ist ein allgemeines Recht der höheren republikanischen Magistrate. Es ist das Recht, mündlich (*in*

---

[21]) E lege metallis dicta. (lin. 58.)   [22]) B r u n s I p. 266 sqq.

[23]) Adolf S c h u l t e n, Abhandlungen der Kgl. Gesellschaft der Wissenschaften zu Göttingen, Philol.-histor. Kl. N. F. B. II Nr. 3 (1897). O. S e e c k, Neue Jahrbücher f. d. klass. Altertum, Geschichte und deutsche Litteratur I (1898) S. 628 ff. H. K r ü g e r, Zeitschrift d. Sav.-Stift. XX (1899) S. 267 ff. E r m a n, Centralblatt f. Rechtswissensch. XXVII (1898), S. 176 ff. Weiteres bei K a l b im Jahresbericht f. Altertumswissenschaft B. CIX (1901 II) S. 24 ff.

[24]) B r u n s fontes I p. 382 sq. A. S c h u l t e n, Hermes B. XXIX (1894) S. 204 ff. Weiteres bei K a l b, Jahresbericht f. Altertumswissenschaft a. a. O. S. 217 ff.

concione) oder schriftlich durch Aufstellung auf weissen Holztafeln *(in albo proponere)* dem Volke Willen und Meinung des Magistrates kund zu tun. Z. B. ein Edikt der Censoren von 92 v. Chr.[1]) verkündet das Mißfallen der Censoren denen, die Rhetorenschulen halten oder besuchen. Auch priesterliche Edikte kommen vor, z. B. von den *quindecimviri sacris faciundis*[2]).

Von dem *ius edicendi* haben seit der jüngeren Zeit der Republik die mit der Ziviljurisdiktion betrauten Magistrate (in Rom Prätoren und curulische Ädilen, in den Provinzen an Stelle der Prätoren die Statthalter und an Stelle der Ädilen die Quästoren) in der Weise Gebrauch gemacht, daß sie bei ihrem Amtsantritt ein ausführliches Edikt erließen, enthaltend die Regeln, nach denen sie ihre Jurisdiktion zu handhaben gedachten[3]). Insofern dieses Edikt das ganze Jahr hängen bleiben und beobachtet werden soll, heißt es *edictum perpetuum*[4]). Es enthält weniger Befehle an die Gerichtsuntertanen (auch solche kommen vor, z. B. *pronuntianto, dicunto* im Edikt der Curulädilen, *ne quis habeat* im prätorischen Edikt[5]), als vielmehr[6]) Ankündigung von Maßregeln, welche der Magistrat in den und den Fällen zu treffen gedenkt, z. B. Niedersetzung eines Schwurgerichtes *(iudicium dabo)*, Besitzeinweisung *(in possessionem ire jubebo, possidere jubebo, bonorum possessionem dabo)*, Anordnung des Abschlusses einer Stipulation mit oder ohne Bürgenstellung *(promitti, satisdari jubebo)*, Wiedereinsetzung in den vorigen Stand *(in integrum restituam)* und anderes mehr. Charakteristisch ist im Gegensatz zu dem Gesetz (welches das Ermessen der Beamten beschränken will!) für das Edikt, daß der Magistrat es vermeidet, sich die Hände zu eng zu binden, und daher verhältnismäßig oft sich die

---

1) Suet. de rhet. c. 1. (Bruns I p. 230.)

2) Ein Edikt von 17 v. Chr. (inschriftlich erhalten) s. bei Bruns I p. 286.

3) Pomp. D. I, 2, 2, 10: ut scirent cives quod ius de quaque re quisque dicturus esset seque praemunirent, edicta proponebant.

4) Ascon. in Cornelian. p. 58. (Bruns II p. 71.)

5) D. XXI, 1, 1 pr. D. IX, 3, 5, 6.

6) Für die folgenden Erscheinungen bedarf es besonderer Belege nicht, da solche dem Leser des Edikts sich von selbst aufdrängen.

Sachprüfung im Einzelfalle ausdrücklich vorbehält *(causa cognita, si mihi iusta causa esse videbitur)* oder die zu treffenden Maßnahmen nur im allgemeinen andeutet *(cogam, uti quaeque res erit animadvertam)*. Ein Hauptbestandteil des Edikts sind Formulare für die vorzunehmenden Amtshandlungen, namentlich auch für die *formulae*, mittels deren im Zivilprozeß der Prätor den Geschworenen zur Untersuchung und Entscheidung des Falles beauftragt und instruiert. Das Ganze ist ein Programm der Jurisdiktionsführung des Magistrats, aus dem aber überall indirekt herauszulesen ist, welches Verhalten der Magistrat von den Rechtsuntertanen beobachtet wissen will. Dies tritt auch in (konjunktivisch) gebietenden und verbietenden Überschriften oft genug hervor, wo der Text selbst nicht gebietende Form hat. *Edictum* heißt aber nicht nur das Edikt als Ganzes, sondern auch jede einzelne Bestimmung desselben.

II. Es ist selbstverständlich, daß von dem Urheber des Edikts erwartet wurde, er werde sich nach seinen Ankündigungen auch richten. Gleichmäßigkeit ist eine der ersten Anforderungen der Rechtspflege. Man betrachtet es schon als etwas nur durch gewichtige Gründe zu Rechtfertigendes, wenn ein Gericht, nachdem es eine Rechtsfrage in einem konkreten Falle in bestimmter Weise entschieden hat, in einem anderen Falle dieselbe Frage anders entscheidet. Um wieviel mehr. müssen die allgemeinen Ankündigungen der Behörde über ihr Verfahren zuverlässig sein. Gegen Ende der Republik riß aber der Mißbrauch ein, daß Magistrate nach Gunst und Gutdünken von ihren Edikten abwichen. Dem wirkte man zunächst entgegen durch das Mittel der Intercession, welche auch im Zivilprozeß verwendbar war;[7]) aber im Jahre 67 v. Chr. wurden — durch eine *lex Cornelia* — die Magistrate — zunächst die Prätoren — für die Dauer ihres Amts an ihr Edikt gesetzlich gebunden.[8]) Aber mit dem Aufhören des Amts seines Urhebers

---

[7]) Cic. in Verr. II, 1, 46, 119: (Verres) in magistratu contra illud ipsum edictum suum sine ulla religione decernebat. Itaque L. Piso multos codices complevit earum rerum, in quibus ita intercessit, quod iste aliter atque ut edixerat decrevisset.

[8]) Ascon. l. c. (Anm. 4): Aliam deinde legem Cornelius, etsi nemo repugnare ausus est, multis tamen invitis tulit: ut praetores ex edictis suis perpetuis ius

verlor das Edikt, weil nur getragen von dem Imperium des Magistrats, der es erlassen hatte, von selbst seine Geltung. Der Amtsnachfolger pflegte jedoch in sein Edikt die bewährten Bestimmungen der Vorgänger herüberzunehmen, und so bildete sich ein allmählich über das ganze Gebiet des Privatrechts und Zivilprozesses sich verzweigender Stamm in den Edikten regelmäßig wiederkehrender, materiell dauernder Bestimmungen *(edicta translaticia)*[9]. Die wichtigsten Edikte waren die der beiden städtischen Prätoren[10]; daneben stand das Edikt der curulischen Ädilen[11]. Die Provinzialstatthalter lehnten ihre Edikte an die der Prätoren[12] und wohl vorzugsweise an das des *praetor peregrinus* an, die Quästoren folgten dem Muster der curulischen Ädilen[13]. Viele Edikte und ediktmässige Institute lebten bei den Späteren unter dem Namen der Prätoren, die sie zuerst aufgestellt hatten, z. B. *formula Octaviana* [*actio qu. metus causa*], *actio Publiciana, Pauliana, Serviana, interdictum Salvianum, edictum Carbonianum.*

III. Die ganze Sitte der Edikte ruht auf der Grund-

---

dicerent; quae res cunctam gratiam ambitiosis praetoribus qui varie ius dicere assueverant, abstulit. Cf. Dio Cass. 36, 40 [23].

[9]) Cic. in Verr. II, 1, 44, 114: hoc vetus edictum translaticiumque esse; vgl. Cic. ad fam. III, 8, 4.

[10]) Gai. I, 6: amplissimum ius est in edictis duorum praetorum urbani et peregrini.

[11]) Gai. I, 6.

[12]) Cic. ad Attic. VI, 1, 15 u. ad fam. III, 8, 4 über sein cilicisches Edikt. v. Velsen, Zeitschr. d. Sav.-Stift. XXI (1900) S. 73 ff. meint, daß ein Gesetz unter Augustus in der Absicht, das Sonderrecht der Provinzen abzuschaffen, bestimmte, daß die Provinzialedikte identisch sein sollten mit den Stadtedikten, und daß seitdem ein eigentliches Provinzialedikt nicht bestand, sondern das edictum praetoris peregrini den Namen edictum provinciale annahm. Ich kann das namentlich deshalb nicht glauben, weil eine so absolute Gleichmacherei mir für jene Zeit höchst unwahrscheinlich ist. Auch scheint mir Gai. I, 6 zu beweisen, daß die Statthalter ihr Edikt an das b e i d e r städtischen Prätoren anlehnten, wie das ja auch unvermeidlich war, da in den Provinzen zahlreiche römische Bürger lebten, die auch unter sich in Konflikt kommen konnten. Gegen v. Velsen s. auch Lenel, Holtzendorffs Encykl. S. 123[1]

[13]) Gai. I, 6 drückt sich so aus, als hätten die Quästoren in den Provinzen geradezu das ädilicische Edikt proponiert.

lage, daß der Magistrat zwar an das Volksgesetz, und was
ihm gleich steht, dessen *interpretatio* durch die Juristen (§ 16)
und das alte Gewohnheitsrecht *(ius civile* in diesem Sinne)
gebunden ist, soweit aber diese Fesseln Freiheit lassen, sein
Amt nach eigenem Ermessen ausübt und befugt ist, Regeln
darüber festzusetzen, wie er es auszuüben gedenkt. Dies führt
zunächst nur auf ediktale Bestimmungen, welche diejenigen
des *ius civile* ergänzen und ihren Gedanken zu Hilfe kommen;
es haben aber die Magistrate im umfassendsten Maße auch
solche Ediktssätze aufgestellt, welche dem *ius civile* geradezu
zuwiderliefen, es verbessern wollten[14]). Das verstieß zwar
gegen den Grundsatz von der Stellung des Magistrats unter
dem Volksrecht; aber es fragte sich, welche Folgen praktisch
ein solcher Verstoß hatte. Ein von dem Magistrate mittels
einer dem *ius civile* zuwiderlaufenden *formula* instruierter Ge-
schworner hatte nicht das Recht, sich mit der *formula* in seinem
Urteil in Widerspruch zu setzen. Nur konnten Dekrete des Magistrats von einem gleich- oder übergeordneten Beamten im Wege
der Interzession vernichtet und davon auch wegen Verstoßes
gegen das Volksrecht Gebrauch gemacht werden. Auch
konnte der Magistrat nach Rücktritt von seinem Amte wegen
Bruches des Volksrechtes in Anklage versetzt werden. Allein
Interzession wie Anklage stellten sich nicht ein, wenn der
Magistrat über alte Satzungen des Volksrechtes hinwegging,
welche von der Rechtsüberzeugung des Volkes nicht mehr
getragen wurden, und an deren Stelle Neuerungen setzte,
welche den Beifall der Zeitgenossen gemäß fortgeschrittener
Rechtsüberzeugung zu erwarten hatten. In diesem Sinne
aber haben die Magistrate (von Mißbräuchen abgesehen) ihre
Aufgabe bei der Abfassung ihrer Edikte weise gelöst, und
die Edikte sind als eine von Jahr zu Jahr revidierte und darum den neuen Bedürfnissen und neuen Anschauungen rasch
und leicht folgende Quelle neuen Rechtes, als „lebendige
Stimme" des Rechts[15]) allseitig anerkannt. Der ständige In-

---

14) Pap. D. I, 1, 7, 1: Ius praetorium est quod praetores introduxerunt adiu-
vandi vel supplendi vel corrigendi iuris civilis gratia propter
utilitatem publicam.

15) Marci. D. I, 1, 8: Nam et ipsum ius honorarium viva vox est iuris civilis.

halt der Edikte heißt *ius* und zwar *ius honorarium* (von *honor*, Ehrenamt) das Amtsrecht, insbesondere *ius praetorium*, *ius aedilicium.* Indem dabei aber stets festgehalten wurde, daß die Magistrate das Volksrecht nicht aufheben konnten, kam man zu der theoretischen Auffassung, daß das *ius civile* und das *ius honorarium* neben- und gegeneinander stehen; praktisch ging im Widerspruchsfalle das letztere vor.

Eine allseitig scharfe Scheidung zwischen *ius civile* und *ius honorarium* mußte sich aber als unmöglich herausstellen. Einerseits entnahmen die Prätoren, selbst größtenteils juristisch gebildet, den Inhalt ihrer Edikte doch Anregungen, welche ihnen der bestehende Rechtszustand[16]) und die Jurisprudenz und Praxis ihrer Zeit bot. Jurisprudenz und Praxis aber legte man die Kraft bei, *ius civile* zu schaffen. Somit konnte bei der Neuaufstellung eines Ediktsatzes oft zweifelhaft sein, ob und in wieweit eine wirkliche prätorische Neuschöpfung oder vielmehr nur die Aufnahme eines im *ius civile* bereits anerkannten Satzes vorläge. Anderseits begannen an dem Ediktsrecht Jurisprudenz und Praxis und später auch die kaiserlichen Reskripte (die ebenfalls *ius civile* schufen) fortzuarbeiten, und es mußten auf diese Weise Sätze des *ius honorarium* in das *ius civile* übergehen.[17])

IV. In der Kaiserzeit ist die produktive Kraft der Edikte erlahmt. Noch immer haben die noch fungierenden aus republikanischer Zeit herrührenden Jurisdiktionsmagistrate ihre Edikte proponiert; nur ist das ädilicische Edikt in den kaiserlichen Provinzen nicht mehr angeschlagen, weil dorthin keine Quästoren gesandt wurden.[17a]) Es fehlen auch in dieser Zeit neu aufkommende Bestandteile des Ediktes nicht ganz; sie finden sich namentlich zur Ausführung neuer zivilrechtlicher Vorschriften, wie z. B. des *SC. Trebellianum.*[18]) In der Haupt-

---

16) Dafür, insbesondere soviel die gewohnheitsmäßige Übung angeht, auch Pernice, Zeitschr. d. Sav.-St. XX (1899) S. 128 ff., vgl. ob. S. 20.

17) Ehrlich, Beiträge zur Theorie der Rechtsquellen S. 125 ff. gibt ein reiches Material über die Verwendung des Ausdrucks ius honorarium u. ähnlicher, grenzt aber die Bedeutung des Gegensatzes von ius civile und ius honorarium m. E. zu eng ein. 17a) Gai. I, 6.

18) Gai. II, 253: Das Edikt enthält die ausdrückliche Ankündigung der actiones utiles des Universalfideikommissars und gegen ihn.

sache aber liegt die Fortbildung des Rechts jetzt in anderen Händen. ` • ᕽ

Hadrian ließ durch Salvius Julianus (§ 19) das Edikt des Prätor Urbanus und als Anhang dazu dasjenige der Curulädilen neu redigieren und zwar vor 129 n. Chr.; denn schon vor diesem Jahre begann Julian seine Digesten, welche die vollendete Ediktsredaktion voraussetzen.[19]) Wie tief und nach welcher Richtung hauptsächlich Julian eingegriffen hat, ist nicht sicher zu sagen. Wenn Julian später *ordinator edicti* heißt,[20]) so beweist dies durchaus nicht, daß er hauptsächlich die systematische Anordnung verbessert hat, denn hierauf geht *ordinare* nicht einmal vorzugsweise, sondern es bedeutet überhaupt die Festsetzung nach Inhalt und Form. So heißt es von einer einzelnen Vorschrift des Edikts: *ita edictum ordinatum videtur.*[21]) (Vergl. auch die Wendungen *iudicium, testamentum ordinare.*) Das systematische Interesse der Römer ist überhaupt so gering, daß nicht füglich ein Kaiser den größten Juristen seiner Zeit mit Revision des Edikts vorzugsweise der Anordnung wegen betraut haben wird. Es war vielmehr unzweifelhaft die Absicht, das zurückgebliebene Edikt nach Inhalt ebensowohl wie Form wieder auf die Höhe der Zeit zu bringen. Wenn sogleich vorgesehen wurde, wie spätere Neuerungen eingefügt werden sollten (vgl. den folgenden Absatz), so kann man bei der Redaktion selbst nicht verfehlt haben, die bereits als wünschenswert erkannten sachlichen Änderungen zu bewerkstelligen. Daran ändert es nichts, daß wir zufällig nur e i n e solche Änderung kennen, die s. g. *nova clausula de conjungendis cum emancipato liberis eius.*[22])

Der julianische Text ist durch Senatuskonsult bestätigt und heißt *edictum perpetuum* in dem neuen Sinne des die einzelnen Amtsjahre überdauernden Inhalts. Das SC. hat das

---

[19]) Die Datierung der Ediktsredaction auf das Jahr 131 n. Chr. beruht auf Hieronymus (einer Quelle aus der zweiten Hälfte des vierten Jahrhunderts, die gerade in Bezug auf Jahreszahlen anerkannt unzuverlässig ist (Teuffel-Schwabe § 434 10).

[20]) Just. C. J. IV, 5, 10, 1.

[21]) Ulp. D. XXV, 2, 18.

[22]) Marcell. D. XXXVII, 8, 3, Ulp. D. XXXVII, 9, 1, 18.

Edikt nicht zum Reichsgesetz für die Untertanen erhoben, sondern war ein Dienstbefehl an die Magistrate, das Edikt nunmehr stets mit dem julianischen Text zu proponieren. Etwa erforderliche Neuerungen sollten vom Kaiser ausgehen.[23]) Auch das Edikt des Prätor Peregrinus und das Provinzialedikt muß auf ähnliche Weise festgelegt sein; es fehlt jedoch an Nachrichten darüber. Damit war das *ius edicendi* der Magistrate sachlich unterbunden. Die formelle Proposition der Edikte läßt sich aber noch bis ins 3. Jahrhundert verfolgen.[24])

Der Gegensatz zwischen *ius civile* und *ius honorarium* ist durch Hadrian formell nicht aufgehoben. Es wurde aber die Verschmelzung beider Rechtsmassen, die sich, wie gezeigt, schon früher angebahnt hatte, durch die dauernde Fixierung des Ediktsinhalts noch wesentlich befördert. Niemals freilich ist im Bewußtsein der Römer jener Gegensatz, so praktisch bedeutungslos er im Laufe der Zeit wurde, erloschen. Noch im justinianischen Rechte wird er als vorhanden angenommen, während er hier, da Justinian das ganze alte Recht als sein kaiserliches Gesetz publizierte, jede Existenzberechtigung verloren hatte. Es war unmöglich, eine Auffassung, mit der Jahrhunderte operiert hatten, ganz auszumerzen.

V. Unsere Kenntnis von den Jurisdiktionsedikten beruht ausschließlich auf Anführungen ihres Inhalts in der Literatur. Besonders von dem hadrianischen Edikt kennen wir ziemlich viel aus den in die justinianischen Digesten aufgenommenen Stücken von Bearbeitungen desselben durch die klassischen Juristen.

Die Versuche, das hadrianische Edikt zu restituieren, beginnen im 16. Jahrhundert (Eguinarius Baro); von den moder-

---

[23]) C. Tanta § 18: et ipse Julianus legum et edicti perpetui subtilissimus conditor in suis libris hoc rettulit, ut, si quid inperfectum inveniatur ab imperiali sanctione hoc repleatur et non ipse solus sed et divus Hadrianus in compositione edicti et senatus consulto quod eam secutum est hoc apertissime definivit, ut si quid in edicto positum non invenitur hoc ad eius regulas eiusque coniecturas et imitationes posset nova instruere auctoritas.

[24]) C. J. VIII, 1, 1 (a. 224) . praeses ad exemplum interdictorum, quae in albo proposita habet.

4*

nen Arbeiten kommt die von Rudorff,[25]) wiewohl seiner Zeit sehr verdienstlich, doch jetzt kaum noch in Betracht neben dem epochemachenden Werk von Lenel,[26]) das Edictum perpetuum.

§ 11.

5. Senatus consulta.

I. Der Senat, ursprünglich nur beratender Körper, hat sich in den Zeiten der Republik zu der eigentlich staatslenkenden Stelle entwickelt. Seine Einwirkung auf die Rechtsbildung tritt zunächst in verschiedenartigem Einfluß auf die Volksschlüsse hervor. Von alters her bedarf der Beschluß der Comitien zu seiner Gültigkeit der Bestätigung durch den Senat; seit aber Plebejer in den Senat eingetreten sind, nehmen an dem Beschluß darüber nur die patrizischen Mitglieder des Senates teil *(patrum auctoritas).*[1]) Auf Plebiszite findet die *patrum auctoritas* keine Anwendung; sie unterliegen aber wahrscheinlich bis zur *lex Hortensia* (zwischen 289 und 286 v. Chr.) der Bestätigung durch den gesamten (patrizisch-plebejischen) Senat (§ 6, I, 4). Im Laufe der Zeit ist die *patrum auctoritas* zur leeren Förmlichkeit geworden, worauf aber der Umstand, daß sie nach einer *lex Publilia* von 339 v. Chr. zunächst für Centuriatgesetze und dann wohl auch für die übrigen Comitialbeschlüsse vor Beginn der Volksabstimmung zu erteilen[2]) (oder zu verweigern!) ist, nicht den ihm oft zugeschriebenen Einfluß gehabt haben kann. Praktisch ist aber auch in der jüngeren Zeit der Republik der Senat des Einflusses auf die Gesetzgebung nicht entkleidet. Denn durchaus üblicher, ob-

---

[25]) Rudorff, de iurisdictione edictum, Leipzig 1869.

[26]) Lenel, das Edictum Perpetuum, Leipzig 1883. Eine zweite Auflage erschien in französischer Sprache: Lenel, essai de reconstitution de l'édit perpétuel. Ouvrage traduit en français par Frédéric Peltier sur un texte revu par l'auteur. Tome I Paris 1901, tome II 1903. Von Lenel ist auch jetzt die entsprechende Partie in Brons, fontes I p. 202 sqq. bearbeitet. Rubrikenindex des Ediktes bietet Lenels Palingenesia iuris civilis, II col. 1247 sqq.

[1]) Mommsen, Staatsrecht III, 2 S. 1037 ff.

[2]) Liv. VIII, 12, 15.

wohl nicht rechtsnotwendiger Weise, wurden Comitialgesetze
wie Plebiszite im Senat vorberaten.[3]) Dazu tritt in den letzten Zeiten das vom Senat in Anspruch genommene und praktisch durchgesetzte Recht, Volksschlüsse wegen mangelhaften
Zustandekommens für nichtig zu erklären durch den Beschluß:
ea lege non videri populum teneri.[4])

Dispensation von Gesetzen (*lege aliquem solvere*) kann
grundsätzlich nur durch Gesetzgebungsakt erfolgen. Auch
hier aber hat der Senat eingegriffen, indem er zuerst Dispen-
sationen unter Vorbehalt der Genehmigung durch Volksschluß
verfügte; später aber unterblieb die wirkliche Einholung der
letzteren, und endlich blieb auch der Vorbehalt selbst aus
dem Senatuskonsult fort. Der Volkstribun C. Cornelius suchte
a. 67 v. Chr. das Dispensationsrecht dem Volk zurückzuge-
winnen. Es kam aber nur ein Gesetz zu stande, nach welchem
die Dispensation im Senat bei Anwesenheit von mindestens
200 Mitgliedern beschlossen und dann zwar von den Comitien
bestätigt werden muß, die Bestätigung aber nicht verweigert
werden darf, also reine Formalität ist.[5])

Die Anweisungen, welche der Senat den Magistraten
über ihre Amtshandlungen erteilte, gaben ihm schon früh die
Handhabe, auch die Jurisdiktion und die Edikte zu beeinflussen. Schon seit dem Jahre 193 v. Chr. finden sich
Anweisungen des Senats an die Magistrate, so und so Recht
zu sprechen.[6]) Das *SC. de Bacchanalibus* von a. 186 v. Chr.

---

[3]) Mommsen, Staatsrecht III, 2 S. 1043 ff.

[4]) Cic. in der Rede. pro C. Cornelio (fr. 11 bei Orelli-Baiter) nach Ascon.
in Cornelian. p. 68. Vgl. Mommsen, Staatsr. III, 1 S. 366 ff.

[5]) Ascon. in Cornelian. p. 58 (Bruns II p. 70 sq.). Dio. cass. 36, 39
(22). Mommsen, Staatsrecht III, 1 S. 337 f. III, 2 S. 1229 ff.

[6]) Liv. XXXV, 7. Römische Wucherer versteckten sich hinter Bundesgenossen
als Gläubigern, weil diese den römischen Zinsgesetzen nicht unterlagen. Der
Senat wollte die römischen Schuldner aber auch für diesen Fall schützen. Er
beschloß, daß von den nächsten Feralien an, wenn der Schuldner römischer
Bürger, der Gläubiger Bundesgenosse sei, der Schuldner wählen könne, ob die
römischen oder die bundesgenössischen Gesetze angewandt werden sollen, und
zwar ist dies in Form einer Dienstinstruktion an die Jurisdictionsmagistrate
gekleidet: ut ex ea die pecuniae creditae, quibus debitor vellet legibus ius cre-
ditori diceretur.

ist in der Hauptsache eine Anweisung zum Erlaß von Edikten bestimmten Inhalts.[7]) Solche Anweisungen über Jurisdiktionsführung und Ediktsfassung werden auch die aus den letzten Zeiten der Republik berichteten SCC. über Zinsfuß und über *ambitus*[8]) gewesen sein und entsprechend der allgemeinen Stellung des Senats zu der Magistratur eine tatsächlich verbindliche Kraft gehabt haben. Daß aber ein Senatsbeschluß, welcher ein Gesetz auslegt, einem Geschworenengericht die Hände bindet, wie nach einem Ausspruch Ciceros scheinen könnte,[9]) ist nicht glaublich. Ebenso wenig ist aus republikanischer Zeit erweislich, daß ein SC. unmittelbar verbindliche Rechtsvorschriften für das Volk aufstellen konnte. Wenn das SC., welches demjenigen, der sich betrügerisch als Sklaven verkaufen läßt, die Freiheit abschneidet, wirklich in republikanische Zeit zurückgeht,[10]) so spricht doch alles dafür, daß dasselbe eben auch nur eine Jurisdiktionsanweisung an den Prätor war. Es wies ihn an, die *proclamatio ad libertatem* zu denegieren.[11])

II. Immerhin war man mit diesen Jurisdiktionsanweisungen bereits hart an die Grenze der Aufstellung allgemein verbindlicher Rechtsvorschriften durch den Senat gekommen. Denn sachlich steckt in der Norm, die der Magistrat bei seiner Jurisdiktion beobachten soll, auch die Vorschrift an die Privaten, ihr Handeln danach einzurichten. Die Dienstvorschrift an den Magistrat enthält eine Rechtsvorschrift in sich, und es ist in der Kaiserzeit, obwohl erst nach einem Streit, von dem noch Gajus berichtet, anerkannt, daß diese Rechtsvorschriften dem Volksgesetze gleichstehen, die SCC. also

---

[7]) SC. de Bacchanal. (Bruns I p. 160 sqq.) lin. 2 sq.: de Bacanalibus quei foideratei esent ita exdeicendum censuere.

[8]) Cic. ad Attic. V, 21, 13, vgl. 6, 37. — Cic. pro Mur. 32, 67. ad Attic. I, 16, 12.

[9]) Cic. pro Mur. 32, 67. Cicero mußte das SC. gelten lassen, weil er es selbst beantragt hatte.

[10]) Wenn nämlich der handschriftliche Quintus meus bei Paul. D. XL, 12, 23 pr. Q. Mucius Scaevola ist; das ist aber keineswegs sicher.

[11]) Ulp. D. XL, 13, 1. Pomp. eod. 3. Paul. eod. 4, 5.

ius civile schaffen.[12]) Diese Ansicht, nach welcher die gesetzesgleichen SCC. aus den Jurisdiktionsanweisungen hervorgewachsen sind, hat handgreifliche Beweise aus der Form der privatrechtlichen SCC. der Kaiserzeit für sich;[13]) auch hat die hier angenommene Entwickelung zwei Parallelen: die Entwickelung von Rechtsvorschriften aus den kaiserlichen Dienstvorschriften für die Beamten *(mandata,* s. unt. § 12) und die Entwickelung von Rechtssätzen aus dem magistratischen Amtsprogramm (s. ob. § 10).

III. Die SCC. der Kaiserzeit ergehen oft auf Antrag des Kaisers, gestellt durch eine Rede, die er vorträgt oder durch einen Beamten *(quaestor)* vortragen läßt. Diese *oratio principis* wurde mehr und mehr die Hauptsache, das bestätigende SC. Formalität, weshalb die Juristen statt des SC. öfter geradezu die *oratio* als Rechtsquelle citieren.[14]) Die Form des SC. aber haben die Kaiser für wichtigere gesetzgeberische Neuerungen bis in das dritte Jahrhundert gern gewahrt. Andere Antragsteller als der Kaiser sind wohl regelmäßig nur auf seinen Befehl oder doch nicht ohne seine Zustimmung aufgetreten.

IV. Die Beurkundung der SCC. erfolgte zuerst in der Art, daß der Magistrat, welcher den Beschluß erwirkt hatte, nach der Sitzung in Gegenwart einiger als Zeugen fungieren-

---

12) Gai. I, 4 (Senatusconsultum) legis vicem obtinet, quamvis fuerit quaesitum. Pomp. D. I, 2, 2, 9. Pap. D. I, 1, 7 pr. Ulp. D. I, 3, 9.

13) SC. Vellejanum D. XVI, 1, 2, 1: arbitrari senatum recte atque ordine facturos ad quos de ea re in ius aditum erit, si dederint operam ut in ea re senatus voluntas servetur. SC. Trebellianum D. XXXVI, 1, 1, 2: placet actiones dari. SC. Macedonianum D. XIV, 6, 1: placere ne actio petitioque daretur. Actionem (petitionem) dare ist Sache des Magistrats! Eine klare staatsrechtliche Grundlage hat die Gesetzeskraft der Senatusconsulte nicht gehabt. Denn dann wäre der Streit darüber nicht möglich gewesen.

14) Ulp. D. II, 15, 8 pr.: divus Marcus oratione in senatu recitata effecit. Ulp. D. XXIV, 1, 23 citiert nur die oratio divi Severi, während er selbst eod. 32 sagt: imperator noster Antoninus Augustus (d. h. Caracalla) ante excessum divi Severi patris sui oratione in senatu habita auctor fuit senatui censendi ... Ulp. D. XXVII, 9, 1 spricht von einer oratio imperatoris Severi als der einen Rechtssatz begründenden Quelle und noch dazu kündigt der Text der oratio einfach kaiserliche Maßregeln an (interdicam), dennoch hat auch hier die Bestätigung durch SC. nicht gefehlt: vgl. Ulp. D. XXVII, 9, 10. Marci. ib. 12.

der und in der Urkunde mit den Worten *scribendo affuere*[16])
aufgeführter Senatoren den Beschluß niederschrieb oder nieder-
schreiben ließ. Diese Urkunden sollen seit 449 v. Chr. im
Cerestempel unter Aufsicht der plebejischen Ädilen aufbewahrt
worden sein, ein Institut, das später wieder verschwindet und
vielleicht sich nur auf die die Plebs berührenden SCC., speziell
diejenigen, welche Plebiszite genehmigten, bezog.[16]) In der
späteren Zeit der Republik waren die SCC. im Ärarium nieder-
zulegen. Diese Einrichtung wird zuerst für das Jahr 197 v.
Chr. bezeugt.[17]) Die Niederlegung ist Voraussetzung des In-
krafttretens des SC.[18]) Je nach Umständen erfolgen Aus-
fertigungen an Interessenten[19]), Publikationen in Volksversammlungen (*conciones*), inschriftliche Aufstellungen.[20]) Cäsar hat in
seinem ersten Konsulat die Einrichtung getroffen, daß über
die Verhandlungen des Senats (wie der Volksversammlungen)
tägliche Berichte veröffentlicht wurden.[21])

Die Benennung der SCC. mit Personennamen ist nicht
offiziell gewesen. Bei den Juristen bildete sich aber der Gebrauch, die SCC. adjektivisch mit dem Namen des oder eines
der Antragsteller zu bezeichnen (z. B. *SC. Neronianum*[22]) nach
dem Kaiser Nero, *Vellaeanum* [*Vellejanum*] (a. 46 n. Chr.,[23])
Trebellianum (a. 56 n. Chr.),[24]) *Pegasianum* (unter Vespasian).[25])
Gelegentlich kommt auch die Benennung nach dem Verbrecher
vor, der das SC. veranlaßt hatte, so bei dem *SC. Macedonianum*.[26])

V. Die meisten SCC. kennen wir nur aus literarischer

---

16) SC. de Bacchan. lin. 2. SC. de nundinis saltus Beguensis lin. 6 sqq.
16) Liv. III, 55. Vgl. oben § 6, I, 4.   17) Liv. XXXIX, 4, 8.
18) Der Senat ist auch Strafgericht. Um den zum Tode Verurteilten
einen Aufschub zu sichern, wurde nach Tac. ann. III, 51 unter Tiberius durch
SC. festgesetzt, daß die decreta patrum erst nach 20 Tagen in das Aerar gebracht werden sollten. Der Vollstreckung muß also das deferre ad aerarium
rechtlich notwendig vorausgegangen sein.
19) SC. de Thisbaeis lin. 58 sqq.
20) Vgl. das im Text V, 1 über das SC. de Bacchanalibus Gesagte.
21) Suet. Caes. 20, vgl. Mommsen, Staatsr. III, 2 S. 1017 f.
22) Gai. II, 197. 212.   23) D. XVI, 1.
24) Gai. III, 255 und sonst. D. XXXVI, 1.
25) Gai. III, 256 und sonst.   26) Ulp. D. XIV, 6, 1.

Überlieferung. Doch ist auch manches inschriftlich erhalten. Zu erwähnen sind die folgenden SCC., unter welche auch solche aufgenommen sind, welche nur spezielle Verwaltungsakte des Senats darstellen. Denn auch diese sind als Belege für die Regeln wichtig, nach denen Fälle, wie die ihnen zu Grunde liegenden, behandelt zu werden pflegten.

1. Das *SC. de Bacchanalibus* vom Jahre 186 v. Chr., die Maßregeln zur Unterdrückung der bacchanalischen Verschwörungen betreffend, gefunden 1640 auf einer Bronzetafel zu Tiriolo in Calabrien. In Ausführung der Vorschriften des Senates veranlassen die Konsuln unbekannte Magistrate des *ager Teuranus*, die mitgeteilten Vorschriften des Senats durch Verkündigung *in concione* und durch Aufstellung in Erz bekannt zu machen und sonst zu ihrer Ausführung mitzuwirken.[27])

2. Zwei SCC. in betreff der Rechtsverhältnisse der Gemeinde Thisbaea in Boeotien, von 170 v. Chr., in griechischer Übersetzung auf Marmor in Thisbaea 1871 gefunden.[28])

3. Ein SC., betreffend die Tiburtiner (um 160 v. Chr.), gefunden zu Tibur im 16. Jahrhundert, auf einer später wieder verlorenen Bronzetafel.[29])

4. Ein SC. vom Jahre 78 v. Chr., durch welches drei griechische Nauarchen, Asclepiades und Genossen wegen ihrer Verdienste im Bundesgenossenkrieg für Freunde des römischen Volkes erklärt und privilegiert werden; gef. zweisprachig zu Rom im 16. Jahrhundert auf Bronze.[30])

5. Ein SC. vom Jahre 73 v. Chr., durch welches die Entscheidung der Konsuln in einem Streit der Oropier mit Publikanen bestätigt wird; in griech. Übers. auf Marmor 1884 zu Oropos gefunden.[31])

6. Ein SC. vom Jahre 42 v. Chr., durch welches Aphrodisias in Carien zur *civitas libera* erklärt wurde; in griechischer Übersetzung auf einem Marmor, zuerst 1738 herausgegeben.[32])

---

27) Bruns I p. 160 sqq.   28) Bruns I p. 162 sqq.
29) Bruns I p. 166 sq.   30) Bruns I p. 167 sqq.   31) Bruns I p. 172 sqq.
32) Bruns I p. 177 sqq. Über zwei SCC. betr. die Rechtsverhältnisse

7. Ein SC. *de ludis saecularibus* (zwischen 17 v. Chr.
und 47 n. Chr.) auf Marmor, gefunden im 16. Jahrhundert zu
Rom.[33])

8. Ein Kapitel eines SC., durch welches die Bildung von
Totenkassen gestattet wird, erhalten als Bestandteil der Inschrift des *collegium funeraticium Lanuvinum*.[34])

9. Eine Oratio des Kaisers Claudius betreffend die Erteilung des *ius honorum* an die den transalpinischen
Galliern entstammenden Bürger, auf deren Grund wenigstens
zunächst den Aeduern (Tac. annal. XI, 25) dieses Recht vom
Senat erteilt ist: gefunden 1528 in Lyon auf Bronze.[35])

10. Eine Oratio, vielleicht ebenfalls von Claudius über
den Ausschluß jugendlicher Personen vom Richteramt und
Ähnliches, erhalten in Gestalt eines Papyrus.[36])

11. Aus einer 1600 in Herculaneum gefundenen, später
wieder verlorenen Bronzetafel sind bekannt zwei SCC. von
44/46 n. Chr. und vom Jahre 56 n. Chr., gerichtet gegen Speku-
lationen mit Kauf von Häusern auf Abbruch (*SC. Hosidianum*
und *SC. Volusianum*.[37])

12. Ein SC. vom Jahre 138 n. Chr., durch welches einem
Afrikaner Lucilius, senatorischen Standes, das Recht gewährt
wird, in einem außerstädtischen Bezirk (*saltus*) im Territorium
der Musulamier monatlich zweimal Markt zu halten; gefunden
in Tunis 1860 und 1873 auf zwei Steinen.[38])

13. Ein Stück eines SC. zwischen 138 und 160 n. Chr.,
durch welches das in der Stadt Cyzicus bestehende corpus
νέων genehmigt wird, 1876 auf Stein in den Ruinen von
Cyzicus gefunden.[39])

14. Das SC. über Verminderung der Kosten der Gla-

von Stratonicea und Tabae, ergangen im Anschluß an die Anordnungen Sullas
in Kleinasien vgl. Diehl und Cousin, Bulletin de Corresp. hellénique IX
(1885) p. 437 suiv. und Doublet ebenda XIII (1889) p. 503 suiv., dazu
Viereck Hermes XXV (1890) S. 624 ff. Mommsen Hermes XXVI (1891)
S. 145 ff.

[33]) Bruns I p. 188 sqq.   [34]) Bruns I p. 345 sq.
[35]) Bruns I p. 187 sqq.
[36]) Griechische Urkunden aus den Kgl. Museen zu Berlin Bd. II Nr. 611.
[37]) Bruns I p. 190 sqq.   [38]) Bruns I p. 196 sq.
[39]) Bruns I p. 197 sq.

diatorenspiele von 176/7 n. Chr. ist nicht selbst erhalten, sondern nur ein längeres Stück einer darauf bezüglichen Rede eines Senators, gefunden 1888 auf einer Bronzetafel in Italica in Spanien.[40])

6. Constitutiones Principum.

§ 12.

Die kaiserlichen Erlasse unter dem Principat.

I. Die Kaiser der augustischen Staatsordnung, die vordiocletianischen Kaiser, sind von vornherein keineswegs als Gesetzgeber aufgetreten, sondern haben, wie früher gezeigt, zuerst noch die Volksversammlung, daneben und danach den Senat für Gesetzgebungszwecke benutzt. Aber das altrepublikanische *ius edicendi*, welches dem Kaiser als einem höchsten Magistrat nicht fehlte, die in alles eingreifende Verwaltungstätigkeit und Gerichtsbarkeit des Kaisers, bei welcher, (wie überall bei den Römern) Rechtsanwendung in Rechtsfortbildung übergeht, und sein Recht, den ihm untergebenen Beamten Instruktionen zu erteilen, haben zu einschneidender und umfassender kaiserlicher Rechtsbildung geführt. Man hat dabei anzunehmen, daß die Gesetzeskraft der kaiserlichen Erlasse erst allmählich mit der fortschreitenden Konsolidation der Kaisermacht zur Anerkennung gelangt ist, trotzdem Gajus sagt, es sei darüber nie gezweifelt.[1]) Seit der Mitte des zweiten Jahrhunderts wird die gesetzgleiche, also *ius civile* schaffende Kraft der kaiserlichen Erlasse als feststehend behandelt.[2]) Ulpian sagt schlechtweg: *quod principi placuit, legis habet vigorem*.[3]) Die Begründung, welche dafür angegeben wird: *cum ipse imperator per legem imperium accipiat*[4]) oder: *utpote cum lege regia, quae de imperio eius lata est, populus ei*

---

40) Bruns I p. 198 sqq.

1) Gai. I, 5. Vgl. Just. C. J. I, 14, 12. Eine offene Kontroverse der Juristen wird freilich aus naheliegenden Gründen vermieden sein. Was Just. C. J. I, 14, 12, 2 (1) sagt, bezieht sich nicht auf den Streit der Klassiker, sondern auf Vorgänge der nachklassischen Gesetzgebung.

2) Gai. I, 2. 5. Pomp. D. I. 2, 2, 11, 12. Pap. D. I, 1, 7 pr.

3) D. I, 4, 1 pr.   4) Gai. I, 5.

et in eum omne suum imperium et potestatem conferat[5]) zeigt
nur, daß es für die Gesetzeskraft der Konstitutionen eine klare
Grundlage nicht gab, die insbesondere auch in der allgemeinen
Klausel der für die Kaiser erlassenen Kompetenzgesetze, daß
sie alles tun (*agere facere*) dürften, was sie im Staatsinteresse
für angemessen hielten,[6]) nicht gefunden werden kann. Fand
aber einmal, auf welcher Grundlage immer, Anerkennung, daß
der erklärte Wille des Kaisers Gesetzeskraft habe, so mußte
sich dies auf jeden Erlaß desselben beziehen, mittels dessen
er einen objektiven Rechtssatz aussprechen wollte, ohne Rücksicht darauf, in welcher Form er diesen Willen kundgab, und
ohne Rücksicht darauf, ob der allgemeine Satz selbständig
auftrat, oder nur aus der Entscheidung eines konkreten Falles
und ihrer Begründung herausgelesen werden konnte. Dahin-
gegen gewann keine Gesetzeskraft, was nach ausgesprochener
oder durch Auslegung ermittelter Absicht des Kaisers nur für
den Einzelfall gelten sollte.[7])

Die römischen Juristen bezeichnen als *constitutiones principum* nur die Edikte und dasjenige, was wir Dekrete und
Reskripte nennen;[8]) die Beamteninstruktionen (*mandata*) lassen
sie dabei ebenso außer Ansatz wie die kaiserlichen *leges datae*
und *dictae*. Es ist aber sachlich gerechtfertigt, die *mandata*
hier mit zu behandeln, während von den *leges datae* und *dictae*
bereits im § 9 gesprochen ist.

Dem Kaiser steht ein Konsilium zur Seite, bis Hadrian
eine freie Versammlung von Freunden, seit Hadrian fester
organisiert. Dieses wirkt beratend mit bei der kaiserlichen
Gerichtsbarkeit; und die in deren Ausübung erlassenen mündlichen wie schriftlichen Entscheidungen sind also, wenn auch
formell vom Kaiser allein getroffen, so doch unter Beirat
einer Versammlung zu stande gekommen, in welcher stets
eine Anzahl angesehener Juristen waren. Manche der uns be-

---

[5]) Ulp. D. I, 4, 1 pr.
[6]) Lex de imp. Vespas. lin. 17 sqq.
[7]) Ulp. D. I, 4, 1, 2. Plane ex his quaedam sunt personales nec ad
exempla trahuntur: nam quae princeps alicui ob merita indulsit vel si quam
poenam irrogavit vel si cui sine exemplo subvenit, personam non egreditur.
[8]) Gai. I, 5. Ulp. D. I, 4, 1, 1.

kannten Juristen sind als kaiserliche Räte bezeugt. Den ersten Rang im Konsilium nehmen die Präfekti Prätorio ein, darunter ein Papinian, Paulus, Ulpian (s. unt. § 21).[9]) Man wird annehmen dürfen, daß der gleiche Beirat auch bei sonstigen rechtlich erheblichen Erlassen, also auch bei der Redaktion von Edikten und Mandaten nicht gefehlt hat. Alexander Severus soll keine Konstitution anders als unter Zuziehung von 20 Juristen und 50 anderen Räten erlassen haben.[10]) Es ist danach begreiflich, daß die kaiserlichen Erlasse an den Vorzügen der klassischen Jurisprudenz teilnahmen.

II. Edikte des Kaisers sind, wie diejenigen anderer Magistrate, öffentlich bekannt gemachte Anordnungen. Ein Amtsprogramm haben die Kaiser nicht erlassen, aber eine Reihe von einzelnen Rechtssätzen durch Edikte aufgestellt.

Z. B. hat zuerst Augustus, dann Claudius durch Edikt den Frauen die Interzession für ihre Männer verboten,[11]) die Verjährung der Statusklagen fünf Jahre nach dem Tode der Person, die sie betrafen, wird auf ein Edikt Nervas zurückgeführt,[12]) das Privilegium exigendi des Gläubigers, der ein Darlehn zum Wiederaufbau eines Gebäudes gegeben hat, auf ein Edikt M. Aurels.[13]) Die kaiserlichen Edikte gelten, anders als die der republikanischen Magistrate, nach dem Aufhören des Amts ihres Urhebers fort.[14]) Daß das kaiserliche Edikt auch spezielle Angelegenheiten ordnen kann, wie z. B.. das Edikt des Claudius *de civitate Anaunorum*,[15]) hat es mit den Edikten anderer Magistrate gemein.[16])

Das Edikt kann (wie das anderer Magistrate) mündlich verkündet werden. Es war aber wohl Ausnahme, wenn dies

---

[9]) Mitteilungen aus Beratungen D. IV, 4, 38, XLIX, 14, 50.

[10]) Hist. Aug. Alex. Sev. 16, 1.

[11]) D. XVI, 1, 2 pr. [12]) D. XL, 15, 4.

[13]) D. XLII, 5, 24, 1. Vgl. C. J. X, 60 (59), 1.

[14]) Dafür auch Krüger S. 103 f. Der beste Beweis dafür ist, daß ein Edikt des Augustus als später aufgehoben bezeugt ist, also mit seinem Tode nicht von selbst gefallen war. Paul. D. XXVIII, 2, 26: iam sublato edicto divi Augusti. Dies sieht indessen Lenel. Holtz. Encykl. S. 127 Anm. 4 nicht als ausreichenden Grund für die hier vertretene Ansicht an.

[15]) S. u. § 14, VI, 2.

[16]) Man denke nur an die Ladungsedikte im Prozeß.

von dem Kaiser selbst geschah.[17]) Die Urkunde über das Edikt führt den Kaiser im Präsens redend ein (z. B. *Ti. Claudius Caesar . dicit.*[18]) Das Edikt wird öffentlich auf eine wohl wechselnd bestimmte Zeit angeschlagen, zunächst in der Residenz des Kaisers, je nach Umständen auch an andern Orten. Daß bei Publikation im weiteren Bereiche die Mitwirkung der örtlich zuständigen Beamten in Anspruch genommen wird, ist natürlich.[19]) Man darf aber zweifeln, ob immer für die angemessene Publikation allgemeiner Rechtssätze im ganzen Reich Sorge getragen ist.

III. *Mandata* sind die Instruktionen, welche der Kaiser den ihm untergebenen Beamten, einschließlich der Statthalter der Senatsprovinzen, die seiner Oberaufsicht unterstehen, erteilt. Analog dem privatrechtlichen Mandatsbegriff gelten diese Instruktionen nur für den Beamten persönlich, dem sie erteilt sind, und nur für die Dauer der Regierung des Kaisers, der sie erteilt hat. Es bildete sich aber ein für alle Beamten ständiger, beim Regierungs- und Beamtenwechsel regelmäßig erneuerter Grundstock von Mandaten (ähnlich den tralaticischen Edikten) ein Mandaten-Buch mit einer Anzahl ständiger Kapitel. Hierdurch sind eine Reihe von neuen Rechtssätzen aufgestellt, die man nicht mehr bloß als Dienstinstruktionen für die Beamten, sondern als unmittelbar für die Rechtsuntertanen geltende Vorschriften und zwar als *ius civile* auffaßte, ähnlich wie bei den zunächst Amtsinstruktionen aufstellenden Senatuskonsulten (ob. S. 54 f.). Z. B. die Anerkennung des formlosen Soldatentestaments, aus welchem zivile Erbschaft erworben werden kann,[20]) beruht auf einem seit Trajan ständig den

---

17) Als ein so verkündetes Edikt ist die von M. Aurel im Prätorianerlager verlesene Rede Vat. Fr. 195 zu bezeichnen.

18) Ed. Claudii de civitate Anaunor. (Bruns 1. p. 240 lin. 6.)

19) Das Edikt des Claudius zu Gunsten der Juden bei Joseph. antiqu. 19, 5, 5 (Hänel corp. leg. p. 45 sq.) sollte von den Magistraten aller Stadtgemeinden in Italien und außerhalb desselben und von den verbündeten Fürsten mindestens 80 Tage ausgehängt werden; die Publikation in Rom wird, offenbar als selbstverständlich, übergangen.

20) Ulp. D. XXIX, 1, 15, 1: hereditatem miles — nuda voluntate dare potest. Hereditas ist die Erbschaft nach ius civile.

Mandaten inserierten Kapitel.[21]) Die Ehe von Provinzial-
beamten und Soldaten in der Provinz mit Provinzialinnen war
in den Mandaten verboten und wird *iure civili* als nichtig
angesehen.[22]) Auch in das Strafrecht greifen die Mandate
ein.[23]) Wie es scheint, ist Veröffentlichung das Publikum
interessierender Bestimmungen der Mandate durch Edikte
der Statthalter wenigstens vorgekommen.[24])

IV. *Decretum* bezeichnet allgemein die Verfügung in Ver-
waltungs- und Justizsachen.[25]) In engerem Sinne ist *decretum
principis* die mündlich verkündete und auf mündliche Verhandlung ergangene Entscheidung in einem Prozesse, sei es
Endurteil oder Zwischenverfügung (*interlocutio*). Derartige
von dem Kaiser in Ausübung der Zivil- wie Strafgerichtsbar-
keit zum Teil in letzter, zum Teil in einziger Instanz verkündete Bescheide beruhen zunächst auf Anwendung des geltenden Rechts, welches der Kaiser jedoch, wie andere zur
Rechtsanwendung und Rechtsauslegung berufene Faktoren
auch, fortbildend interpretiert. Und zwar so frei, daß die
Interpretation vielfach in die Aufstellung ganz neuer Rechtssätze übergeht, wie z. B. in dem berühmten *decretum divi
Marci.*[26]) Die von dem Kaiser getroffene Entscheidung des

---

[21]) Ulp. D. XXIX, 1, 1 pr. Mandatis inseri coepit caput tale cet.

[22]) Ulp. D. XXIV, 1, 3, 1.

[23]) Callistr. D. XLVIII, 19, 27, 1. 2.

[24]) Hierauf beziehe ich die Nachricht, daß Antoninus Pius als Statthalter
von Asia ein Kapitel der Mandate sub edicto proposuit. Marci. D. XLVIII,
3, 6, 1.

[25]) Decretum principis wird von Papinian D. I, 1, 7 pr. offenbar in ganz
allgemeinem Sinne statt constitutio principis gebraucht. Wenn das prätorische
Edikt (wenigstens in der Hadrianischen Fassung) wiederholt erklärt, sich nach
edicta und decreta principis richten zu wollen D. III, 1, 1, 8, IV, 6, 1, 1,
XLIII, 8, 2 pr., so muß decretum ebenfalls in einem allgemeineren Sinne gebraucht sein; es ist wenigstens nicht einzusehen, warum das prätorische Edikt
die schriftlichen Erlasse des Kaisers weniger respektieren sollte als die Dekrete
im engeren Sinne.

[26]) D. IV. 2, 13. XLVIII, 7, 7. ‚Optimum est, ut si quas putas te
habere petitiones, actionibus experiaris. interim ille in possessione debet morari
tu petitor es', et cum Marcianus diceret: ‚vim nullam feci', Caesar dixit: ‚tu vim
putas esse solum si homines vulnerentur? vis est et tunc quotiens quis id quod
deberi sibi putat non per iudicem reposcit [non puto autem nec verecundiae

einzelnen Falles hat Rechtskraft; die Gesetzeskraft des Dekrets bedeutet, daß die in ihm hervortretenden, die Entscheidung begründenden Rechtssätze auch für andere Fälle maßgebend sind.

Das Dekret wie die ganze Verhandlung, zu der es gehört, wird in die Protokolle der kaiserlichen Amtshandlungen (*commentarii*, ὑπομνήματα) aufgenommen.[27]) Die Publizität der Dekrete als gesetzgeberischer Akte konnte als durch die Öffentlichkeit der Verhandlungen gegeben angesehen werden; den Interessenten scheint Abschrift der Protokolle nicht sowohl erteilt als vielmehr ihnen nur gestattet zu sein, sie selbst zu nehmen.[28]) Ausnahme, besonders durch die Stellung des Adressaten motiviert, wird es gewesen sein, wenn mittels kaiserlichen Schreibens ihm Protokollauszug zugefertigt wird, wie in dem Schreiben Domitians an die Gemeindeorgane von Falerio.[29])

V. Schriftliche Erlasse des Kaisers an eine bestimmte Adresse sind *epistolae*, und wenn sie unter eine Eingabe gesetzt sind, *subscriptiones*. Reskripte können sie streng genommen nur genannt werden, wenn sie, selbständig oder als *subscriptio*, Antwort auf eine Eingabe sind. Doch erlaubt man sich, den Ausdruck Reskript auch wohl auf Erlasse auszudehnen, die diesen Charakter nicht haben.

1. Es kommen generelle Verordnungen der Kaiser in Form von Schreiben an einzelne Beamte vor.[30]) Ein solcher

nec dignitati nec pietati tuae convenire quicquam non iure facere] quisquis igitur probatus mihi fuerit rem ullam debitoris ⟨ vel pecuniam debitam ⟩ non ab ipso sibi sponte datam sine ullo iudice temere possidere ⟨ vel accepisse ⟩ ⟨ isque ⟩ [eumque] sibi ius in eam rem dixisse, ius crediti non habebit. Die in [ ] eingeschlossenen Worte fehlen in D. IV, 2, 18, die in ⟨ ⟩ eingeschlossenen Worte läßt D. XLVIII, 7, 7 fort. Die Überlieferung in D. XLVIII. 7, 7 ist offenbar die bessere. Die Worte vel pecuniam debitam und vel accepisse sind interpoliert. Nur isque in D. IV, 2, 18 ist besser als eumque in D. XLVIII, 7, 7, aber vielleicht (mit Mommsen) durch ipseque zu ersetzen.

[27]) D. IV, 2, 18. XLVIII, 7, 7, s. Anm. 26. Alex. Sever. C. J. VII, 62, 1. Das Stichwort ist: Caesar dixit im Gegensatz zum Edikt (dicit).

[28]) Sententiam Divi Patris mei, si quid pro sententia dixit, describere tibi permitto. Reskript von Antoninus Pius C. J. L. III, 411.

[29]) Bruns I p. 242 sq.

[30]) Z. B. das Schreiben Hadrians über das Erbrecht der Soldatenkinder,

Erlaß kann, aber muß nicht auf Anregung des Adressaten ergangen sein. Liegt er uns unter der Adresse eines Beamten vor, so schließt das natürlich nicht aus, daß er gleichlautend an andere ergangen ist. Vielmehr werden derartige Verordnungen oft an alle Beamten, die ihr Inhalt anging, zugleich erlassen sein; wir können aber nicht behaupten, daß dies immer geschah und für die Gemeinverbindlichkeit des Erlasses als erforderlich angesehen wurde.[81])

2. Allgemeine Anordnungen enthalten regelmäßig auch die Erlasse an die Städtetage (*communia, κοινά*) einer Provinz, die wohl regelmäßig durch eine Eingabe derselben veranlaßt wurden. Sie können für die Provinz allein ergehen,[82]) aber auch gemeines Reichsrecht begründen, und dies nach ausdrücklichem Zeugnis, trotzdem kein anderer Publikationsakt als der Erlaß an den einzelnen Städtetag vorliegt.[83]) Auch an eine einzelne Stadtgemeinde sind gelegentlich allgemeine Rechtsvorschriften reskribiert und daraufhin als gemeingültig behandelt worden.[84])

3. Die Erlasse in speziellen Verwaltungs- und Justizangelegenheiten sind wohl durchweg Reskripte im eigentlichen

---

bei Bruns I p. 381 (dort irrig dem Trajan beigelegt); vgl. Wilcken Hermes XXXVII (1902) S. 87 ff.

81) Wo wir heute literarisch einen Erlaß rein generellen Inhalts an einen Beamten vor uns sehen, ist übrigens mit der Möglichkeit zu rechnen, daß er dennoch zur Regelung eines Spezialfalles ergangen, und die Beziehung auf diesen in der Überlieferung verloren gegangen ist.

82) Ulp. D. I, 16, 4, 5. Caracalla reskribierte auf Antrag der Asianer, daß der Prokonsul zu Schiff nach Asien zu kommen habe und zwar zunächst nach Ephesus.

83) Mod. D. XXVII, 1, 6, 2. *ἐπιστολῆς Ἀντωνίνου τοῦ Εὐσεβοῦς γραφείσης μὲν τῷ κοινῷ τῆς Ἀσίας, παντὶ δὲ τῷ κόσμῳ διαφερούσης* vgl. ferner Callistr. D. V, 1, 37: daß zuerst über die gewaltsame Vertreibung aus dem Besitz, dann erst über das Eigentum zu erkennen sei, reskribirte Hadrian an das *κοινόν* von Thessalien in griechischer Sprache. Ulp. D. XLIX, 1, 1, 1 teilt ein griechisches Reskript von Antoninus Pius an das *κοινόν* der Thrakier mit über die Appellation gegen ein kaiserliches Reskript wegen Unrichtigkeit des Berichts, auf den es ergangen ist. Paul. D. XLIX, 1, 25 bringt ein ebenfalls griechisches, die Appellation betreffendes Reskript an das *κοινόν* der Griechen in Bithynien.

34) Ulp. D. XLVIII, 3, 3. Antoninus Pius reskribierte griechisch auf Antrag der Antiochenser über die Untersuchungshaft.

Kipp, Quellen des röm. Rechts. 5

Sinne; zumal in Justizsachen ist Verfügung ohne Eingabe kaum denkbar. Auch das Verwaltungsreskript ist rechtsanwendender Natur und von der Gesetzeskraft der in ihm hervortretenden objektiven Rechtssätze nicht ausgeschlossen. Die Hauptrolle fällt aber den Justizreskripten zu. Diese wollen wie die Dekrete zunächst das geltende Recht anwenden; aber wie bei jenen wird daraus Rechtsfortbildung, und während die eigene Kognition des Kaisers nur beschränkt ausführbar war, ist das Eingreifen der Reskripte ein sehr umfassendes gewesen. Allerdings gibt es auch viele Reskripte, die nichts sind als Wiedergabe des geltenden Rechts und dabei oft auf die Zweifellosigkeit der behandelten Frage selbst hinweisen.[35]) Ihre Gesetzeskraft bedeutet wie bei den Dekreten: Geltung der in ihnen ausgesprochenen oder durch Auslegung aus ihnen zu gewinnenden objektiven Rechtssätze auch für andere Fälle als den konkreten, in welchem das Reskript erging. Zu unterscheiden sind Reskripte auf Bericht eines Beamten und auf Parteiantrag.

Der zur Entscheidung berufene höhere Beamte, und zwar wahrscheinlich nur ein solcher, von dem auch die Appellation an den Kaiser geht,[36]) kann, wenn er zweifelt, die Sache mittels Berichts (*consultatio*, *relatio*) dem Kaiser vorlegen und die Entscheidung von ihm erbitten. Das Reskript an den Beamten entscheidet dann auf Grundlage der in dem Bericht enthaltenen Sachdarstellung und kann eine Zwischenverfügung wie ein Endurteil sein; es ist den Parteien von dem Beamten zu eröffnen. Es kann durch Appellation an den Kaiser angefochten werden mit der Behauptung, daß der Bericht die Sachlage unrichtig dargestellt habe.[37]) War jedoch der Bericht der Partei abschriftlich mitgeteilt, so hätte sie die Appellation sofort gegen ihn richten müssen und kann gegen den Inhalt des Reskripts nicht mehr appellieren.[38])

---

[35]) Z. B. Carac. C. J. II, 3, 6. Diocl. C. J. II, 4, 32. Phil. C. J. III, 28, 15.

[36]) Der Legatus Proconsulis, von welchem an den Prokonsul appelliert wird (Venul. Saturn. D. XLIX, 3, 2), soll auch die Konsultation nicht an den Kaiser, sondern an seinen Prokonsul richten (Ulp. D. I, 16, 6, 2).

[37]) Ulp. D. XLIX, 1, 1. 2. XLIX, 4, 1 pr. Alex. C. J. VII, 62, 2.

[38]) Macer D. XLIX, 4, 3.

Auf den Antrag einer Partei (*libellus, preces, supplicatio*) kann der Kaiser, wie er berechtigt ist, die Untersuchung und Entscheidung selbst zu übernehmen, so auch die Sache an einen besonderen Richter verweisen[39]) und diesen instruieren, beides wohl mittels unmittelbaren Erlasses an ihn. Er kann auch, ohne die Sache dem ordentlichen Richter zu entziehen, mittels Erlasses an diesen Anweisungen über die rechtliche Behandlung der Sache erteilen.[40]) Am häufigsten aber sind die Reskripte an die Partei selbst, in welchen der Kaiser sich über die auf die Sache anwendbaren Rechtssätze ausspricht.

Eine Nachricht über Trajan[41]) scheint sagen zu wollen, daß er solche Rechtsbelehrungen nicht erteilt hat, fraglich, ob nach dem Beispiel früherer Kaiser oder im Gegensatz zu ihnen. Seit Hadrian dagegen haben die Kaiser in unzähligen Fällen Reskripte dieser Art erlassen, welche die Hauptmasse der uns erhaltenen kaiserlichen Konstitutionen bilden. Das Reskript kann sich begnügen, abstrakte Rechtssätze hinzustellen. So erscheinen vielfach Reskripte des Codex Justinianus, was freilich zum guten Teil auf Umarbeitung durch dessen Verfasser beruht. Wenn das Reskript eine Entscheidung des konkreten Falles gibt, so kann diese, weil auf einseitigem Parteivortrag beruhend, nur eine bedingte sein, abhängig von der im Prozeß zum Austrag zu bringenden Voraussetzung, daß die von der Partei vorgetragenen erheblichen Tatsachen wahr, und nicht andere wahr sind, welche eine andere Entscheidung zu begründen geeignet wären. Die Reskripte zeigen das meist in irgend einer Art durch ihre Fassung, *si vera sunt, quae precibus complexa es*[42]), oder gewöhnlich, indem sie die Entscheidung von den und den tatsächlichen Bedingungen abhängig machen. Hierbei ist aber zu beachten, daß diese Bedingungen nicht immer Behauptungen der Bittschrift entsprechen, sondern oft auch die Kaiser erst darauf aufmerksam zu machen scheinen, was die Partei vorbringen muß, auch verschiedene Eventualitäten berücksichtigen. In vielen Fällen

---

[39]) Ulp. D. IV, 4, 18, 4.
[40]) Vgl. Ulp. D. XXXIV, 1, 3. Callistr. (Hadr.) D. XLII, 1, 33. Ulp. (Anton. Pius) D. XLVIII, 6, 6.
[41]) Histor. August. Macrin. 13.   [42]) Diocl. C. J. II, 4, 13.

haben die Kaiser aber auch die Partei einfach an den ordentlichen Richter verwiesen, ohne auf die Sache selbst einzugehen.[43]) Es ist natürlich, daß die meisten Reskripte von klagelustigen Parteien erwirkt wurden, auch solche an Klagebedrohte aber kommen vor.[44]) Das Reskript vor Gericht zu produzieren ist Sache der Partei.

4. Beamte, Stadtgemeinden und Städteverbände erhielten die an sie gerichteten Erlasse in Form eines selbständigen kaiserlichen Briefes. Die Veröffentlichung wird bei den an Stadtgemeinden und Städteverbände gerichteten den Adressaten überlassen sein.[45]) Anlangend die an Beamte gerichteten, so enthält das Schreiben Hadrians an Rammius (unt. § 14, VI, 5) den Publikationsauftrag und ist daraufhin in zwei Legionslagern öffentlich angeschlagen. Ähnliche Aufträge mögen auch sonst bei Erlassen erfolgt sein, die für das Publikum von Interesse waren, mochten sie allgemeine Vorschriften allein oder in Verbindung mit Verfügungen über einen Einzelfall enthalten.

An Private ergeht das Reskript gewöhnlich mittels *subscriptio* unter der Eingabe. Daß die Eingabe mit dem Original einer solchen vom Kaiser selbst gezeichneten Fußverfügung an Private ausgehändigt wurde,[46]) — nach Umständen durch Vermittelung eines Provinzialstatthalters[47]) oder anderer Beamter — ist sicher vorgekommen. Gewöhnlich aber geschah es nicht, sondern wurden periodisch die Eingaben mit daruntergesetzten Reskripten vereinigt zu einem *liber libellorum rescriptorum* in der Residenz des Kaisers öffentlich ausgehängt und dem Bittsteller überlassen, sich daraus eine beglaubigte Abschrift in Form einer Zeugenurkunde zu nehmen. Hierdurch sparte man die Zustellung an die Partei und hatte zugleich eine Publikation des gesetzgleichen Inhalts der Reskripte. Dieses Verfahren ist klar gestellt durch

---

43) Jul. D. I, 18, 8. Callistr. D. I, 18, 9. 44) Diocl. C. J. II, 4, 15.

45) Vgl. Schluß des Schreibens Vespasians an die Saborenser Bruns I p. 242 sq., und desjenigen Domitians an die Falerienser Bruns I p. 242 sq., auch § 14, VI, 10.

46) Das Reskript des Commodus Bruns I p. 244 sq. scheint Lurius Lucullus selbst in Händen gehabt zu haben.

47) Plin. et Trai. ep. 107 (108); zu lesen wird sein: libellum rescriptum.

das Reskript Gordians an einen Vertreter der Skaptoparener.[48]) Die uns erhaltenen Reskripte tragen meistens den
Vermerk dieser Proposition (im Codex Justianus von Antoninus
Pius an[49]), die man trotzdem bis zur Auffindung der eben
genannten Urkunde meistens bezweifeln zu müssen glaubte.

Die Sprache der Erlasse ist nur in seltenen Fällen
griechisch,[50]) durchaus regelmäßig lateinisch. Gleichviel ob
selbständige *epistola* oder *subscriptio*, beginnt der Erlaß mit
der Bezeichnung des Kaisers, von dem er ausgeht; im. Falle
der Mitregentschaft ergeht er jedoch stets im Namen beider
Kaiser;[51]) dann folgt die Bezeichnung des Adressaten, bei No-
tabeln mit Grußformel (*salutem dicit*[52]), später *have
carissime nobis*,[53]) hieran schließt sich der Text; an ihn die
eigenhändige Unterschrift des Kaisers, nicht mit dem Namen
sondern mit dem Wort *scripsi, rescripsi*[54]) oder mit einer
Grußformel (*vale*).[55]) Weiter folgt das in seiner genauen Bedeutung noch nicht sicher gestellte *recognovi* des ausfertigen-
den Kanzleibeamten;[56]) dann gewöhnlich die Angabe des
Tages der Ausfertigung mit dem Stichwort *data* (oder *sub-
scripta*).[57]) Der Beamte, welcher den Erlaß empfängt, setzt

---

48) Unt. § 14, VI, II. 49) C. J. II,12 (13), 1.

50) Anscheinend erhielten *Κοινά* wie einzelne Gemeinden der hellenistischen Reichsteile ihre Reskripte regelmäßig griechisch. S. ob. Note 33, 34.

51) Höchst sonderbar, wenn ein mündliches Dekret als von mehreren
Kaisern unisono gesprochen bezeichnet wird: Diocl. u. Maxim. C. J. IX, 47,
12: dixerunt. Krüger will zwar statt dessen dixit setzen, aber das halte ich
für nicht berechtigt.

52) Schreiben Vespasians und Domitians an Gemeinden Bruns I p. 241 sqq.

53) Diocletian C. J. VII, 62, 9. IX, 2, 11.

54) Schreiben des Commodus Bruns I p. 246; Gordians an die Skaptoparener Bruns I p. 249.

55) Schreiben Vespasians an die Saborenser, Domitians an die Falerienser
Bruns I p. 242 sq.

56) Vgl. Schreiben des Commodus Bruns I p. 248. Reskript Gordians
Bruns I p. 249. Am wahrscheinlichsten ist das recognovi die Konstatierung
der Übereinstimmung der Reinschrift mit dem Entwurf und wird zeitlich vor
der kaiserlichen Zeichnung auf die Reinschrift gesetzt, gerade wie heutige
Gegenzeichnungen. 57) Z. B. C. J. IV, 26, 1. 3. 6. 7. 8—12.

58) Vgl., allerdings aus der folgenden Epoche: nov. Val. 10, 1. Steht
accepta auf einem Erlaß an einen Privaten, z. B. divi fratres C. J. II, 12 (13),

ein „Präsentatum" darunter: *accepta*.[58]) Der Vermerk des erfolgten öffentlichen Aushangs hat das Stichwort *proposita* (*pp.*)[59]). Es ist aber in den Formalien manches schwankend und zweifelhaft.

Auch die schriftlichen Erlasse des Kaisers werden in dessen *Commentarii* eingetragen.[60]) Die *Semestria* M. Aurels[61]) waren offenbar eine halbjährliche Sammlung von Konstitutionen; über ihre Natur läßt sich aber sonst nichts Sicheres sagen.

§ 13.

Die kaiserlichen Erlasse in der absoluten Monarchie.

I. Seit Diocletian ist der Kaiser der unumschränkte Gesetzgeber. Sein oberster Beirat in Rechtsangelegenheiten ist der *quaestor sacri palatii*. Er ist das erste Mitglied des *Consistorium Principis*, wie nunmehr[1]) das vormalige Konsilium heißt. Das Konsistorium, oft auch als *proceres palatii, iudices* bezeichnet, umgibt den Kaiser bei den vor ihm geführten mündlichen Verhandlungen, berät den Kaiser also bei Erlaß der Dekrete;[2]) es ist anzunehmen, daß auch bei dem schriftlichen mit Reskript endenden Gerichtsverfahren das Konsistorium zugezogen wurde. *Leges generales* sollen nach einer Verordnung von Theodosius II[3]) sowohl im Konsistorium wie im Senat beraten werden. Ob das in Ansehung des Senates immer beobachtet ist, ist fraglich. Mit dem Rückgang der Jurisprudenz hängt es zusammen, daß die kaiserlichen Erlasse sich in juristischer Technik und im Stil ver-

2. Sev. et. Car. C. J. II, 20 (21), 1, so ist das freilich auffällig, kann sich aber daraus erklären, daß der Erlaß durch Vermittelung eines Beamten dem Adressaten zugestellt ist.

[59]) Z. B. C. J. II, 18 (19), 1—16.

[60]) Plin. et Trai. epp. 65 (71). 66 (72). 95 (96). 105 (106).

[61]) Tryph. D. II, 14, 46. Scaev. (Claud.) D. XVIII, 7, 10.

[1]) Diocl. C. J. IX, 47, 12.

[2]) Diocl. C. J. IX, 47, 12. Const. C. Th. VIII, 15, 1. Jul. C. Th. XI, 39, 5. Theod. I. C. Th. XI, 39, 8. Just. C. J. VII, 62, 37, 2. c. 39, 1a (1). VII, 63, 5, 2. 3. VII, 64, 10 pr. [3]) C. J. I, 14, 8.

schlechtern. Sie werden schwülstig, oft unklar und zudem prahlerisch.

II. Bis zum Jahre 429 war es Prinzip, daß die in der einen der beiden Reichshälften erlassenen Konstitutionen von selbst auch in der andern gelten. Wie man damit ausgekommen ist, ist freilich sehr problematisch. In einem Erlaß vom Jahre 429 klagt Theodosius II über die Unsicherheit des damit gegebenen Rechtszustandes und verfügt deshalb, daß die Gesetze des einen Kaisers in dem Gebiete des andern nur dann gelten sollen, wenn sie diesem übersandt und von ihm angenommen und für seinen Reichsteil publiziert sind.[4])

III. Die Formen, in denen die kaiserlichen Erlasse sich bewegen, schließen sich an die der vorigen Epoche an, haben aber doch erhebliche Wandlungen erlitten.

1. Als Formen für allgemeine Rechtsvorschriften (*leges generales*[5]) sind folgende zu unterscheiden.

a) Erlasse an einen der beiden Senate, in Rom oder Konstantinopel, welche ein höherer Beamter durch Verlesen in der Sitzung verkündet. Diese Form ist aus der *oratio principis* der früheren Epoche hervorgegangen; der offizielle Ausdruck ist auch jetzt *oratio*[6]), aber das bestätigende Senatuskonsult fällt fort.

b) *Edicta*, durch öffentlichen Aushang publiziert, scheiden sich weiter in zwei Formen. Das Edikt kann unmittelbar an die Untertanen (*ad populum*[7]) oder einzelne Kreise derselben, z. B. die Einwohner der Hauptstadt[8]) gerichtet werden und wird dann als kaiserliches Edikt aufgestellt. Es kann aber auch[9]) an einen oder mehrere hohe Reichsbeamte oder an die Provinzialstatthalter oder einen derselben gerichtet werden mit dem Auftrage, die Publikation (so weit nötig, unter Mitwirkung von ihnen weiter zu beauftragender Behörden), zu veranlassen. Das kaiserliche Edikt wird dann durch Beamten-

---

4) C. Th. I, 1, 5 vgl. auch nov. Theod. I, 5.
5) C. J. I, 14, 3, 1 (a. 426).
6) C. Th. IV, 1, 1 (a. 426): hac oratione sancimus. C. J. I, 14, 3 (a. 426): missa ad venerabilem coetum oratione conduntur.
7) Nov. Val. 9, 1.   8) Nov. Val. 14, 1.
9) Wie die meisten posttheodosianischen Novellen zeigen.

edikte publiziert, welche das kaiserliche in sich aufnehmen.
Die Aushangszeit wird verschieden gewesen sein. Es tritt im
Sinne eines besonders langen Aushangs die Verfügung auf,
daß das Edikt durch das ganze laufende Jahr stehen bleiben
soll. Auch die Anordnung, daß der Erlaß in Erz dauernd
aufgesellt werden soll, kommt vor.[10]) Vereinzelt ist ein
mündliches Edikt Constantins in Form einer *oratio* an die
Soldaten.[11])

2. *Mandata principis* kommen wie früher vor. Die Bilder
der *notitia dignitatum* (unten § 24) zeigen noch den *liber man-
datorum*. Im fünften Jahrhundert ist aber die Sitte, den Beamten beim Amtsantritt ein allgemeines Instruktionsbuch mit-
zugeben, unterbrochen. Justinian stellte im Jahre 535[12]) eine
neue allgemeine Instruktion fest.

3. Kaiserliche Verfügungen für den Einzelfall haben auch
jetzt die Form des schriftlichen Erlasses oder des mündlich
verkündeten protokollierten Dekrets.[13]) Protokollabschrift wird
wie sonst, so auch bei dem Kaisergericht jetzt amtlich erteilt
sein.[14]) Die Dekrete treten aber jetzt noch mehr zurück, seit
die Appellation an den Kaiser die Form der *appellatio more
consultationis* annimmt. Ähnlich nämlich wie der Richter vor
dem Spruch die Sache dem Kaiser mittels Berichts zur Entscheidung vorlegen kann, wird sie hier nach dem Spruch
auf erhobene Appellation berichtlich mit Akten eingesandt,
und die Entscheidung erfolgt mittels Reskripts. Sowohl bei
diesem Appellationsverfahren, wie bei der *consultatio ante
sententiam* muß jetzt der Beamte den Bericht den Parteien
zur Vorbringung ihrer Einwendungen vorlegen.[15]) Ist dies befolgt, so fällt die Appellation gegen den Inhalt des Reskripts
weg; wegen nicht erteilter Berichtsabschrift oder versäumter
Akteneinsendung findet Beschwerde an den Kaiser statt.[16])
Dieses Verfahren hat aber manche Wandlungen erlebt; man

10) C. Th. II, 27, 1, 6. XIV, 4, 4.
11) Protokoll darüber C. Th. VII, 20, 2. 12) Nov. 17.
13) Diocl. C. J. IX, 47, 12. Constantin C. Th. VIII, 15, 1. Jul. C.
Th. XI, 89, 5. Theod. I. C. Th. XI, 89, 8.
14) Vgl. Theod. II u. Val. III C. J. VII, 62, 32, 2. 4a: Scripta litiga-
toribus edere. 15) Constant. C. Th. XI, 30, 1. 16) Constant. C. Th. XI, 30, 6.

kehrte zur mündlichen Verhandlung zurück und führte diese
sogar für die *consultatio ante sententiam* ein.[17]) Die letztere
hat Justinian a. 543 ganz verboten.[18])

Das auf einseitigen Parteivortrag ergangene Reskript gilt
auch jetzt nur unter der Bedingung der Wahrheit und Vollständigkeit des vorgetragenen Tatbestandes *(praescriptio men-
daciorum),*[19]) nach einer Verordnung Zenos soll die Bedingung: *si preces veritate nituntur,* stets dem Reskript eingefügt werden.[20]) Von öffentlichem Aushang der an Privatper-
sonen gerichteten Erlasse verlautet jetzt nichts mehr. Eine
Konstitution Diocletians setzt voraus, daß diese Erlasse zugestellt werden, und verfügt, daß es im Original geschehen soll.[21])

Die Gesetzeskraft der Reskripte hatte zu schlechten Er-
fahrungen geführt. Es wurden Reskripte erschlichen, welche
eine vom Kaiser nicht gewollte Abweichung vom bisherigen Rechte enthielten. Zudem mochte man es der
juristischen Auslegung, der die Kaiser überhaupt feindlich
entgegentraten [unt. § 22] und die ihre alte Kraft verloren
hatte, nicht mehr überlassen wollen, festzustellen, was vom
Kaiser als Einzelverfügung, und was als Gesetz beabsichtigt
wäre. Darum verfügte Constantin, daß Reskripte, welche
wider das bestehende Recht verstiessen, nichtig sein sollten,[22])
Arcadius verordnete, auf Consultatio ergangene Reskripte
sollten nicht über den Fall hinaus gelten, in dem sie erlassen
wären, entzog ihnen also die Gesetzeskraft.[28]) Valentinian III.
bestimmte,[24]) daß Gesetzeskraft nur den an den Senat erlassenen und denjenigen Verfügungen beiwohnen solle, welche sich
als Edikt oder *lex generalis* bezeichnen, ihre Publikation durch
Aushang anordnen oder sonst zu erkennen geben, daß sie gemeingültig sein wollen. Es gehören dahin also namentlich
auch die Konstitutionen, in denen mit Entscheidung des Spezialfalles deutliche generelle Bestimmungen verbunden sind.[25])

17) Kipp, Pauly-Wissowas Realencyklopädie der klassischen Altertumswissenschaft unt. d. W. appellatio IV, 4. 18) Nov. 125.
19) C. J. I, 22, 2—5. 20) Zeno C. J. I, 23, 7.
21) Diocl. C. J. I, 23, 3. 22) Constant. C. Th. I, 2, 2.
28) Arcad. C. Th. I, 2, 11. 24) Valent. C. J. I, 14, 2. 3.
25) Z. B. nov. Val. 8, 1.

Ausgeschlossen von der Gesetzeskraft wurden damit, wie es scheint, nicht bloß die unter die obigen Kategorien nicht fallenden Reskripte, sondern auch die Dekrete.[26]) Nach justinianischem Recht haben aber Dekrete immer und Reskripte auch dann Gesetzeskraft, wenn sie bestehendes Recht nur auslegen.[27])

Annotatio sieht nach einem Zeugnis [28]) aus wie das Konzept eines Reskripts, kommt aber auch mit Reskript gleichbedeutend und ferner in dem Sinne einer nicht genauer bestimmbaren, manchmal dem gewöhnlichen Reskript gegenüber ausgezeichneten Nebenform der Reskripte vor.[29])

4. *Pragmatica sanctio (pragmatica lex, forma* oder auch nur *pragmatica)* scheint dem Worte nach ein Erlaß zu sein, der ein πρᾶγμα, eine Angelegenheit betrifft. Die Pragmatica ist aber keine gewöhnliche spezielle Verwaltungs- oder Justizverfügung, sondern betrifft Angelegenheiten des öffentlichen Interesses. Ihre Grenze ist freilich weder gegen die Reskripte noch gegen die *leges generales* scharf gezogen. Die Bestimmungen der pragmaticae sanctiones sind teils allgemeiner, teils spezieller Natur; aber auch wenn sie eine reine Einzelverfügung betreffen, wie die Avocation eines Strafprozesses vom ordentlichen Richter, tritt doch hervor, daß dabei das öffentliche Interesse massgebend ist.[30]) Anderseits gründen sich auch die allgemeinen Anordnungen der Pragmatiken auf einen speziellen Anlaß, einen besonderen Bericht eines Beamten oder eine Petition.[31]) Auch das Schreiben, mittels dessen ein Kaiser

<hr>

[26]) Interlocutionibus, quas in uno negotio iudicantes protulimus vel postea proferemus, non in commune praeiudicantibus. C. J. 1. 14, 3, 1.

[27]) Just. C. J. I, 14. 12. [28]) Constant. C. Th. I, 2, 1.

[29]) Theod. I C. Th. V, 13, 30. Theod. II C. Th. IV, 14, 1 § 1: Nec sufficiat precibus oblatis speciale quoddam, licet per annotationem meruisse responsum. Nov. Val. 19, 1, 3: Quod enim fas non est vel per annotationes nostras nocentes mereri, multo magis vetamus rescriptis simplicibus impetrare.

[30]) Nov. Just. 69 c. 4 pr.

[31]) So erging nov. Val. 7, 3 auf suggestio des comes sacrarum largitionum, nov. Just. 162 auf einen Bericht eines Präfektus Prätorio über Kontroversen der Advokaten seines Gerichtshofes, das Edikt VII Justinians auf Petition der Korporation der Argentarier, die Verordnung Justinians zur Regelung der Rechtsverhältnisse Italiens nach der Wiedereroberung auf Vorstellung des Vigilius, Bischofs von Rom (pragmatica sanctio pro petitione Vigilii Corp. iur Civ. III, p. 779 sqq.).

demjenigen der andern Reichshälfte seine Konstitutionen zum Zwecke der Einführung in dem Gebiet des Adressaten zusendet, erscheint als Pragmatica.[32]) Hierbei ist ein Gesuch um Übersendung nicht vorausgesetzt; daß aber sonst die pragmatischen Sanktionen regelmässig auf Gesuch ergehen, zeigen die Bestimmungen Zenos,[33]) nach denen sie wie die Reskripte nur mit Hinzufügung der Bedingung *si preces veritate nituntur* erlassen werden, überhaupt aber nicht an einzelne, sondern nur in öffentlichem Interesse an Provinzen, Gemeinden, Korporationen, Beamtenkollegien oder sonstige Personengemeinschaften ergehen sollen. Anastasius[34]) hat ihnen die Geltung im Widerspruch mit *leges generales* abgesprochen. Justinian ließ bei Erlaß des Codex Justinianus den bisherigen pragmatischen Sanktionen ihre Kraft, so weit sie Privilegien erteilten, insoweit sie dagegen allgemeine Rechtssätze aufstellten, nur unter der Bedingung, daß sie dem Codex nicht widersprachen.[35])

5. Bei sämtlichen schriftlichen Erlassen des Kaisers sind die äußeren Formen ähnlich denen der früheren Zeit. Die Erlasse sind noch immer regelmässig lateinisch, doch mehren sich die griechischen gegen die justinianische Zeit. Sie beginnen mit dem Namen des oder der Kaiser. Fast bis zum Untergang des westlichen Reiches erscheinen stets die Namen der Kaiser beider Reichshälften. Die Adresse ist nach Umständen verschieden.[36]) Die eigenhändige Zeichnung des Kaisers besteht bei den zu unmittelbarem Aushang bestimmten Edikten in der Verfügung: *proponatur amantissimo nostro populo Romano*;[37]) bei Erlassen an den Senat oder hohe Beamte ist sie ein mehr oder minder feierlicher Gruß.[38]) Bei Schreiben an untergeordnetere Personen mochte das bis zu dem einfachen *scripsi* heruntersinken. Die Zeichnung erfolgt mit einer dem Kaiser

---

[32]) Nov. Theod. 1, 5. [33]) Zeno C. J. I, 23, 7.

[34]) Anast. C. J. I, 22, 6. [35]) C. Summa § 4.

[36]) Populo Romano, (nov. Val. 9, 1), consulibus praetoribus tribunis plebis senatui suo salutem dicunt (nov. Val. 1, 3), have Ablabi carissime nobis an (Constantin an einen Präfektus Prätorio. Bruns I p. 258); an niederer Stehende natürlich einfacher.

[37]) Nov. Val. 9, 1. 14, 1.

[38]) Nov. Val. 1. 8. nov. 16, 1, 4. nov. 19, 1, 4.

allein vorbehaltenen Purpurtinte.[89]) Über die Gegenzeichnung[40]) sind wir nicht genau unterrichtet. Justinian bestimmte, wohl kaum als etwas Neues, sondern im Sinne der Einschärfung, daß jeder Erlaß vom Quästor sacri palatii in bestimmter Weise gegenzuzeichnen sei.[41])

Unter dem Erlaß wird das Datum der Ausfertigung bemerkt (*data*), auch notiert, an wen gleichlautende Erlasse ergehen.[42]) Ferner wird bei Erlassen an den Senat die Verlesung beurkundet (*recitata*).[48]) Bei dem den Erlaß empfangenden Beamten erfolgt Präsentierung (*accepta,*[44]) Registrierung (*regesta*[45]) und Beurkundung des etwa erfolgten Aushangs *(proposita),*[46]) vollständiger mit der Angabe, daß der Beamte die Konstitution mittels seines Edikts bekannt gemacht habe (*antelata ediçto, proposita sub edicto.*[47])

6. Für die Sammlung der Erlasse im kaiserlichen Archiv ist natürlich auch in dieser Zeit Sorge getragen; wie es scheint, vorzugsweise bei dem Quästor *sacri palatii.*[48]) Doch ist dieser nicht allein damit betraut gewesen. Das vom östlichen Hofe übersandte Exemplar des Codex Theodosianus hat im Westreich der Präfectus Prätorio aufbewahrt; eine Abschrift erhielt der Präfectus urbi, eine zweite die Constitutionarii, um daraus Abschriften an das Publikum herauszugeben. Da sie aber als solche bezeichnet werden: *quos iam dudum huic officio (scl. constitutionariorum) inservire praeter culpam probamus,* so ist anzunehmen, daß diese Behörde schon früher

---

[89]) Leo C. J. I, 23, 6. Sacri affatus .... non alio vultu penitus aut colore nisi purpurea tantummodo scriptione illustrentur scilicet ut cocti muricis et triti conchylii ardore signentur   Hanc autem sacri encausti confectionem nulli sit licitum aut concessum habere aut quaerere aut a quoquam sperare eo videlicet qui hoc adgressus fuerit tyrannico spiritu post proscriptionem bonorum omnium capitali non immerito poena plectendo.

[40]) Subscripsi in nov. Val. 19, 1 i. f., 20, 2 i. f. hinter dem Propositionsvermerk, kann kaum eine Gegenzeichnung sein.

[41]) Nov. Just. 114.   [42]) Nov. Martiani 2. 1. 7.

[48]) Nov. Val. 1, 3, 7.   [44]) Nov. Val. 10, 1, 4. 20, 2, 6.

[45]) C. Th. XI, 28, 14. nov. Theod. 1, 1, 6.

[46]) Nov. Val. 2, 2, 5. nov. 11, 1, 2.

[47]) Nov. Val. 20, 1, 6. 22, 1, 9. nov. Val. 26, 1, 8.

[48]) Ihm legen die Bilder der Notitia dignitatum ein Haus mit der Aufschrift leges salutares bei.

mit der Funktion bestand, das Bedürfnis nach Abschriften kaiserlicher Konstitutionen für das Publikum zu decken.[49]) Justinian ließ seine Novellen in eine *congregatio*, einen *liber legum* eintragen.[50])

§ 14.
Die Überlieferung der vorjustinianischen Konstitutionen.

I. Die dem Text oder wenigstens dem Inhalt nach erhaltenen kaiserlichen Konstitutionen zählen nach vielen Tausenden. Zunächst haben die Juristen, denen nicht bloß die amtlich publizierten Erlasse zu Gebote standen, sondern deren viele auch durch ihre hohen Staatsstellungen freiesten Zugang zu den kaiserlichen Archiven hatten, die Konstitutionen in ihren Schriften verarbeitet, auch besondere Sammlungen davon veröffentlicht, wie Papirius Justus (*constitutionum libri XX*) und Paulus (*decretorum libri III, imperialium sententiarum libri VI*). Für dieses Material sind wir also auf die Überlieferung der Juristenschriften, insbesondere auf die Digesten Justinians angewiesen. Vieles bringt die nichtjuristische Literatur, namentlich auch Konzilienakten und kirchliche Sammelwerke; manches geben Inschriften und Urkunden.[1]) Hervorzuheben ist Folgendes.

Die Reskripte Trajans an den jüngeren Plinius auf die von ihm als Statthalter von Bithynien (*legatus Augusti pro praetore consulari potestate*, wahrscheinlich in den J. 111—113 n. Chr.) erstatteten Berichte in dem Briefwechsel zwischen Plinius und Trajan, in den Ausgaben mit der allgemeinen

---

49) Vgl. das Senatsprotokoll über Einführung des Codex Theodosianus.

50) C. Cordi § 4. nov. 17 pr. nov. 26 c. 5 § 1.

1) Eine Sammlung der Konstitutionen vor Justinian ist Haenel: corpus legum ab imperatoribus Romanis ante Justinianum latarum (Leipzig 1857). Die in den drei Codices, den posttheodosianischen Novellen und der sirmondinischen Sammlung (unt. II—V) enthaltenen Konstitutionen sind in diesem Werke nur chronologisch registriert, die sonst überlieferten in chronologischer Folge abgedruckt. Personen-, Orts- und Sachregister sind hinzugefügt. Das Ganze ist, wenn auch in vieler Beziehung mangelhaft, so doch höchst dankenswert und durch nichts Besseres ersetzt.

Briefsammlung des Plinius verbunden und früher als deren 10.
Buch behandelt.

II. Besonders wichtig wurden für die Folgezeit zwei
Privatarbeiten, der Codex Gregorianus und der Codex Hermogenianus. Sie bilden die einzige Quelle des Codex Justinianus
für die Konstitutionen der Zeit vor dem Bereich des Codex
Theodosianus (unt. III).[2])

1. Der Codex Gregorianus ist das Werk eines nicht
weiter bekannten Gregorius.[3]) Er enthielt, eingeteilt in Bücher
und Titel, Konstitutionen der Kaiser bis auf Diocletian und
zwar mindestens von Hadrian an.[4]) Nach den vorliegenden
Anführungen war er historisch gearbeitet, ohne besondere
Bevorzugung des neuesten Materials. Die überlieferten Buch-
zahlen reichen bis XIX.[5]) Das Werk wurde im Orient geschrieben[6]) und zwar unter der Regierung Diocletians und
Maximians.[7]) Wahrscheinlich ist es gleich nach dem Jahr
294 veröffentlicht.[8])

2. Der Codex Hermogenianus stammt von einem Hermogenianus[9]) ob es der sonst bekannte Jurist dieses Namens
ist (§ 21, 71), ist unsicher. Das Werk war kleiner als der
C. Gr., nur in Titel eingeteilt, doch darf man es sich keineswegs als unbedeutend vorstellen; wir hören von der 120.
Konstitution des 69. Titels.[10]) Die aus diesem Codex angeführten Konstitutionen gehören fast ausschließlich der Zeit
Diocletians an, die meisten den Jahren 293 und 294,[11]) und

---

[2]) Dies hat Justinian so vorgeschrieben. C. Haec quae nec. § 2, vgl. c.
Summa § 1.

[3]) Mommsen Zeitschr. d. Sav.-Stift. X (1889) S. 347 f.

[4]) Sonst könnte der Codex Justinianus nicht, wie der Fall, Konstitutionen
von Hadrian an aufweisen; denn aus dem C. H. hat er sie sicher nicht.

[5]) Coll. 8, 4. Aber vielleicht ist hier XVIIII irrig statt XIV geschrieben. S. Jörs bei Pauly-Wissowa Art. Codex Gregorianus.

[6]) Note 14. In Berytus? Mommsen Zeitschr. d. Sav.-Stift. XXII s. 139 ff.

[7]) Eine dem C. Gr. entnommene Konstitution (Coll. 1, 10, 1) vom Jahre
290 führt die Kaiser Diocletian und Maximian als domini nostri ein.

[8]) S. unt. Note 14.

[9]) Mommsen, Ztschr. d. Sav.-Stift. X (1889) S. 348 f.

[10]) Schol. Sinait. § 5.

[11]) Ich meine die Konstitutionen, die die Quellen ausdrücklich als im
C. H. enthalten angeben.

es überwiegen durchaus diejenigen von Diocletian selbst. Vor-
diocletianische Konstitutionen sind aus dem C. H. überhaupt
nicht bekannt. Das Werk war im Gegensatz zu der historischen Anlage des C. Gr. auf das Neueste gerichtet.[12]) Es
ist wie der C. Gr. im Orient geschrieben und gleich nach
294 veröffentlicht. Der Verfasser soll es aber noch zweimal
neu aufgelegt haben.[13]) Jedenfalls ist es später, auch von
dritter Hand, mit Nachträgen vermehrt worden und zwar
auch aus occidentalischem Material.[14])

---

12) Was Theodosius II. C. Th. I, 1, 5 von dem historischen Wert der
Codices sagt, kann für den C. H. in dem Sinne gemeint sein, daß er nun
historisches Material geworden war, auch, daß er mit den späteren Nachträgen
ein historisches Bild darbot.

13) Sedulius in der Widmung zu seinem paschale opus.

14) Im C. J. findet sich eine im Vergleich zu der Zahl der Konstitutionen
der älteren Kaiser höchst auffallende Masse von Konstitutionen der diocletianischen
Zeit und zwar fast ausschließlich sicher von Diocletian selbst. Wie in den Resten des
C. H. sind dabei die Jahre 293/294 am stärksten vertreten; aus der Zeit nach 294
dagegen finden sich nur noch sehr spärliche diocletianische Konstitutionen. Wenn
nun auch nach der sonst feststehenden Beschaffenheit der beiden älteren Codices
anzunehmen ist, daß das diocletianische Material des C. J. hauptsächlich aus
dem C. H. stammt, so ist doch der hervorgehobene Befund auch für den C. Gr.
von Bedeutung, denn er beweist, daß auch aus dem C. Gr. kein oder kein
nennenswertes maximianisches Material zu holen war, und daß auch er diesseits
des Jahres 294 nicht viel bot. Danach aber ist anzunehmen, daß beide
älteren Codices im Orient geschrieben sind und in ihrem Material mit 294 in
der Hauptsache abschlossen. Dann werden beide gleich nach 294 veröffentlicht
sein, und der C. H. wird nicht sowohl ein Nachtrag wie ein Seitenstück des
C. Gr. genannt werden müssen. Daß der Verfasser des C. Gr. Vorstudien in
Rom gemacht hat oder hat machen lassen, um die Konstitutionen der älteren Kaiser
zusammenzubringen (Jörs in Pauly Wissowas Realencykl. Art. Codex Gregorianus)
ist möglich, aber ob das notwendig war, doch wohl zweifelhaft. Es ist möglich, daß der Verfasser des C. Gr. noch einzelne Konstitutionen des Jahres
295 selbst eingetragen hat (Coll. 6, 4), und das Gleiche läßt sich von dem
Verfasser des C. H. nicht leugnen, obwohl Consult. 5, 7, eine occidentalische
Konstitution, wahrscheinlicher ein Nachtrag von anderer Hand ist. Das ganz
Wenige, was die Verfasser des C. J. aus der Zeit zwischen der
so bestimmten ersten Veröffentlichung der CC. Gr. und H. und dem Herr-
schaftsbereich des C. Th. aufgenommen haben, werden sie aus späteren Nachträgen zu den CC. Gr. und H. kennen, die der erstere ebensowohl erlebt
haben kann, wie sie der letztere sicher und zwar auch im Occident erlebt hat.
Ein solcher Nachtrag werden namentlich die sieben Konstitutionen (darunter

Sowohl vom C. Gr. wie vom C. H. besitzen wir Kunde nur durch ihre Benutzung in späteren Werken, besonders der Lex Romana Wisigothorum (§ 25, I), der Collatio (§ 24, 15) und der Consultatio (§ 24,18); auch in den Fragmenta Vaticana (§ 24, 14) und in der Lex Romana Burgundionum (§ 25, III).[1ᵃ])

III. Der Codex Theodosianus[16]) ist ein Gesetzbuch von Kaiser Theodosius II. Dieser hatte die Absicht, nach dem Vorbilde des C. Gr. und C. H. eine amtliche Sammlung der kaiserlichen Konstitutionen von Konstantin an zu veranstalten. Dabei sollte auch dasjenige Aufnahme finden, was nur noch von geschichtlichem Interesse wäre, durch chronologische Anordnung der Konstitutionen aber deutlich gemacht werden, wie die jüngeren den älteren vorgehen. Dann sollte aus dem so entstandenen und den beiden älteren Codices und aus den Juristenschriften ein fernerer auf das praktisch Geltende gerichteter Codex zusammengestellt werden. Hierzu bestimmte der Kaiser eine Kommission von acht aktiven und inaktiven Staatsbeamten und einem Advokaten mit dem Rechte der Kooptation.[17]) Der Plan ist in diesem Umfange gescheitert, im Jahre 435 aber eine neue Kommission aus 16 Staatsbeamten lediglich zur Abfassung des Konstitutionencodex berufen.[18]) Sie hatte die Instruktion, die Konstitutionen nach Materien in Titel und innerhalb derselben chronologisch zu ordnen, zu diesem Zwecke die einzelne Konstitution wo nötig zu zerteilen, um jedes Stück in dem

---

sechs occidentalische) aus den Jahren 364 und 365 sein, welche Consult. 9, 1—7 aus dem C. H. anführt. Die Datierung des C. H. zwischen 314 und 324 (Mommsen Hermes XVII S. 582, Krüger S. 281 f.), der auch ich mich früher angeschlossen habe (Kritische Vierteljahresschr. XXXII (1890) S. 28), kann ich nach Obigem nicht mehr für richtig halten. Wenn die Konstitutionen des C. J., welche den Namen des Licinius tragen, wirklich aus dem C. H. stammen, so können auch sie zu dessen Nachträgen gehören.

[15]) Die Ausgabe von Haenel, Codices Gregorianus, Hermogenianus, Theodosianus (Bonn 1842) ist überholt durch die von Krüger, Collectio III p. 221 sqq.

[16]) Mommsen, Das theodosische Gesetzbuch, Zeitschr. der Sav.-Stift. XXI (1900) S. 149 ff. S. 385 f.

[17]) C. Th. I, 1, 5 a. 429. [18]) C. Th. I, 1, 6.

geeigneten Titel unterzubringen, nur dasjenige aufzunehmen, was den Charakter des Rechtssatzes hätte, also wegzulassen, was nur auf den Spezialfall sich bezöge, auch sonst Weglassungen, Zusätze, Veränderungen in den Texten nach Ermessen vorzunehmen.

Aus der Arbeit dieser Kommission, von deren ernannten Mitgliedern aber, wie es scheint, nur acht wirklich in Tätigkeit getreten sind,[19]) entstand der nach kaiserlichem Befehl so benannte Codex Theodosianus. Er wurde im Orient publiziert am 15. Febr. 438 mit Gesetzeskraft vom 1. Jan. 439. Diejenigen Konstitutionen seit Konstantin, welche er nicht enthielt, wurden fast sämtlich außer Kraft gesetzt.[20]) Valentinian III. hieß das Werk gut und ließ es im Westreich publizieren. Wir haben noch das interessante Protokoll der Senatssitzung, in welcher der Präfectus Prätorio Anicius Acilius Glabrio den Codex vorlegte. Die Herausgabe von Exemplaren desselben wurde den Constitutionarii ausschließlich übertragen (vergl. ob. § 13, III, 6.[21]) Der Codex zerfiel in 16, in Titel mit Rubriken geteilte Bücher. Von den Veränderungen, zu denen die Kommission ermächtigt war, hat sie reichlich Gebrauch gemacht. Die chronologische Reihenfolge hat sie zum Teil gewaltsam hergestellt, indem sie Konstitutionen, die ihr undatiert oder mit mangelhaften Daten vorlagen, mit fiktiven Daten versah.[22]) Zudem haben die s. g. Inskriptionen, die Angaben der Urheber und Adressaten der Konstitutionen, und die s. g. Subskriptionen, die Datierungen, starke Verderbnisse in den Handschriften erlitten.

Wir haben vom C. Th. nur lückenhafte Handschriften, die aber vielfache Ergänzungen finden durch die Benutzung desselben in späteren Werken, vor allem der Lex Romana Wisigothorum (§ 25, I).[23])

---

19) Denn nur acht erhalten in nov. Theod. I den kaiserlichen Dank für ihre Mitwirkung. 20) Nov. Theod. I, 6.

21) Eine Konstitution Valentinians III. bestätigte ihnen dies Recht im J. 443. Diese wie das Senatsprotokoll setzten sie den Exemplaren des C. Th. voran.

22) Seeck, Zeitschr. der Sav.-Stift. X (1889) S. 1 ff.

23) Die Ausgabe der drei Codices von Hänel (ob. Anm. 15) ist für den

IV. Die s. g. posttheodosianischen Novellen sind eine
Sammlung nach Erlaß des Codex Theodosianus ergangener Konstitutionen *(novellae leges)*. Es entspricht dem allgemeinen
Übergewicht des östlichen Reiches über das westliche, daß
von dem in Aussicht genommenen Austausch der in beiden
Reichshälften ergangenen Konstitutionen (ob. § 13, II) nur einseitig Gebrauch gemacht ist, durch Übersendung östlicher
Konstitutionen an den westlichen Hof und Acceptation durch
diesen. Die Übersendung westlicher Gesetze an das Ostreich
ist nicht erweislich und unwahrscheinlich deswegen, weil der
Codex Justinianus nachtheodosianische westliche Konstitutionen nicht kennt. Im Westreiche entstand eine Sammlung occidentalischer und orientalischer, dem Westreich übersandter
und von ihm acceptierter Novellen.[24]) Von dieser Sammlung
gibt die Lex Romana Wisigothorum einen Auszug, der in
einzelnen ihrer Handschriften aus der uns verlorenen Origi-
nalsammlung ergänzt ist.[25])

V. Die s. g. sirmodinischen Konstitutionen sind eine
von Jacobus Sirmondus 1631 zuerst vollständig herausge-
gebene, wahrscheinlich in Gallien bald nach 425 veranstaltete
Sammlung von (18) Konstitutionen meist kirchenrechtlichen
und sehr kirchenfreundlichen Inhalts aus den J. 331 bis 425.[26])

VI. Von Inschriften und Urkunden nennen wir:

1. *Edictum Augusti de aquaeductu Venafrano*. Enthält
Vorschriften über die von Augustus in Venafrum (im Samni-

Theodosianus noch die neueste und beste; diejenige von Jacobus Gothofredus (1587—1652), erst nach seinem Tode von Marvillius herausgegeben,
zuletzt mit Zusätzen von Ritter (Leipzig 1736—1741) ist wegen der mit
staunenswerter Gelehrsamkeit geschriebenen Kommentare und Anhänge noch
immer unentbehrlich. Eine neue Ausgabe von Mommsen steht bevor.

24) Wir kennen daraus Gesetze von Theodosius II., übersandt an Valentinian III. im Jahre 447 durch nov. Theod. 2, publiziert von Valentinian
im Jahre 448 durch nov. Val. 25, 1, einige Gesetze Marcians aus den Jahren
450—455, eins von Leo, welches Anthemius als das seinige im J. 468 publizierte (nov. Anthem. 3, 1 vgl. 2, 1) und eine Reihe von Gesetzen der westlichen Kaiser Valentinian III., Majorian, Severus, Anthemius.

25) Ausgabe: Haenel, novellae constitutiones imperatorum Theodosii II
cet. (Bonn 1844), hinter der Ausgabe der drei Codices.

26) Ausgabe: Haenel hinter der eben bezeichneten Novellenausgabe.

tischen) gestiftete Wasserleitung, den *leges dictae* (§ 9) nahe-
stehend. Die Magistrate und Decurionen werden ermächtigt,
weitere Vorschriften zu erlassen (*leges dicere*). — Berührt
werden *cautio damni infecti* und Recuperatorengerichte. Erhalten auf Marmor in Venafro.[27]

2. Ein Edikt von Claudius von 46 n. Chr., welches die
Entscheidungen eines kaiserlichen Kommissars über fiskalische
Grundstücke gut heißt und zu deren Verkündigung ermäch-
tigt, ferner den Anaunern, Tulliassern und Sindunern (bei
Trient) das Bürgerrecht (in Berücksichtigung ihres langen Be-
sitzes desselben!) bestätigt. — Berührt wird das Institut der
Richterdecurien. Gefunden 1869 bei Trient auf einer Bronze-
tafel.[28]

3. Ein Edikt eines der ersten Kaiser über das Appellationsverfahren. Auf Papyrus.[29]

4. Zwei auf Bronze erhaltene Reskripte von Vespasian
an Magistrate und Decurionen der Vanaciner (Corsica) und
der Saborenser (Spanien) in städtischen Angelegenheiten.[30]

5. Ein auf Bronze erhaltenes Schreiben Domitians vom
J. 82 an *quattuorviri* und Decurionen der Falerienser (Picenum),
durch welches ihnen ein von dem Kaiser verkündetes Dekret
in einem Streite zwischen den Faleriensern und Firmanern
zugefertigt wird.[31]

6. Ein Reskript Hadrians an den Präfectus Ägypti Q.
Rammius Martialis, durch welches der Kaiser die bisherige
Erbunfähigkeit der von Soldaten während der Dienstzeit
gezeugten Kinder ihren Vätern gegenüber in so weit mildert,
daß ihnen die *bonorum possessio unde proximi cognati* zustehen soll. Das Reskript war in griechischer Übersetzung
angeschlagen in den Winterlagern von zwei Legionen. Er-

---

27) Bruns I p. 238 sqq.   28) Bruns I p. 240 sq.
29) B. G. U. II, Nr. 628.   Mitteis Hermes XXXII (1897) S. 629 ff.
Scialoja Bulletino dell' istituto di dir. Rom. IX (1896) p. 180 sq. Auf der
Rückseite des Papyrus steht ein Edikt von Augustus als Triumvir, betreffend
Veteranenprivilegien.
30) Bruns I p. 241 sq.   31) Bruns I p. 242 sq.

halten auf einem ägyptischen Papyrus in Berlin, zuerst 1892 veröffentlicht.[32])

7. Ein inschriftlich erhaltenes Reskript Hadrians, nach welchem dem Vorsteher der epicurischen Schule zu Athen auch für den Fall, daß er römischer Bürger ist, gestattet ist, über seine Würde und was damit zusammenhängt nach griechischem Rechte zu testieren und auch einen Peregrinen zu seinem Nachfolger einzusetzen.[33])

8. Ein Reskript des Antoninus Pius v. J. 139 n. Chr. erlaubt Abschrift von einem Dekret Hadrians zu nehmen Marmorinschrift in Smyrna.[34])

9. Ein Reskript des Commodus an einen Vertreter der Bewohner des saltus Burunitanus, eines im kaiserlichen Eigentum stehenden Bezirks in Afrika, betreffend die von ihnen zu leistenden Frohnden, nebst einem Stück der entsprechenden Bittschrift und einem zugehörigen Schreiben des kaiserlichen Prokurators jenes Bezirks, daselbst auf Stein gefunden, zuerst 1880 herausgegeben.[35])

10. Ein Reskript von Severus und Caracalla v. J. 201 n. Chr. an einen Heraclitus, Freiheiten der Tyraner (Beßarabien) bestätigend, inseriert einem zweiten an Ovinius Tertullus, Präses von Untermösien, der das Ganze mittels eines griechischen Schreibens den Tyranern übersendet. Diese veröffentlichten es auf einem Marmor, der (am Anfang unvollständig) am Dnjestr 1847 gefunden wurde.[36])

11. Ein Reskript Gordians v. J. 238 an den Soldaten Pyrrus als Vertreter der Skaptoparener (Thrakien) verweist nur wegen Beschwerden an den Präses Provinciae, ist aber wegen der Formalien sehr wichtig (vgl. ob. § 12 zu Anm. 48). Erhalten auf einem erst nach seiner Entdeckung stark zerstörten Marmor in Bulgarien, zuerst 1890 veröffentlicht.[37])

---

[32]) Bruns I p. 381 sq. Dazu Wilcken Hermes XXXVIII (1902) S. 74 ff., der Urheber und Empfänger richtig stellt.

[33]) Κουμανούδης ἐφήμερις ἀρχαιολογική 1890 p. 142—155.

[34]) C. J. L. III No. 411. Haenel, Corpus legum p. 102.

[35]) Bruns I p. 244 sqq. [36]) Bruns I p. 246 sqq.

[37]) Bruns I p. 248 sq. Mommsen Zeitschr. d. Sav.-Stift. XII (1892) S. 244 ff. XXII (1901) S. 142 ff.

12. Diocletians Edikt *de pretiis rerum venalium* v. J.
301 n. Chr., eine bei Todesstrafe eingeschärfte Preistaxe für
viele Waren und Arbeiten, unvollständig erhalten in einer
Anzahl von Inschriften teils im Original, teils in griechischer
Übersetzung an verschiedenen Orten des östlichen Reiches.[38])

13. Ein Reskript (unbekannt welcher Kaiser) an Lepidus,
wohl Präses von Pisidien, die Einführung der Decurionats-
Verfassung in Tymandus in Pisidien betreffend, interessanter
Beleg für das allmähliche Vordringen dieser Verfassung. Neuerdings in Pisidien gefundene Steininschrift.[39])

14. Ein Reskript auf Papyrus, prozessualen Inhalts, wahrscheinlich von Diocletian.[40])

15. Ein Edikt Constantins vom 1. Jan. 314 über die
Ankläger ist erhalten durch drei einander ergänzende Stein-
inschriften, von denen eine, altbekannt, nur noch in Abschriften
vorhanden ist, während die beiden anderen erst kürzlich gefunden wurden.[41])

16. Ein Reskript Constantins und seiner Söhne an den
Präfectus Prätorio Ablavius (zwischen 323 und 326), der Gemeinde Orcistus in Phrygien das Stadtrecht erneuernd, mittels
Schreibens des Ablavius den Orcistenern mitgeteilt. Der
Schluß dieses Schreibens, das kaiserliche Reskript und der
Anfang der Bittschrift der Orcistener sind erhalten auf Stein
bei Orcistus. Ebenda steht ein zweites, an das erste an-
knüpfendes Reskript von Constantin und Constantius v. J. 331
n. Chr. an die Decurionen *(ordo)* von Orcistus.[42])

17. Eine Konstitution Julians *de pedaneis iudicibus* (C.
J. III, 3 5 [C. Th. I, 16, 8]) v. J. 362 n. Chr., steht vollständiger auf einem Stein, der 1841 auf der Insel Amorgos gefunden wurde.[43])

---

38) C. I. L. III p. 801 sqq. 1055 bis 1058. 1909 sqq. Auch Haenel,
Corp. leg. p. 175 sqq. Neuere Funde und Literatur s. Kalb, Jahresber. f.
Altertumswissenschaft LXXXIX (1896 II) S. 220 f. und CIX (1901 II) S. 81.

39) Bruns I p. 156 sq.

40) Mommsen Zeitschr. d. Sav.-Stift. XXII (1901) S. 195 ff. Gradenwitz das. XXIII (1902) S. 856 ff.

41) Bruns I p. 249 sq. Vgl. auch C. Th. IX, 5, 1. C. J. IX, 8, 3.

42) Bruns I p. 157 sqq.

43) C. I. L. III No. 459. Haenel, Corp. leg. p. 212.

18. Reste von zwei Originalausfertigungen lateinischer Prozeßreskripte, wohl des 5. Jahrhunderts, ergangen auf *preces* der Partei, aber gerichtet an den zur Entscheidung der Sache berufenen Beamten, auf Papyrusblättern in Oberägypten gefunden.[44])

19. Ein Reskript von Justinus und Justinian v. J. 527 zum Schutze des *oratorium Sancti apostoli Johannis* gegen militärische Übergriffe.[45])

§ 15.

7. Erlasse der Präfecti Prätorio. Sonstige Beamtenerlasse.

Die Sitte der Amtsprogramme der Beamten republikanischen Stils ist von den neuen kaiserlichen Beamten nicht übernommen. Das Recht zum Erlaß allgemeiner Vorschriften in ihrem Ressort hat aber den höheren unter ihnen nicht gefehlt. Daß diese Verordnungen in ihrer Geltung auf die Amtsdauer ihrer Urheber beschränkt waren, ist nicht anzunehmen.

I. Vor allem die Präfecti Prätorio haben Verordnungsrecht mit der Maßgabe, daß ihre Verordnungen Gesetzen und Konstitutionen nicht zuwiderlaufen dürfen. So bestätigte es ihnen Alexander Severus im J. 230. [1]) Ihre Verordnungen sind zum Teil Erläuterungs- und Ausführungsvorschriften zu gleichzeitig von ihnen publizierten kaiserlichen Edikten,[2]) zum Teil selbständig. Sie sind teils Edikte an die Untertanen, teils Erlasse an untergebene Beamte. [3]) Die Überlieferung ist zer-

---

[44]) Mommsen, Bekkers und Muthers Jahrbuch des gemeinen Rechts, (1863) IV S. 398 ff., Haenel, Corp. leg. p. 281.

[45]) Diehl Bulletin de corr. hellénique XVII (1893) p. 501 suiv. Scialoja Bulletino dell'istitut. di dir. Ro. IX (1896) p. 136 sq.

[1]) C. J. I, 26, 2. Formam a praefecto praetorio datam, si generalis sit, minime legibus vel constitutionibus contrariam, si nihil postea ex auctoritate mea innovatum est, servari aequum est.

[2]) So diejenigen bei Haenel, Corp. leg. p. 247. 249. 260 aus den Jahren 431, 448, 473.

[3]) So nov. Just. 166 an den Consularis von Lydien.

streut. Einige Erlasse von Präfecti Prätorio sind in die griechische Sammlung der Novellen Justinians aufgenommen (166—168).

II. Auch von andern Beamten sind allgemeine Verordnungen überliefert, so inschriftlich an einer Tempelmauer in Oberägypten zwei Edikte von Präfecti Ägypti von 49 und 68 n. Chr., beide an den Strategen der Oase von Theben zum Zwecke der Publikation gesandt und von ihm in Ausführung dieses Auftrages an untergeordnete Behörden weitergegeben. [4]) Ebenfalls inschriftlich besitzen wir eine Rang- und Sportelordnung, die der Konsularis von Numidien unter Kaiser Julian für sein Unterpersonal erließ, [5]) auch zwei Edikte des Turcius Apronianus, Präfectus Urbi von Rom, über den Verkehr mit Schlachtvieh und die den suarii zukommenden Leistungen, [6]) im wesentlichen bestätigt durch einen Erlaß Valentinians I. an den Amtsnachfolger des Apronianus. [7])

---

[4]) Corpus inscription. Graecar. III. No. 4956. 4957. Haenel, Corp. leg. p. 268 sqq. Aus dem zweitgenannten sind die privatrechtlich wichtigen Bestimmungen über Exekution privater und öffentlicher Forderungen aufgenommen bei Bruns I p. 234 sqq.

[5]) Bruns I p. 257 sq. Pernice Zeitschr. der Sav.-Stift. VII 2 (1886) S. 113 ff.

[6]) Corp. inscr. Lat. VI, 1, 1770. 1771. Haenel, Corp. leg. p. 221.

[7]) C. Th. XIV, 4, 4 a. 367.

Viertes Kapitel.

Die Rechtswissenschaft.

§ 16.

1. Die republikanische Rechtswissenschaft.

Die Geschichte der Quellen des römischen Rechts hat die römische Rechtswissenschaft nach zwei Gesichtspunkten zu würdigen — nach ihrer Bedeutung für die Fortbildung und nach derjenigen für Darstellung und Überlieferung des römischen Rechts.

I. Daß die Jurisprudenz ursprünglich in dem Pontifikalkollegium gepflegt wurde, ist eine sichere Tatsache, [1]) wenn sie auch durch den Zusammenhang des sakralen mit dem bürgerlichen Recht und durch den Einfluß der Pontifices auf das im Gerichtsverfahren bedeutsame Kalenderwesen nicht hinlänglich erklärt werden mag, und wenn auch die Nachricht des Pomponius, der von den Pontifices sagt: *ex quibus constituebatur quis quoquo anno praeesset privatis* [2]) nur unsicher dahin gedeutet werden kann, daß die Pontifices jährlich einen der Ihrigen zur Erteilung von Rechtsgutachten an Private delegiert haben. Eine von dem Pontifikalkollegium unabhängige Jurisprudenz begann seit ungefähr 300 v. Chr. sich zu ent-

---

[1]) Liv. IX, 46: (Gn. Flavius) civile ius, repositum in penetralibus pontificum, evulgavit. Valer. Max. II, 5, 2: Ius civile per multa saecula inter sacra caerimoniasque deorum immortalium abditum solisque pontificibus notum Gn. Flavius .... vulgavit. Pomp. D. 1, 2, 2, 6: omnium tamen harum et interpretandi scientia et. actiones apud collegium pontificum erant, ex quibus constituebatur quis quoquo anno praeesset privatis.

[2]) Pomp. l. c. (vorige Anm.).

wickeln. Um diese Zeit veröffentlichte Gn. Flavius eine
Sammlung der *legis actiones*, d. h. der Spruchformeln, welche
in genauer Anlehnung an das Gesetz im Prozeß gebraucht
werden mußten *(ius civile Flavianum)*. [3]) Nach Pomponius [4])
war das Buch von App. Claudius Caecus, dem grossen Refor-
mator (Censor a. 312) verfasst und diesem von Flavius gestohlen,
App. Claudius soll auch ein Buch *de usurpationibus* d. h. von
Ersitzungen und ihren Unterbrechungen geschrieben haben. [5])
Von Ti. Coruncanius, dem ersten plebejischen Pontifex Maximus (a. 253 v. Chr.) haben wir eine Nachricht, [6]) die wahrscheinlich bedeutet, [7]) daß er als der erste seine Rechtsgutachten
öffentlich unter Zulassung von Schülern erteilte und mit ihnen
die Fälle besprach — in dieser Form also öffentlichen Rechts-
unterricht ' erteilte. Schriften von ihm waren auf Pomponius
Zeit nicht gekommen; aber man wußte, daß er eine ganze
Anzahl bemerkenswerter Responsen erteilt hatte.[8]) Sex.
Aelius Paetus Catus (Konsul a. 198 v. Chr.) schrieb ein Werk:
Tripertita, auch genannt *ius Aelianum*,[9]) das nach Pomponius zu
dessen Zeit es noch vorlag, *veluti cunabula iuris* enthielt. Es
verband das Gesetz der XII Tafeln mit der *interpretatio* der
Juristen und den *legis actiones*.[10]) Seit dieser Zeit werden

---

[3]) Pomp. D. I, 2, 2, 7. Liv. l. c. (Anm. 1). Val. Max. l. c. (Anm. 1).

[4]) D. I, 2, 2, 7.

[5]) Pomp. D. I, 2, 2, 36.

[6]) Pomp. D. I, 2, 2, 35: ex omnibus qui scientiam nancti sunt ante
Ti. Coruncanium publice professum neminem traditur. 38: Ti. Coruncanius ...
qui primus profiteri coepit.

[7]) Man beachte den Gegensatz. Von anderen sagt Pomponius l. c., sie
hätten das ius civile geheim halten oder wenigstens nur Ratfragenden, nicht
Schülern zur Verfügung stehen wollen.

[8]) Pomp. D. I, 2, 2, 38.

[9]) Oder ist das ius Aelianum bei Pomp. D. I, 2, 2, 7 ein anderes Werk
desselben Verfassers als die Tripertita in § 38 daselbst, eine selbständige
Aktionensammlung? Dafür Jörs S. 103 ff. Dagegen Karlowa I S. 476,
Lenel, Das Sabinussystem, Festg. f. Jhering (Straßburg 1892) S. 9 Anm. 2,
Bremer, Jurispr. Ante-Hadr. I p. 15.

[10]) Streitig ist, wie man sich die Anordnung des Werkes zu
denken hat. Nach der einen Auffassung stellte das Werk die ganzen
XII Tafeln voran, ließ dann im zweiten Teile die interpretatio, im
dritten die legis actiones folgen. So Krüger S. 54, Jörs S. 105 ff., die aber

zahlreiche berühmte Juristen genannt, von denen hervorzuheben sind:

1. Die beiden Cato, Vater (geb. 234, gest. 149 v. Chr.)
und Sohn (gest. 152 v. Chr.). Der Sohn soll viele Bücher
hinterlassen haben.[11])

2. M.' Manilius (Kons. 149), P. Mucius Scävola (Kons.
133) und M. Junius Brutus, ihr Zeitgenosse, denen Pomponius
ein besonderes Verdienst um die Begründung der Rechtswissenschaft beimißt: *fundaverunt ius civile*.[12]) Von Manilius
rührten Verkaufsformulare her *(Manilii actiones, Ma-
nilianae venalium vendendorum leges*.[13]) Auch schrieb er ein
Werk unter dem Titel *monumenta*, in welchem unter anderem
angebliche Gesetze Numas gesammelt waren.[14])

3. P. Rutilius Rufus (Kons. 105), der bekannte im Jahre
92 v. Chr. mit Unrecht wegen Erpressungen verurteilte Ehren-
mann, beschäftigter Respondent, vielleicht Verfasser einer
Schrift *de modo aedificiorum*.[15])

4. Q. Mucius Scävola (Kons. 95, im Jahre 82 auf Befehl
des Marianers Damasippus ermordet, schrieb einen *liber sin-*

---

annehmen, daß in dem ersten Teile des Werkes schon eine gewisse Erläuterung
der XII Tafeln enthalten war, der zweite Teil nur die umbildende Interpretation
der Juristen enthielt. Hiergegen ist von Lenel, Sabinussystem S. 8 ff.
mit Recht eingewandt, daß eine Scheidung zwischen erläuternder und um-
bildender Interpretation in Wahrheit nicht möglich war. Lenel nimmt mit
Huschke Zeitschr. f. geschichtl. Rechtswissenschaft XV S. 179 ff. an, daß
Aelius jedem Satz der XII Tafeln die Erläuterung, einschließlich der umbildenden,
beifügte, dann die zugehörige legis actio folgen ließ, also nicht ein Werk
in drei Teilen, das Tripertitum heißen müßte, sondern dreiteilige Erörterungen,
tripertita vorlagen. Die letzte Ansicht halte auch ich für die, welche die größere
Wahrscheinlichkeit für sich hat; aber mit Sicherheit kann niemand in solchen
Dingen auftreten. Sicher wissen wir eigentlich nicht einmal, daß Tripertita
bei Pomponius Nominativ Pluralis ist; es kann auch Femininum sein. Daß
das Buch noch vorhanden sei, sagt Pomponius bestimmt (extat liber). Will
man es also nicht glauben, so muß man (mit Sanio Varroniana Leipzig 1867
S. 164) annehmen, daß Pomponius die Notiz einem Älteren gedankenlos
nachschrieb.

11) Pomp. D. I, 2, 2, 38. 12) Pomp. D. I, 2, 2, 39.

13) Varro de re rustica II, 5, 11. Cic. de Orat. I, 58, 246.

14) Hirschfeld in den Sitzungsberichten der Berliner Akademie phil.-
hist. Kl. 1908, I S. 2 ff.

15) Cic. Brut. 30, 113. Suet. Aug. 8. 9.

gularis ὅρων i. e. *definitionum* und 18 *libri iuris civilis*, das erste große System des *ius civile*, bis späthin von großem Einfluß.[16]) Pomponius sagt, daß er zuerst das *ius civile* nach *genera* geordnet hat. Er nahm z. B. fünf *genera tutelae* an.[17])

5. C. A quilius Gallus, Schüler des vorigen (Prätor 66), lebte und schrieb eine Zeitlang in Cercina. *Maximae auctoritatis apud populum* (Pomponius), *vir magnae auctoritatis et scientia iuris excellens* (Valerius Maximus).[18])

6. Servius Sulpicius Rufus (Kons. 51, gest. 43) trat zuerst als Gerichtsredner auf, eine Tätigkeit, bei der, wie man an Cicero sieht, eine vollständige juristische Durchbildung nicht gefordert wurde. Als nun aber Servius einst bei Q. Mucius für seinen Klienten Rechtsrat einholte und die Antwort des Q. Mucius wiederholt nicht verstand, fuhr ihn Q. Mucius an: *turpe esse patricio et nobili et causas oranti ius in quo versaretur ignorare.* Dies nahm sich Servius zu Herzen und studierte eifrig die Rechtswissenschaft, in der er es zu großem Ruhme brachte. Sein Hauptlehrer war Aquilius Gallus.[19]) Servius soll an die 180 *libri* geschrieben haben, darunter: *reprehensa Scaevolae capita (notata Mucii)*,[20]) *de dotibus*,[21]) auch den ersten Kommentar zum prätorischen Edikt *(ad Brutum)* in zwei sehr kurzen Büchern.[22])

7. A. Ofilius, Schüler des vorigen, Freund Cäsars, obwohl er im Ritterstande verblieb, schrieb zahlreiche Bücher über *ius civile*, welche für alle Teile desselben grundlegend waren. Auch verfaßte er den ersten ausführlichen Kommentar zum prätorischen Edikt. Er wirkte noch unter Augustus; denn er schrieb über die von diesem eingeführte Erbschaftssteuer. Pomponius nennt ihn gelehrter als Cascellius (10) und Trebatius (11).[23])

---

16) Pomp. D. I, 2, 2, 41.   17) Gai. I, 188.

18) Pomp. D. I, 2, 2, 42. 43. Cic. pr. Caec. 27. 77. 78. Valer. Max. VIII, 2, 2. Kübler, Zeitschr. d. Sav.-Stift. XIV (1898) S. 75 ff.

19) Pomp. D. I, 2, 2, 42. 43. 44. Gell. II, 10, 1. — Cic. Brut. 41, 152 sqq. stellt ihn über Q. Mucius.

20) Gell. IV, 1, 20. Paul. D. XVII, 2, 30.   21) Nerat. D. XII, 4, 8.

22) Pomp. D. I, 2, 2, 44 i. f. Ulp. D. XIV, 3, 5, 1.

23) Pomp. D. I, 2, 2, 44. 45.

8. P. Alfenus Varus (Kons. 39) schrieb in Anlehnung an seinen Lehrer Servius Sulpicius 40 Bücher *digesta.*[24])

9. Aufidius Namusa ordnete die Schriften von acht Schülern des Servius Sulpicius *(Servii auditores)* in 140 Bücher.[25])

10. A. Cascellius, *vir iuris civilis scientia clarus* (Valerius Maximus), lebte noch unter Augustus, schrieb u. a. einen *liber bene dictorum.*[26])

11. C. Trebatius Testa lebte ebenfalls noch unter Augustus, der ihn als bedeutendste Autorität über die Anerkennung von Kodizillen zu Rate zog; schrieb *de civili iure* und *de religionibus.*[27])

12. Q. Aelius Tubero, Schüler des Ofilius, schrieb über öffentliches und privates Recht, sehr gelehrte Werke, die aber wegen affektiert altertümlichen Stils unangenehm gefunden wurden.[28])

13. C. Aelius Gallus, welcher *de verborum, quae ad ius pertinent significatione*[29]) schrieb, war vielleicht nicht Jurist, sondern Grammatiker.

---

[24]) Pomp. D. I, 2, 2, 44. Nach Horat. satir. I, 3, 130 war Alfenus von Haus aus Schuhmacher. Dazu sagt der Scholiast Porphyrio: Romam petit magistroque usus Sulpicio iuris consulto ad tantam pervenit scientiam, ut et consulatum gereret et publico funere efferretur; über Alfens Digesten, insbesondere auch über ihre späteren Bearbeitungen und die Gestalt, in der sie den Verfassern der Justinianischen Digesten vorlagen, vgl. Karlowa I S. 485, Krüger S. 64, Lenel Palingen. I col. 37 not. 1, Ferrini Bull. dell' istit. di dir. Rom.: IV, p. 1 sq.

[25]) Pomp. D. I, 2, 2, 44.

[26]) Pomp. D. I, 2, 2, 44. Valer. Max. VI, 2, 12. Andere Schriften von Cascellius als den liber bene dictorum hatte man zur Zeit des Pomponius nicht mehr. Pomponius erklärt den Cascellius für minder gelehrt, als Trebatius, aber für beredter als jenen.

[27]) Pomp. D. I, 2, 2, 45. Seine Würdigung des Trebatius im Vergleich zu Cascellius s. vorige Anmerkung. — J. II, 25 pr. Ciceros Topica sind dem Trebatius gewidmet, auch Cic. ad fam. VII, 6—22 sind an Trebatius gerichtet, aus den Jahren 54 bis 44 v. Chr. (Nr. 22 nicht datierbar). Horaz schrieb an ihn satir. II, 15. Ein Scholion des Porphyrio dazu nennt die im Text bezeichneten beiden Werke des Trebatius.

[28]) Pomp. D. I, 2, 2, 46. Gell. XIV, 2, 20.

[29]) D. L, 16, 157 ist aus jener Schrift entnommen.

II. Die römischen Juristen, welche die Jurisprudenz nicht
als ausschließlichen Lebensberuf, sondern neben staatsmän-
nischer oder anderer öffentlicher Tätigkeit betrieben, waren
Schriftsteller, Lehrer und rechtliche Berater ihres Volkes zugleich: *domus iuris consulti totius oraculum civitatis.*[30]) In der
letzteren Beziehung tritt hervor das *respondere*, das Erteilen
von Rechtsgutachten über die von Interessenten vorgelegten
Fragen, das *cavere*, die Beihilfe zur korrekten Abfassung von
Rechtsgeschäften und das Entwerfen von Formularen dafür,
und das *agere*, wahrscheinlich das Entwerfen von gerichtlichen Spruchformeln (*legis actiones*), welche der Jurist der
Partei vor Gericht vorspricht oder ihr schriftlich mitgibt.[31])
Ihre Gutachten erteilten die Juristen mittels Briefs an die
Richter oder mündlich der Partei, die darüber ein Zeugen-
protokoll aufnahm.[32]) Sie haben, wie ob. S. 7 bemerkt, bei
Auslegung der bestehenden Rechtssätze prinzipiell nicht das
Ziel verfolgt, den ursprünglichen Sinn des Rechtssatzes zu
treffen, sondern ihn so auszulegen, wie er ihrer Ansicht nach
verstanden werden mußte, um gerecht zu sein, der *aequitas*
zu entsprechen. Sie haben also in Fällen, wo modernere Ge-
rechtigkeitsüberzeugung den Sinn eines älteren Rechtssatzes
überholt hatte, sich nirgends gescheut, in ihn diese neuere
Überzeugung hineinzuinterpretieren; ihre *interpretatio* ist
fortbildend.

Die in einem Gutachten, oder einer literarischen Arbeit
ausgesprochene Rechtsansicht eines Juristen hat nur das Gewicht, welches ihre innere Begründung oder das äußere Ansehen ihres Urhebers ihr verleihen; ebenso, wie die von einem
Juristen entworfene Geschäfts- oder Aktionsformel erst die
Probe zu bestehen hat, ob sie Anerkennung findet. Die über-
einstimmende Ansicht der zeitgenössischen Juristen (*iuris peritorum auctoritas, prudentium interpretatio* u. ä.) aber ist von
dem römischen Volke als ausreichend angesehen, um ihrem
Inhalt den Charakter des Rechtssatzes und zwar des *ius civile*

---

[30]) Cic. de orat. I, 45, 200.
[31]) Cic. de orat. I, 48, 212, pro Mur. 9, 22. Jörs S. 82.
[32]) Pomp. D. I, 2, 2, 49.

aufzuprägen, ja es hieß *ius civile* im engsten Sinne gerade dies Juristenrecht.[83]) Solche Rechtsbildung durch die Juristen ist einer der wesentlichsten Hebel zum Fortschritte des römischen Rechts in seinen verschiedensten Zweigen gewesen. Sie läßt sich aber von der Fortbildung des Rechts durch die Verkehrsgewohnheit und die gerichtliche Praxis, durch die Edikte und nachmals die kaiserlichen Konstitutionen nicht rein abscheiden, weil eben bei allem diesem die Juristen und ihre Lehren die Hand mit im Spiele hatten.[84])

---

[83]) Cic. Top. 5, 28 ius civile . . . quod in legibus, senatus consultis, rebus iudicatis, iuris peritorum auctoritate, edictis magistratuum, more, aequitate consistat. Pomp. D. I, 2, 2, 5 sagt von dem Juristenrecht, daß es keinen eigenen Namen führe, wie die anderen Zweige der Rechtsordnung: propria parte (appellatione?) non appellatur ut ceterae partes iuris suis nominibus designantur datis propriis nominibus ceteris partibus [datis . . . partibus *delen-dum?*] sed communi nomine appellatur ius civile. Im § 12 spricht Pomponius vom proprium ius civile, quod sine scripto in sola prudentium interpretatione consistit. Das heißt also, daß es ein ius civile im weiteren und im engeren Sinne gibt. Gesetze und andere Dinge, die dazu gehören, haben ihre speziellen Namen und nehmen außerdem an der gemeinsamen Bezeichnung als ius civile teil, dagegen hat das Juristenrecht keinen besonderen Namen, sondern ist auf den allgemeinen Namen ius civile angewiesen, der dann auch im engeren Sinne gerade das Juristenrecht allein trifft. Das scharfsinnige und gründliche Buch von Ehrlich, Beiträge zur Theorie der Rechtsquellen I (Berlin 1902) geht m. E. darin entschieden zu weit, daß es den Ausdruck ius civile ausschließlich für die Rechtstheorie, das in den Schriften der Juristen anerkannte Gewohnheitsrecht und das von den Juristen geschaffene Juristenrecht in Anspruch nimmt und behauptet, ius civile bedeute nie das positive Gesetzesrecht (S. 47). Den Ausspruch Papinians D. I, 1, 7 pr.: Ius autem civile est, quod ex legibus, plebisscitis, senatus consultis, decretis principum, auctoritate prudentium venit, sucht Ehrlich als der Interpolation verdächtig und als „gar so vereinzelt" beiseite zu schieben (S. 138 f.), während, wie oben gezeigt, doch auch Pomponius einen gemeinsamen Namen ius civile kennt, der sehr wohl auch das Gesetz umfassen kann. Übrigens gibt Ehrlich zu, daß im Erbrecht, und vereinzelt mit Bezug auf die XII Tafeln auch außerhalb des Erbrechts ius civile mit Einschluß des Gesetzesrechts gebraucht wird (S. 131 ff.). Es fehlt aber an einer befriedigenden Erklärung dafür, warum nur in diesen Grenzen das Gesetz als ius civile bezeichnet worden wäre. Die Ungültigkeit der Schenkungen unter Ehegatten führt Ehrlich auf das ius civile in seinem Sinne zurück (S. 44 ff.), und doch hat Alibrandi bewiesen, daß sie auf einem Gesetz des Augustus beruht. S. Windscheid-Kipp III, § 509 Anmerk. 1.

[84]) Vgl. ob. S. 20. 49. 60f.

Manche Institute trugen den Namen der Juristen, die sie zuerst zur Anerkennung gebracht haben, z. B. die *regula Catoniana* (I, 1 [Vater oder Sohn?],[35]) *formula Rutiliana*,[36]) *usucapio ex Rutiliana constitutione* (I, 3?),[37]) *cautio Muciana* (I, 4),[38]) *stipulatio Aquiliana* (I, 5),[39]) *iudicium Cascellianum* (I, 10);[40]) doch ist dieses, wie die *formula Rutiliana* auf die Prätur, nicht auf die wissenschaftliche Tätigkeit ihrer Urheber zurückzuführen.

III. Erhalten ist von den Schriften der republikanischen Juristen nichts unmittelbar, wir kennen nur manches davon aus Anführungen und Auszügen.

2. Die klassische Rechtswissenschaft.

§ 17.

Stellung und Tätigkeit der klassischen Rechtswissenschaft im allgemeinen.

I. Bereits in den letzten Zeiten der Republik begann die Rechtswissenschaft sich zu der Blüte zu erheben, die in den ersten Jahrhunderten der Kaiserzeit zur vollen Entfaltung gelangte. Bis etwa zur Mitte des dritten Jahrhunderts n. Chr. reicht diese Zeit der klassischen Jurisprudenz. Der Einfluß der Juristen auf das Rechtsleben erfuhr in der Kaiserzeit eine wesentliche Steigerung durch die Einführung des *ius respondendi*, genauer *publice respondendi ius*.[1]) Die Macht, welche die Juristen durch die Erteilung von Rechtsgutachten über die Bevölkerung hatten, mußte es dem Kaisertum wünschenswert erscheinen lassen, die Jurisprudenz zur Freundin zu haben und sie zugleich in Abhängigkeit vom Kaiser zu bringen. Beides wurde durch das Institut des *ius respondendi* erreicht. Es haben nämlich schon unter Augustus bedeutende Juristen aus

---

35) Cels. D. XXXIV, 7, 1.   36) Gai. IV, 35.   37) Fr. Vat. 1.
38) Ulp. D. XXXV, 1, 7 pr.
39) J. II, 29, 2.   40) Gai. VI, 166a. 169.
1) Pomp. D. I, 2, 2, 48—50. Gai. I, 7. J. I, 2, 8.

dem Senatorenstande, seit Tiberius auch aus dem Ritterstande (zuerst Sabinus, § 19, 5) von den Kaisern ein besonderes Recht, zu respondieren, *publice respondendi ius*, verliehen erhalten. Die so Privilegierten respondieren *ex auctoritate principis*,[9]) was wenigstens annähernd richtig als Respondieren im Namen des Kaisers wiedergegeben werden kann. Über die Kraft ihrer förmlich erteilten Responsa geben die Quellen keine klare Auskunft. Der Kaiser, der im Anfang noch nicht eigentlich als Gesetzgeber auftritt, kann unmöglich dem einzelnen Juristen die Befugnis erteilt haben, mit Gesetzeskraft zu respondieren, und obwohl er der höchste Richter war, so kann man daraus kaum ableiten, daß er den von ihm autorisierten Juristen auch nur die Macht hätte beilegen können, durch ihre ausgesprochene Rechtsansicht den Richter in dem konkreten Falle formell zu binden, in welchem das Responsum ergangen war. Natürlich aber mußte ein im Namen des Kaisers auftretendes Responsum in den Gerichten von ganz besonderem Ansehen und wird von vornherein nicht leicht mißachtet sein. Daß der Richter rechtlich verpflichtet war, es zu befolgen, vorausgesetzt natürlich, daß ihm nicht ein abweichendes Responsum eines andern, gleich privilegierten Juristen vorgelegt wurde, wird sich erst allmählich in der Praxis festgestellt haben. Wäre die Grundlage des wichtigen Institutes eine klare gewesen, so würde es auch in unserer Überlieferung nicht so verschwommen auftreten, wie geschieht.

Man muß in der Einführung des *ius respondendi* einen meisterhaften Zug des Augustus erkennen. Die Macht und die Ehre der Jurisprudenz erhöhend, stellte er beide als einen Abglanz der kaiserlichen Macht dar; der Jurist, welcher solche Macht vom Kaiser zu Lehen empfing, schuldete ihm Dank, und die Auswahl der Personen, denen man sie gab, konnte zugleich politisch zu Gunsten des Kaisertums wirken und, sachgemäß gehandhabt, eine wirkliche Hebung der Justiz bedeuten, auf welche hinzuwirken die Kaiser sich vielfach haben angelegen sein lassen. Die Verleihung ist zum Teil,

---

[9]) Pomp. D. I, 2, 2, 49: primus divus Augustus ut maior auctoritas iuris haberetur, constituit, ut ex auctoritate eius responderent.

aber gewiß nicht immer, auf Antrag des Privilegierten erfolgt. [3])

Die nicht mit dem *ius respondendi* ausgestatteten Juristen mußten neben den dieses Privilegiums Teilhaftigen in eine zweite Klasse zurücktreten. *Juris consulti* war die offizielle Bezeichnung der autorisierten Juristen,[4]) und man geht im allgemeinen wenigstens nicht fehl, wenn man annimmt, daß, wo Juristen als Autoritäten mit den Ausdrücken *prudentes, iuris auctores, auctores* u. ä. genannt werden, jetzt nur die Autorisierten gemeint sind. Ausschließlich auf sie gehen jedenfalls Ausdrücke wie *iura constituentes,* [5]) *ii quibus permissum est iura condere* [6]) und die späten Bezeichnungen *legum auctores, latores, conditores.* Natürlich aber mußten sich die privilegierten Juristen aus den nicht privilegierten rekrutieren. Es ist auch den nicht Privilegierten das Respondieren keineswegs verboten, nur hatte ihr Responsum mit dem eines Autorisierten nicht gleiche Kraft.

Die notwendige Form der prozessualisch gültigen, der Partei erteilten Responsen scheint darin bestanden zu haben, daß sie unter dem Siegel des Respondenten abgegeben wurden. [7]) Wenn, wie man annehmen sollte, dies den Zweck hatte, das Responsum erst vor dem Richter zu entsiegeln, so muß der Partei, die der Kenntnis von seinem Inhalt nicht entraten konnte, dieser auf anderem Wege, durch Abschrift oder *scriptura exterior* auf derselben Urkunde (unt. § 33) mitgeteilt sein. Die Angabe von Gründen war für die Gültigkeit des Responsums nicht erforderlich.[8]) Wenn Magistrat [9]) oder Judex[10]) sich an einen Juristen um Auskunft wandten, so handelte es

---

[3]) Das Reskript Hadrians an die viri praetorii bei Pomponius D. I, 2, 2, 49 kann für eine besonders höfliche Gewährung des erbetenen Privilegs, aber auch für Zurückweisung des Antrags als eines unschicklichen genommen werden; eher ist es das letztere.

[4]) J. I, 2, 8. Paul. D. XII, 1, 40.

[5]) Pomp. D. L, 16, 120.   [6]) Gai. I, 7.

[7]) Pomp. D. I, 2, 2, 49 sagt von der Zeit vor der Einführung des ius respondendi: neque responsa utique signata dabant.

[8]) Seneca epistol. 94, 27.

[9]) Z. B. Ulp. D. IV, 4, 8, 1, D. XXIII, 4, 2.

[10]) Gell. XII, 18, 1—3.

Kipp, Quellen des röm. Rechts.   7

sich wohl immer um einen formell unverbindlichen Rechtsrat;[11]) denn der Prozeß hat kein Mittel, den Richter anzuhalten, von einem von ihm eingeholten Gutachten den Parteien Mitteilung zu machen und es zu befolgen. Wenn der Beamte den Kaiser konsultiert, so ist dies eine Amtshandlung, die er den Parteien durch Interlokut ankündigt; die Einholung des Gutachtens eines Juristen ist Privatsache. Auch wenn die Partei konsultierte, haben die Juristen oft formlos und unverbindlich Rechtsrat erteilt; denn es ist bei der Konsultation eines Juristen nicht immer um eine unmittelbar prozessual verwertbare Antwort zu tun.

Im Inhalt sind die Responsa den Rechtweisung erteilenden kaiserlichen Reskripten durchaus ähnlich. Sie stellen entweder nur abstrakte Rechtssätze hin oder geben zwar konkrete Entscheidungen, diese aber nur unter der ausgesprochenen oder stillschweigenden Bedingung der Richtigkeit und Vollständigkeit des vorgetragenen Tatbestandes oder unter Hervorhebung bestimmter zu bewahrheitender Bedingungen.[12]) Auch haben die Juristen (wie die Kaiser) nach Umständen den Fragesteller einfach an den Richter verwiesen.[13])

Gesetzeskraft, d. h. verbindliche Kraft für andere Fälle als den konkreten, zu dem es erging, hat das Responsum nicht gehabt. Es lag aber in der Natur der Sache, daß man die Frage, ob eine feste Meinung der Jurisprudenz vorläge, der man jetzt wie früher den Wert des Rechtssatzes beimaß,[14]) jetzt nur nach den Ansichten der autorisierten Juristen beantwortete[15]) und diejenigen der nicht autorisierten als untergeordnet beiseite ließ. Wie es scheint, hat man aber früh begonnen, in den Gerichten auch das einzelne Responsum (urkundlich oder auf Grund literarischer Veröffentlichung), wie

---

11) Daher suadere bei Ulp. D. IV, 4, 8, 1. Jul. D. XL, 2, 5; freilich kommt auch respondere vor. Ulp. D. XXIII, 4, 2.

12) Paul. D. III, 2, 21. Scaevol. D. VI, 1, 67. XXII, 1, 18 pr. XLII, 8, 21. XLVI, 3, 90.

18) Namentlich Scaevola: D. XXXIII, 1, 18, 1. XXXIV, 1. 15, 1. XXXIV, 8, 28, 2. XXXV, 2, 95, 2.

14) Pap. D. I, 1, 7.

15) Auctoritas iura constituentium bei Pomp. D. L, 16, 120 kann nur auf die privilegierten Juristen gehen.

unsere höchstrichterlichen Erkenntnisse, für fernere Fälle, auf die es paßte, zu Grunde zu legen, ohne genau zu prüfen, ob es gemeiner Meinung der Juristen entspreche. Dies konnte sich leicht auf die anderweit, nicht in Responsenform, veröffentlichte Rechtsansicht des autorisierten Juristen übertragen, und man konnte so dahin kommen, die einzelne Schriftstelle eines autorisierten Juristen wie einen Gesetzestext zu citieren. Das Reskript Hadrians,[16]) welches Gai. 1, 7 anführt, läßt sich am besten dahin erklären, daß bereits Hadrian einem solchen Mißbrauch gegenüberstand und dagegen einschärfte, daß die Ansichten und Meinungen der autorisierten Juristen (die Gajus geradezu mit deren Responsen indentifiziert) nur dann Gesetzeskraft haben, wenn alle übereinstimmen, wenn also gemeine Meinung in dem alten Sinne vorliegt. In der hadrianischen Zeit kann man sich jenen Mißbrauch aber nur bei Geschworenen und niederen Behörden denken; bei den höheren Gerichten, in welchen die hervorragenden Juristen selbst saßen, ist nicht glaublich, daß sie geneigt gewesen wären, dem einzelnen Ausspruch eines Fachgenossen blinde Folge zu leisten. Auch die gemeine Meinung der Juristen war nichts Starres, sondern im beständigen Fortschritt begriffen und dem autorisierten Juristen selbst gegenüber unverbindlich, der den Widerspruch, der ihre Kraft brach, selbst einzulegen im stande war. Mit dem Sinken der Jurisprudenz im dritten Jahrhundert macht sich das Anführen einzelner Stellen aus den klassischen Juristen, als wären es Gesetzestexte, wieder geltend und wird selbst in kaiserlichen Konstitutionen gebräuchlich.[17])

II. Die juristische Literatur dieser Zeit ist sehr vielseitig. Ihre Hauptgruppen sind:

---

[16]) Vgl. Eisele, Zeitschr. der Sav.-Stift. XI (1890) S. 199 ff.

[17]) Carus Carin. et Numer. C. J. VI, 42, 16. Diocl. C. J. V, 71, 14. IX, 22, 11. IX, 41, 11. Bei Anführung von Responsen in einer Zeit, die der Lebenszeit des Respondenten noch nahe steht (C. J. V, 4, 6 [Hadrian — Paulus], VI, 37, 12 [Alexander — Papinian]), hat man allerdings mit der Möglichkeit zu rechnen, daß das Responsum in demselben konkreten Fall ergangen ist, wie das Reskript. Sicher so: Gord. C. J. III, 42, 5: merito tibi a Modestino responsum est.

1. Lehrbücher für Anfänger: *institutiones, enchiridia.*

2. Bücher knapp gefaßter Rechtsregeln und Definitionen: *regulae, definitiones, sententiae, opiniones,* teils für Unterricht, teils für Praxis.

3. Sammlungen von *responsa,* wohl nur autorisierter Juristen, *epistolae,* teils Responsa, teils sonstige Rechtsbelehrungen, namentlich auch an Schüler des Verfassers enthaltend, *quaestiones* und *disputationes,* Erörterungen von Rechtsfragen, teils in Anlehnung an konkrete Fälle, teils rein theoretisch, vorwiegend aus wirklich gepflogenen mündlichen Besprechungen eines Rechtslehrers mit seinen Schülern hervorgegangen.

4. Kommentare zum prätorischen, ädilicischen und Provinzialedikt.

5. Gesamtdarstellungen des *ius civile.* Eine solche in kurzer Form schrieb Massurius Sabinus *(libri tres iuris civilis).* Die Späteren lehnten sich zum Teil an ihn, zum Teil an Q. Mucius Scävola an: *libri ad Q. Mucium, ex Q. Mucio, ad Sabinum, ex Sabino.* Auch Kommentare zu den XII Tafeln wurden noch geschrieben.

6. *Digesta,* vereinigte Darstellungen des *ius honorarium* und des *ius civile.* Das Ediktsrecht steht als Hauptmasse voran, das *ius civile* folgt in einer herkömmlichen Ordnung.[18]

7. Eine reiche Fülle anderweitiger Schriften, Kommentare zu wichtigen *leges,* insbesondere zu den *leges Julia et Papia Poppaea,* zu wichtigen Senatuskonsulten und sonstige Monographien verschiedenster Art.

§ 18.

Die beiden Schulen.

Die beiden Juristenschulen[1]) der Sabinianer (Cassianer) und

[18]) Lenel, Palingenesia II col. 1255 sq.

[1]) Pomp. D. I, 2, 2, 47 sqq. Bremer, die Rechtslehrer und Rechtsschulen im römischen Kaiserreich. Berlin 1868. Neuestens Baviera le due scuole dei giureconsulti Romani. Firenze 1898, dazu Kipp Zeitschr. d. Sav.-Stift. XXI (1900) S. 892 ff. Kalb, Jahresber. f. Altertumswissenschaft CIX (1901 II) S. 34 f.

Proculianer, welche zu Anfang der Kaiserzeit einander gegenübertraten, müssen mit der Organisation des Rechtsunterrichts in Verbindung gesetzt werden. Unter Augustus, so berichtet Pomponius, standen einander gegenüber: M. Antistius Labeo, ein selbständiger Kopf und Charakter, daher auch republikanisch gesinnt[2]) und auf dem Gebiete der Jurisprudenz ein kühner Neuerer,[3]) und C. Atejus Capito, ein gefügiger Mann, der sich bei dem Gegebenen in der Politik[4]) wie in der Rechtswissenschaft beruhigte.[5]) Diese sollen zuerst gewissermaßen zwei *sectae* hervorgerufen haben, und ihre Meinungsverschiedenheiten von ihren Nachfolgern noch vermehrt sein. An Labeo knüpfen die Proculianer an, als welche Pomponius nennt: Nerva Pater, Proculus, Nerva Filius, Longinus, Pegasus, Celsus Pater, Celsus Filius, Neratius. Auf Capito werden zurückgeführt die Sabinianer oder Cassianer. Als solche zählt Pomponius auf: Massurius Sabinus, Cassius, Caelius Sabinus, Javolenus, Valens, Tuscianus, Julianus. Die zerstreuten und zum Teil recht untergeordneten Kontroversen, welche unter diesen Schulen verhandelt wurden,[6]) weisen auf einen einheitlichen Gegensatz der wissenschaftlichen Grundrichtung nicht hin.[7]) Ihr Gegensatz muß also ein äußerer gewesen sein. Wir wissen, daß der Rechtsunterricht jetzt schulmässiger organisiert war als zu zeiten der Republik, und wahrscheinlich hielten die Schulen, ähnlich den Philosophenschulen genossenschaftlich zusammen, und ist die Nacheinanderfolge *(successio)* der als Schulhäupter von Pomponius Genannten auf Vorstandschaft und Lehramt in solcher Genossenschaft zu beziehen.

---

2) Tac. annal. III, 75: incorrupta libertate.

3) Pomp. D. I, 2, 2, 47: ingenii qualitate et fiducia doctrinae, qui et ceteris operis sapientiae operam dederat, plurima innovare instituit.

4) Tac. annal. III, 75: Capitonis obsequium dominantibus magis probabatur. III, 70 sagt ihm Tacitus sogar eine sehr gemeine Handlungsweise nach, ein schändliches Kriechen unter dem Scheine des Freimuts.

5) Pomp. D. I, 2, 2, 47: In his quae ei tradita fuerant perseverabat.

6) Vgl. Gai. I, 196. II, 15. 37. 79. 123. 195. 200. 216 sqq. 231. 244. III, 87. 98. 103. 133. 141. 161. 167a. 168. 177 sq. IV, 78. 79. Lenel, Palingen. II, col. 216. Baviera p. 38 sq.

7) Einen solchen behauptet noch neuerdings Voigt, Rechtsgesch. II S. 222 ff. und in anderer Weise Bremer iurispr. Antehadr. II, 1. 23. 348 sqq.

Der Name Cassiani überwiegt in der klassischen Zeit den der Sabiniani, und Pomponius sagt genau gelesen ganz deutlich,[8]) daß zu der Zeit, da Cassius und Proculus einander gegenüber standen, die Namen Cassiani[9]) und Proculiani aufkamen. Von ihnen sind dann die Schulen mit Recht auf die Lehrer des Proculus: Nerva den Älteren, und des Cassius: Sabinus, zurückdatiert; mit weit zweifelhafterem Recht aber haben sie sich weiter bis auf Labeo und Capito hinaufgerückt. Nach Gajus, der sich oft als Sabinianer bekennt (um 160 n. Chr.), verschwindet der Gegensatz der Schulen. Es ist zu beachten, daß Pomponius bei beiden Schulen die Reihe der Häupter mit mehreren nebeneinander schließt: auf seiten der Proculianer mit Celsus dem Sohn und Neratius Priscus, auf seiten der Sabinianer mit Valens, Tuscianus und Julianus; danach liegt die Annahme nahe, daß beide an inneren Spaltungen zu Grunde gegangen sind.

§ 19.

Die einzelnen Juristen von Labeo bis Julian.

Wir betrachten nun die einzelnen Juristen der klassischen Epoche und zwar in chronologischer Folge, wobei freilich zu beachten ist, daß diese Anordnungsweise zum Teil nur auf Vermutungen gebaut werden und nur ein annähernd der Wahrheit entsprechendes Bild zu erzielen hoffen kann.

1. M. Antistius **Labeo,**[1]) gestorben zwischen 10 und 22 n. Chr., war Prätor, lehnte das Konsulat ab[2]) oder wurde zu Gunsten Capitos davon ausgeschlossen.[3]) Er war Schüler des Trebatius im Anfangsunterricht, hörte aber zahlreiche Lehrer.

---

[8]) D. I, 2, 2, 52.

[9]) Plin. ep. VII, 24, 8 nennt Cassius Cassianae scholae princeps et parens.

[1]) Pernice, M. Antistius Labeo B. 1 (Halle 1873) S. 7 ff. Jörs, Antistius No. 34 in Pauly-Wissowas Realencyklopädie.

[2]) So Pomponius: D. I, 2, 2, 47.

[3]) So Tac. annal. III, 75.

Seine Charakteristik ist bereits oben (§ 18) gegeben. Er war eine geniale Natur von vielseitiger Bildung[4]) aber mit etwas Neigung zum Doktrinarismus.[5]) Er soll je sechs Monate mit seinen Schülern verbracht, sechs Monate geschriftstellert, und 400 Bände hinterlassen haben:[6]) *Ad XII tab. libri, ad ed. praetoris urbani libri* und *ad ed. praet. peregrini libri* (mindestens 30); die Citate aus beiden Werken sind nicht genau zu unterscheiden; *responsor. l.* (mindestens 15); *epistolar. libri; πιϑανά*, von Paulus epitomiert und kritisiert, kasuistischer Natur; *de iure pontificio l.* (mindestens 15); mindestens 40 *libri posteriorum*, nach seinem Tode herausgegeben, von Javolenus bearbeitet. —

2. C. Atejus **Capito,**[7]) Konsul a. 5 n. Chr., gest. 22, Schüler des Ofilius (vergl. über seine Persönlichkeit § 18).[8]) Er schrieb: *Coniectanea*, mindestens 8 B., *de iure pontificio*, mindestens 7 B., *de officio senatorio*, 1 B. (Teil der *coniectanea?*).

3. Fabius Mela wird neben Labeo citiert.[9]) Den Servius Sulpicius benützt er,[10]) Proculus kritisiert ihn.[11])

4. Vitellius schrieb ein Werk, das zuerst Sabinus bearbeitete.[12])

5. Massurius **Sabinus**, das erste Haupt der nach ihm benannten Schule, war von geringer Herkunft, lebte zumeist von den Beiträgen seiner Schüler, trat erst mit ungefähr 50

---

[4]) Gell. XIII, 10: iuris quidem civilis disciplinam principali studio exercuit et consulentibus de iure publice responsitavit, set ceterarum quoque bonarum artium non expers fuit et in grammaticam sese atque dialecticam litterasque antiquiores altioresque penetraverat Latinarumque vocum origines rationesque percalluerat eaque praecipue scientia ad enodandos plerosque iuris laqueos utebatur.

[5]) Das zeigt die Geschichte, die Gell. X, 12 nach einem Brief Capitos von ihm erzählt: Als einst die Volkstribunen ihn vor sich laden ließen, folgte er nicht, sondern ließ ihnen sagen: posse ..., eos venire et prendi se iubere, sed vocandi absentem ius non habere. Das formale Staatsrecht hatte er dabei auf seiner Seite, aber es hatte sich eingebürgert, daß die Tribunen luden und ihre Ladungen befolgt wurden.

[6]) Pomp. D. I, 2, 2, 47.

[7]) Jörs Atejus 8 in Pauly-Wissowas Realencyklopädie.

[8]) D. I, 2, 2, 47. Tac. ann. III, 70. 75. — [9]) Ulp. D. XIX, 2, 13, 8.

[10]) Ulp. D. XXXIII, 9, 3, 10. — [11]) Ulp. D. IX, 2, 11 pr.

[12]) S. jedoch Note 16. — [13]) Pomp. D. I, 2, 2, 48. 50.

Jahren in den Stand der Ritter, erhielt aber als solcher und zwar als erster dieses Standes das *ius respondendi.*[13]) Er schrieb noch unter Nero.[14]) — *Libri tres iuris civilis,* ein einflußreiches, oft kommentiertes Werk,[15]) *ad edict. praet. urbani libri; ad Vitellium libri;*[16]) *responsor. l.* (mindestens 2); *de furtis l. sing.; assessorium,*[17]) auch, wie es scheint, einen Kommentar zur *lex Julia iudiciorum privatorum.*[18])

6. Minicius, vielleicht Schüler des Sabinus,[19]) von Julian kommentiert.

7. M. Coccejus **Nerva der ältere**, das erste Haupt der nachmals s. g. Proculianer, wird als Kenner alles göttlichen und menschlichen Rechts gepriesen.[20]) Er hat das Konsulat bekleidet.[21]) Seit dem Jahre 24 n. Chr. war er *curator aquarum.*[22]) Dem Tiberius stand er als einer der Vertrautesten nahe,[23]) tötete sich aber im Jahre 33 n. Chr. aus Furcht vor schlimmem Ausgang dieser Freundschaft, die ihm die Schäden des Staates so recht aus der Nähe gezeigt hatte.[24])

8. Nerva, der Sohn des vorigen, ebenfalls Pro-

---

14) Nach dem SC. Neronianum. Gai. II, 218.

15) Über das System s. Leist, Versuch einer Geschichte der römischen Rechtssysteme (1850) Taf. I zu S. 44. Voigt, Aelius- und Sabinussystem Abh. d. kgl. sächs. Gesellschaft der Wissensch. XVII(1879)S.319ff. Karlowa I S. 687ff. Krüger S. 151f. Lenel, Palingenesia h. l. Kipp, Krit. Vierteljahresschr. XXXIII (1891) S. 548ff. Lenel, das Sabinussystem, Festschr. f. Ihering, Straßb. 1892, S. 1ff. Kipp, Gött. gelehrte Anzeigen 1895 S. 345ff.

16) Nach Bremer, Jurisprud. Antehadriana II, 1 p. 275 nicht ein Kommentar zum Werk eines Vitellius, sondern ein einem Vitellius gewidmetes Werk. Zustimmend eine Schrift von di Marzo, dagegen mit Recht Baviera, Arch. giur. LXIII (1899) p. 154 sg. Schneider, Krit. Vierteljahresschr. XLIII (1901) S. 228.

17) Ulp. D. XLVII, 10, 5, 8.

18) Gell. XIV, 2, 1. Wlassak, Grünh. Zeitschr. XIX (1892) S. 705ff.

19) D. XII, 1, 22.

20) Tac. annal. VI, 26: omnis divini humanique iuris sciens.

21) Tac. ann. IV, 58. C. J. L. VI, 1539. 9005.

22) Frontin. de aqu. 102.

23) Pomp. D. I, 2, 2, 48. Tiberio Caesari familiarissimus. Tac. annal. VI, 26: continuus principi.

24) Tac. ann. VI, 26 ferebant gnari cogitationum eius, quanto propius mala rei publicae viseret, ira et metu, dum integer dum intemptatus, honestum finem voluisse.

culianer, Prätor designatus a. 65.[25]) Pomponius weiß nichts
Rechtes von ihm zu sagen,[26]) aber nach Ulpian soll er schon
mit 17 Jahren oder wenig älter respondiert haben.[27]) Er
schrieb: *de usucapionibus libri.*

9. Cartilius, von Proculus citiert.[28])

10. **Proculus**, von dem die proculianische Schule den
Namen trägt, Nachfolger Nervas des älteren.[29]) — *Epistolar. l.*
(mindestens 11); *ex posteriorib. Labeonis l.* (mindestens 3),
vielleicht hieraus die vereinzelt angeführten *notae* zu Labeo.[30])

11. Atilicinus, wird neben Nerva und Proculus, auch
neben Sabinus und Cassius genannt.[31]) Bei Proculus fragt er
um Rat.[32])

12. Fulcinius Priscus wird neben Mela und Atilicinus genannt.[33]) Er zieht Folgerungen aus einer Ansicht Labeos;[34])
Neratius citiert ihn.[35])

13. C. **Cassius** Longinus, von dem die sabinianische
Schule den anderen, wahrscheinlich älteren, Namen der Cassianer
trägt (ob. § 18), war durch seine Mutter Enkel Tuberos und
Urenkel des Servius Sulpicius. Er war Konsul a. 30,[36]) Prokonsul
von Asia a. 40/41,[37]) Statthalter von Syrien i. J. 49,[38]) ein
Mann von ausserordentlichem Ansehen.[39]) Unter Nero wurde
er, ein Erblindeter, durch Spruch des Senates nach
Sardinien verbannt, weil er unter seinen Ahnenbildern
das Bild des Cäsarmörders Cassius behalten hatte;[40]) unter
Vespasian wurde er zurückgerufen, ist aber bald darauf
gestorben.[41]) Er schrieb: *iuris civilis l.* (mindestens 10) von

---

25) Tac. ann. XV, 72. — 26) D. I, 2, 2, 52: fuit eodem tempore.

27) D. III, 1, 1, 3. — 28) D. XXVIII, 5, 70 (69).

29) Pomp. D. I, 2, 2, 52. 30) Z. B. Ulp. D. III, 5, 9, 1.

31) Z. B. Paul. D. II, 14, 27 pr. Ulp. D. IV, 8, 21, 9. Paul. D. XVII,
1, 45, 7. Ulp. D. XVII, 2, 52, 18.

32) Proc. D. XXIII, 4, 17. — 33) Paul. D. XXV, 2, 3, 4. XXV, 2, 6 pr.

34) Ulp. D. XXV, 1, 1, 3. — 35) D. XXXIX, 6, 43.

36) Pomp. D. I, 2, 2, 51. C. J. L. X, 1233.

37) Dio Cass. LIX, 29, 3. — 38) Tac. ann. XII, 11.

39) Pomp. 1. c. plurimum in civitate auctoritatis habuit, Tac. ann. XII,
12: ceteros praeminebat peritia legum.

40) Pomp. D. I, 2, 2, 51. 52. Tac. ann. XVI, 9. Suet. Nero 37.

41) Pomp. D. I, 2, 2, 52.

Javolenus bearbeitet; *notae* zu Vitellius oder zu Sabinus *ad Vitellium.*[42])

14. Ein anderer Longinus wird als Proculianer genannt und zwar als Zeitgenosse des Proculus, ihm an Bedeutung nachstehend.[43])

15. Cn. Arulenus Cälius Sabinus war Nachfolger des Cassius in der Vorstandschaft der sabinianischen Schule, Konsul a. 69,[44]) unter Vespasian von großem Einfluß.[45]) *Ad edict. aedil. cur.*[46])

16. Ursejus Ferox steht Cassius und Proculus zeitlich nahe. Er ist öfter der Berichterstatter der Späteren über Ansichten der Genannten.[47]) Julian bearbeitete ein Werk von ihm (unt. 33).

17. Juventius Celsus der ältere war der Nachfolger des Pegasus.[48])

18. Paconius, von Ulpian und von Paulus, vielleicht nach Plautius, angeführt.[49])

19. Plautius, schrieb zwischen Cassius und Proculus, die er citiert,[50]) und Javolenus, der ihn kommentiert, ein von Späteren öfter bearbeitetes Werk.

20. C. Octavius Tidius Tossianus **Javolenus Priscus,** Nachfolger des Cälius Sabinus,[51]) in der zweiten Hälfte des 1. und im Anfang des 2. Jahrhunderts in zahlreichen Ämtern tätig (Kommandeur verschiedener Legionen, Statthalter von Britannien, Germania superior, Syrien, Afrika,[52]) Lehrer Julians.[53]) Vielleicht nur wegen eines empfindlich treffenden Witzes bringt ihn Plinius der Jüngere in den Ver-

---

[42]) D. XXXIII, 7, 12, 27. S. noch Jörs, Cassius 60 in Pauly-Wissowas Realencyklop.

[43]) Pomp. D. I, 2, 2, 52. — [44]) Tac. hist. I, 77.

[45]) Pomp. D. I, 2, 2, 53. — [46]) Gell. IV, 2, 3.

[47]) Paul. D. VII, 4, 10, 5. Ulp. D. IX, 2, 27, 1.

[48]) Pomp. D. I, 2, 2, 53.

[49]) Ulp. D. XIII, 6, 1, 1. Paul. D. XXXVII, 12, 3 pr.

[50]) D. XXXIV, 2, 8. XXXV, 1, 43 pr. — [51]) Pomp. D. I, 2, 2, 53.

[52]) C. J. L. III, 2864. Dessau 1015. 1998. Héron de Villefosse, comptes rendus des séances de l'Acad. des inscr. et belles lettres IV, 22 1894 p. 228 suiv. Kalb, Jahresbericht f. Altertumswissensch. LXXXIX (1896 II) S. 228 f.

[53]) Das sagt Julian selbst D. XL, 2, 5.

dacht, geistig nicht ganz gesund gewesen zu sein; jedenfalls hinderte dies nicht, dass er amtlich tätig war, zu Konsilien zugezogen wurde und respondierte.[54]) Javolenus schrieb: *Epistolar. l. XIV, ex Cassio l. XV, ex Plautio l. V*, zwei Bearbeitungen von Labeos *posteriora*: *Labeonis libri posteriorum a Javoleno epitomati* (mindestens 6 B.) und *Javoleni libri ex posterioribus Labeonis* (10 B.). Daß diese beiden Werke identisch sind, ist nicht wahrscheinlich.[55])

21. Pegasus, Nachfolger des Proculus, unter Vespasian Präfectus urbi.[56])

22. Von Fufidius citiert African (37) ein 2. Buch *quaestionum*, worin auf Atilicinus Bezug genommen wird.[57]) Anderswo lässt Ulpian den Atilicinus von einem Aufidius Chius citiert werden.[58]) Vielleicht ist dieser mit jenem Fufidius[59]) identisch.

23. Varius Lucullus wird von Aristo (24) citiert.[60])

24. Titius **Aristo**, Freund des jüngeren Plinius, der ihn sehr rühmt,[61]) Konsiliar Trajans,[62]) gesucht als Respondent und Advokat.[63]) Notae zu Labeos *posteriora*, zu Sabinus *ad Vitellium*, vielleicht auch zu dessen *libri iuris civilis*; zu Cassius' *libri iuris civilis*, *decreta Frontiana* (zweifelhaften Charakters).

---

54) Plin. ep. VI, 15. Passennus Paulus scribit elegos Is cum recitaret, ita coepit dicere ,Prisce iubes'. Ad hoc Javolenus Priscus (aderat enim ut Paullo amicissimus) ,ego vero non iubeo'. Cogita qui risus hominum qui ioci. Est omnino Priscus dubiae sanitatis. Interest tamen officiis, adhibetur consiliis atque etiam ius civile publice respondet.

55) Für die Identität: Lenel, Palingenesia I col. 299 nota 4. Dagegen: Karlowa I S. 698, Krüger S. 163f. Daß die Kompilatoren, wie Lenel meint, das erste Werk künstlich aus dem zweiten herausgezogen haben, um mit Labeos Namen zu prunken, kommt mir nicht sehr wahrscheinlich vor.

56) Pomp. D. I, 2, 2, 53. — 57) D. XXXIV, 2, 5. — 58) Fr. Vat. 77.

59) Und mit dem von Martialis V, 61, 10 (unter Domitian) genannten Aufidius.

60) D. XLI, 1, 19.

61) Plin. ep. I, 22: Nihil enim est illo gravius, sanctius, doctius . quam peritus ille et privati iuris et publici! quantum rerum, quantum exemplorum, quantum antiquitatis tenet! Nihil est quod discere velis, quod ille docere non possit, cet.

62) Pap. D. XXXVII, 12, 5.

63) Plin. ep. I, 22, 6: multos advocatione, plures consilio iuvat.

25. **Vivianus**, schrieb über das Ediktsrecht, wird von Ulpian nach Celsus angeführt.[64])

26. P. Juventius **Celsus** T i t u s Aufidius Oenus Severianus, Sohn des unter 17 Genannten, Nachfolger seines Vaters im Vorstand der proculianischen Schule,[65]) Prätor im J. 106 oder 107[66]) zum zweiten Male Konsul a. 129,[67]) Konsiliar Hadrians.[68]) — Das Hauptwerk des Celsus sind seine *Digestorum l. XXXIX.* Ferner schrieb er: *epistolar. l.* (mindest. 11), *commentarii* (mindest. 7. B.), quaestiones (mindest. 12 B.). Celsus ist eine der hervorragendsten Erscheinungen der römischen Jurisprudenz, aber derb bis zur Grobheit und, (wie bei dieser Eigenschaft nicht selten) nicht immer im Recht, wenn er grob ist.[69])

27. **Neratius Priscus**, mit Celsus zusammen Vorsteher der proculianischen Schule,[70]) erlangte das Konsulat,[71]) war Konsiliar Trajans[72]) und Hadrians.[73]) Er ist wahrscheinlich identisch mit einem L. Neratius Priscus, der *praefectus aerarii Saturni*, Konsul und Statthalter von Pannonien war.[74]) Er schrieb *Regular. l. XV, responsor. l. III., epistolae*, mindest. 4 B.; *membranarum l. VII*, so wohl deshalb genannt, weil auf Per-

---

64) D. IV, 8, 21, 11. — 65) Pomp. D. I, 2, 2, 53. — 66) Plin. ep. VI, 5, 4.

67) Als solcher beantragte er mit seinen Kollegen das sog. SC. Iuventianum D. D. V, 3, 20, 6, Diocl. C. J. VII, 9, 3, 1. Vgl. Pomp. l. c.

68) Histor. Aug. Hadrian 18, 1.

69) In D. XXVIII, 1, 27 fragt ein gewisser Domitius Labeo bei Celsus an: ob derjenige, der als Testamentsschreiber gebeten sei, aber nach der Niederschrift das Testament mit besiegelt habe, als Zeuge (deren sieben sein müssen) mitzuzählen sei. Celsus antwortet: non intellego quid sit de quo me consulueris aut valide stulta est interogatio tua. plus enim quam ridiculum est dubitare, an aliquis iure testis adhibitus sit, quoniam idem et tabulas testamenti scripserit (Quaestio Domitiana, responsum Celsinum). Und doch konnte die Frage den haltbaren Sinn haben, ob es nicht einen Mangel begründe, daß der Schreiber nicht ausdrücklich als Zeuge gebeten war (vgl. Ulp. D. XXVIII, 1, 21, 2) und es ließ sich auch fragen, ob der, der das Testament niedergeschrieben, der rechte Zeuge dafür sei; denn er muß sich doch selbst die Richtigkeit seiner Niederschrift bezeugen, vgl. H o f m a n n, Kritische Studien (Wien 1885) S. 39 f.

70/71) Pomp. D. I, 2, 2, 53. 72) Pap. D. XXXVII, 12, 5.

73) Hist. Aug. Hadrian. 18, 1.

74) C. I. L. IX, 2454/5 (Dessau 1033. 1034).

gament herausgegeben; dem Inhalt nach dogmatisch-kasuistische Erörterungen; *ex Plautio libri, de nuptiis l. sing.* —

28. Campanus wird von Valens (30) und Pomponius (36) citiert.[75])

29. Oktavenus, ebenso.[76])

30. Aburnius Valens, als Nachfolger des Javolenus im Vorstande der sabinianischen Schule neben Tuscianus (31) und Julianus (32) genannt,[77]) Konsiliar des Antoninus Pius.[78])— *De fideicommissis l. VII.*[79])

31. Tuscianus vgl. Valens (30).

32. Valerius Severus, von Julian citiert.[80])

33. L. Oktavius Cornelius Salvius **Julianus** Aemilianus[81]) war mit Valens (30) und Tuscianus (31) im Vorstande der sabinianischen Rechtsschule.[82]) Über sein Leben hat eine 1899 in Afrika im Gebiete seiner Heimat[83]) Hadrumetum gefundene Inschrift[84]) einer ihm von jener Stadt gesetzten Bildsäule ungeahntes Licht verbreitet. Julian war *decemvir litibus iudicandis, quaestor Augusti* unter Hadrian und zwar wegen seiner großen Gelehrsamkeit mit doppeltem Gehalt, Konsiliar Hadrians,[85]) Volkstribun, Prätor,[86]) *praefectus acrarii Saturni* und *aerarii militaris,* Konsul[87]) und zwar im

---

75) Valens D. XXXVIII, 1, 57. Pomp. D. XL, 5, 34, 1.

76) Valens D. XXXVI, 1, 69 (67) pr. Pomp. D. XIX, 1, 55.

77) Pomp. D. I, 2, 2, 53. 78) Hist. Aug. Pius 12, 1.

79) Valens libro VII actionum, D. XXXVI, 4, 15, ist wohl irrig für Venulejus. 80) D. III, 5, 29 (30).

81) Buhl, Salvius Julianus B. I (Heidelb. 1886). Mommsen Zeitschr. der Sav.-Stift. XXIII (1902) S. 54 ff.

82) Pomp. D. I, 2, 2, 53. 83) Hist. Aug. Did. Jul. 1.

84) Mommsen, a. a. O. S. 54. Sie lautet (unter Auflösung der Abkürzungen): L. Octavio Cornelio P. F. Salvio Juliano Aemiliano, decemviro, quaestori imperatoris Hadriani, cui divos Hadrianus soli salarium quaesturae duplicavit propter insignem doctrinam, tribuno plebis, praetori, praefecto aerarii Saturni, item militaris, consuli, pontifici, sodali Hadrianali, sodali Antoniniano, curatori aedium sacrarum, legato imperatoris Antonini Augusti Pii Germaniae inferioris, legato imperatoris Antonini Augusti et Veri Augusti Hispaniae citerioris, Proconsuli provinciae Africae, patrono, decreto decurionum pecunia publica.

85) Hist. Aug. Hadrian. 18, 1 die Inschrift Anm. 84 erwähnt das nicht.

86/87) S. auch Jul. D. XL, 2, 5.

J. 148 n. Chr.,[88]) Priester der Gott gewordenen Kaiser Hadrian und Antoninus Pius, *curator aedium sacrarum*,[89]) Statthalter von Untergermanien unter Antoninus Pius,[90]) unter M. Aurel und L. Verus Statthalter von Hispania citerior, endlich Prokonsul von Afrika. Er war Großvater des Kaisers Didius Julianus, und nach dessen Biographie[91]) ist Julian später noch einmal Konsul und Präfektus urbi gewesen; diese Nachricht ist aber von zweifelhaftem Wert.[92]) Julian starb unter der Herrschaft der *divi fratres* (M. Aurel und L. Verus).[93]) Als Jurist war er Schüler des Javolenus (20).[94]) Er ist der berühmte Redaktor des prätorischen Edikts (ob. S. 50), bei Zeitgenossen wie Späteren mit Recht in höchstem Ansehen. Sein bedeutendstes Werk sind *digestorum libri XC*, geschrieben unter Hadrian und Antoninus Pius. Der Anfang fällt vor das Jahr 129[95]). Andere Werke Julians sind: *ad Urseium l. IV., ad Minicium libri*[96]) *de ambiguitatibus l. sing.* (über Auslegung unklarer Willenserklärungen).

34. Sex. Pedius ist etwa Zeitgenosse Julians,[97]) — er schrieb *ad edict. praetoris* und *aedil. cur.* (über 25 B.), *de stipulationibus libri.*

35. Pactumejus Clemens, Konsul a. 138,[98]) von Pomponius citiert.[99])

---

88) Mommsen a. a. O. S. 57. 89) S. auch C. J. L. VI, 855.

90) S. noch Mommsen S. 58 Anm. 4. 91) Hist. Aug. Did. Jul. 1.

92) Mommsen a. a. O. S. 59 f.

93) Gai. II, 280 (unter den divi fratres) sagt: scio tamen Juliano placuisse .... quam sententiam et his temporibus magis obtinere video. Als dies geschrieben wurde, muß Julian doch schon längere Zeit tot gewesen sein. Jetzt macht Mommsen a. a. O. auf ein Reskript der divi fratres (D. XXXVII, 14, 17) aufmerksam, worin diese Kaiser sagen: sed et Salvii Juliani amici nostri clarissimi viri hanc sententiam fuisse. 94) Jul. D. XL, 2, 5.

95) Da Julian in D. V, 3, 33, 1 (wahrscheinlich libro VI) das SC. Juventianum noch nicht kennt.

96) Riccobono Bull. dell' istituto di dir. Rom. VII (1894), p. 225 sq. VIII (1895) p. 169 sq.

97) Trotz Lenel's Widerspruch (Palingen. II col. 1 nota 1) scheint uns mit Krüger S. 172 zu 79 nach Paul. D. IV, 8, 32, 16 wahrscheinlich, daß Pedius das Edikt später als Julian commentierte.

98) Auch sonst reich an Ämtern: C. I. L. VIII, 7059, aber als Jurist nicht weiter bekannt. 99) D. XL, 7, 21, 1.

§ 20.

Die Juristen von Pomponius bis Marcellus.

36. Sex. **Pomponius**, Sabinianer,[1]) schrieb in der Zeit von Hadrian[2]) bis zu den *divi fratres*,[3]) ein fleißiger Verarbeiter der Literatur. — Seinem *liber singularis enchiridii*, unter Hadrian,[4]) entstammt die wichtige, auch in diesem Buch oft benutzte, leider arg verderbte Übersicht der römischen Rechtsgeschichte in D. I, 2, 2. — Daneben stehen *enchiridii libri II.* Ferner schrieb Pomponius *ad Sabinum l. XXXV* oder *XXXVI*, unter Hadrian,[5]) *ad Q. Mucium l. XXXIX*, nach dem Tode Hadrians,[6]) *ex Plautio l. VII*, ebenfalls nach Hadrian, vielleicht sogar nach Antoninus Pius[7]) *epistolar. l. XX*, nach Pius[8]), ferner einen Kommentar zum prätorischen und ädilicischen Edikt, der im 81. Buch nicht weit über die Mitte ist, *variarum lectionum l.*, mindest. 41, *regular. l. sing.*, *de senatus consultis l. V*, *de stipulationib.*, mindest. 8 B., *de fideicommiss. l. V.*

---

[1]) Sicher wissen wir das allerdings nicht. Daß Pomp. D. XLV, 3, 39 mit Gaius noster C. Cassius als das berühmte Haupt der cassianischen Schule bezeichnet, der er somit sich zurechnet, wäre äußerst wahrscheinlich, wenn nicht noch wahrscheinlicher wäre (Lenel, Paling. II col. 72 nota 4, Seckel und Kübler in der Vorrede ihrer Ausgabe des Gajus p. III), daß der fragliche Passus von den Kompilatoren Justinians herrührt, die ihren geliebten Gajus (88) gemeint haben.

[2]) Optimus princeps Hadrianus bei Pomp. D. I, 2, 2, 49 weist darauf hin, daß der Kaiser damals noch lebte (nicht divus!).

[3]) Divus Antoninus bei Pomp. l. sexto epistolar. et variar. lectionum D. L, 12, 14 geht auf Antoninus Pius.

[4]) S. Anm. 2.

[5]) Trajan heißt divus D. XLVIII, 22, 1. Julian wird nicht angeführt, citiert aber seinerseits im XXXV. Buch seiner Digesten eine Ansicht des Pomponius, die im 5. Buch ad Sab. stand. Vat. fr. 88. 89. D. VII, 2, 8, VII, 8, 4, 1. VII, 8, 7. 8, 1.

[6]) Pomp. D. VII, 8, 22.

[7]) D. XL, 7, 21 nennt Antoninus Pius als regierenden Kaiser, aber aus dem Munde des Pactumejus Clemens, also kann Pomponius die Stelle auch nach dem Tode des Pius geschrieben haben. Karlowa I S. 717.

[8]) Pomp. D. L, 12, 14 i. f.   [9]) Ulp. D. XXV, 3, 3, 4.

37. Sex. Cäcilius **Africanus,**[9]) Schüler Julians, berühmt durch die Schwierigkeit des Verständnisses seiner Schriften. Seine *Quaestiones*, 9 B., enthalten größtenteils julianische Entscheidungen mit kritischen Bemerkungen. Einmal wird auch ein Werk *epistolae* in mindestens 10 Büchern von Africanus erwähnt.[10])

38. **Gajus,** geboren spätestens unter Hadrian,[11]) schrieb von der Zeit des Antoninus Pius[12]) an, bis mindestens zum Jahre 178, da er das diesem Jahre angehörige SC. Orphitianum kennt.[13]) Zeitgenossen und spätere Klassiker citieren ihn nicht;[14]) Responsen von ihm sind nicht bekannt; er war wohl ausschließlich Lehrer und Schriftsteller und hatte das *ius respondendi* nicht. In der Folge gelangte er jedoch zu großem Ansehen.[15]) Man hat seine eigentümliche Stellung daraus zu erklären gesucht, dass er ein „Provinzial-Jurist" gewesen sei, in einer östlichen Provinz gelebt und gelehrt habe, oder doch in Rom an einer für Provinzialen bestimmten Rechtsschule tätig gewesen sei.[16]) Man beruft sich für diese Annahmen

---

10) Ulp. D. XXX, 39 pr. Ist die Stelle in Ordnung? Es ist immerhin höchst auffallend, daß während sonst Africanus Referent über Ansichten Julians ist, in diesem einzigen Falle ein sonst ganz verschollenes Werk des Africanus auftritt, das Julian benutzt haben müßte. Denn die Erklärung von K a r l o w a I S. 714: Africanus apud Julianum quaerit = African berichtet einen Satz Julians und knüpft daran eine Frage, halte ich für unmöglich.

11) Gai. D. XXXIV, 5, 7 pr. beweist das freilich nur, wenn nostra aetate genau zu nehmen ist, was nicht unbedingt feststeht. Aber der Mann, der um 161 n. Chr. seine Institutionen schrieb und schon vorher ein Werk ad Q. Mucium und eins ad edictum geschrieben hatte (Gai. I, 188), wird doch mit seiner Jugend in die Regierungszeit Hadrians zurückreichen.

12) S. unt. Anm. 23. 28 ff.   13) S. unt. Anm. 22. 23.

14) Ulpians l. sing. regularum weist viel Ähnlichkeit mit Gajus auf. K a l b, Roms Juristen S. 77 erklärt das daraus, daß beide eine gemeinschaftliche Quelle benutzt haben, aber ebenso möglich bleibt doch, daß Ulpian den Gajus benutzt hat, der freilich in der uns vorliegenden Fassung des Ulpianischen Buchs nicht genannt wird. Vgl. M i t t e i s, Reichsrecht und Volksrecht S. 147 Anm. 4. G r u p e, Zeitschr. d. Sav.-Stift. XX (1899) S. 90 ff. Dagegen freilich wieder K a l b, Jahresbericht f. Altertumswiss. CIX (1901 II) S. 88 f.

15) S. unt. § 22. 27.

16) M o m m s e n, Jahrb. des gem. R. III (1859), S. 1 ff. nimmt an, daß Gajus in der Provinz Asia lebte. S. ferner B r e m e r, Rechtslehrer in Rechtsschulen S. 77 ff. K u n t z e, der Provinzialjurist Gajus wissenschaftlich abge-

darauf, daß Gajus das Provinzialedikt kommentiert und auch in seinen Institutionen die provinzialen Rechtsverhältnisse, und zwar der östlichen Reichsteile, berücksichtigt. Da er aber als eifriger Sabinianer auftritt, so ist er sicher zu Rom in der sabinianischen Rechtsschule gebildet. Es ist auch anzunehmen, daß er in Rom lehrte; denn die Berücksichtigung des Provinzialrechts in seinen Institutionen ist vereinzelt und dient dem Zweck, römische Rechtsinstitute durch den Gegensatz schärfer hervorzuheben;[17]) ein ernsthaftes Eingehen auf die Bedürfnisse der Provinzialen findet sich nicht. Der Kommentar zum Provinzialedikt kann auch in Rom für Statthalter und sonstige mit der Provinzialjurisdiktion Befaßte geschrieben sein.[18])

Ein anderer Versuch zur Lösung des Rätsels, das unleugbar über der Person des Gajus schwebt, ist folgender: Alles was unter dem Namen des Gajus vorliegt, sind ursprünglich Werke des C. Cassius, des Hauptes der Cassianer und von einem Anonymus um 161 nur unter dem alten Verfassernamen bearbeitet.[19]) Diese Hypothese, die man, wie so viele, nicht streng widerlegen kann, ist sehr unwahrscheinlich. Der berühmte Cassius wird regelmäßig von den Klassikern als Cassius oder als C. Cassius citiert, nur selten als Gajus.[20]) Seine

---

schätzt. Leipziger Programm 1883. Kalb, Roms Juristen S. 73 ff. Jahresbericht für d. Altertumswissenschaft LXXXIX (1896) S. 231. 233. Mitteis, Reichsrecht und Volksrecht S. 147; die Annahme, daß Gajus zwar in Rom, aber in einer für Provinzialen bestimmten Rechtsschule tätig war, stammt von Karlowa, I S. 722. Es ist aber sehr unwahrscheinlich, daß es dergleichen Sonderschulen gab. S. auch Seckel u. Kübler (Anm. 1) p. III sq. Lenel in Holtz. Enc. S. 137 Anm. 3. [17]) I, 55. I, 193.

[18]) Vgl. Krüger S. 191. Wlassak, römische Prozeßgesetze II Leipzig 1891 S. 224 ff.

[19]) S. Kalb, Jahresber. für Altertumswiss. LXXXIX (1896 II) S. 232. CIX (1901 II) S. 40. Nur in dieser Fassung ist die Sache diskutabel. Die Ansicht Longinescus, Gajus der Rechtsgelehrte (Berl. Diss.) 1896, daß Gajus identisch mit C. Cassius sei (S. 62 ff.) ist ganz indiskutabel. Siehe dagegen Herzen, die Identität des Gajus, Zeitschr. d. Sav.-Stift. XX (1899) S. 211.

[20]) So zuweilen bei Javolenus ex Cassio, z. B. D. XLVI, 3, 78, bei Julian ad Urseium Ferocem. D. XXIV, 3, 59. Pomp. D. XLV, 3, 39 Gaius noster ist der Interpolation dringend verdächtig. Lenel, Palingen. II col. 72 nota 4.

Schule hieß die der Cassianer und nicht der Gajaner. Es wäre also sonderbar, wenn ein Neuherausgeber seiner Werke sie nicht als solche des Cassius, sondern des Gajus bezeichnet hätte. Dazu kommt, daß in den Institutionen des Gajus wie in dessen sonstigen Schriften[21]) Cassius oft als Fremder und zwar als Cassius citiert wird. Dies kann freilich bei einem Bearbeiter unter Umständen vorkommen, aber warum hätte der Bearbeiter im Text immer einen andern Namen gebraucht als den, den er auf das Titelblatt gesetzt haben soll? Der Ediktskommentar des Gajus beruht auf dem hadrianisch-julianischen Edikt, was nicht ausschließt, aber doch recht unwahrscheinlich macht, daß er eine Bearbeitung eines Werks des C. Cassius ist. Gajus schrieb nach zwei Stellen der Digesten[22]) *ad SC. Tertullianum* unter Hadrian und *ad SC. Orphitianum* (a. 178 n. Chr.), Werke, die nicht von Cassius stammen können. Dies ist nur deshalb kein ganz entscheidender Beweis, weil die Inskriptionen der beiden Stellen nicht absolut sicher sind.[23]) Endlich aber woher die unerklärliche Anonymität des Bearbeiters? Dieser soll doch vieles Neue hinzugefügt haben. Warum nennt er sich nie, wie doch so viele der römischen Juristen, die die Werke anderer bearbeiteten? Bleiben wir also dabei, daß Gajus der Name eines Juristen des zweiten Jahrhunderts ist. Er war keiner der hervorragenden Geister, aber ausgezeichnet durch Glätte und Verständlichkeit seiner Darstellung.

Seine *institutionum commentarii quattuor*, geschrieben um 161 n. Chr., der Anfang noch unter Antoninus Pius,[24]) der Schluß schon unter den *divi fratres*,[25]) sind das einzige uns fast vollständig erhaltene Werk eines klassischen Juristen. Daß sie ein nachgeschriebenes Kollegienheft seien,[26]) ist ihrer treff-

---

21) Ad ed. prov. D. II, 1, 11 pr. IX, 4, 15. XIII, 3, 4. XVI, 3, 14, 1. XVIII, 1, 35, 5, de manumiss. D. XL, 4, 57, de verb. obl. D. XLV, 3, 28, 4.

22) D. XXXVIII, 17, 8. 9.

23) Voran geht (D. XXXVIII, 17, 7). Paul. ad SC. Tertull. et Orphit. Danach wird behauptet, daß auch fr. 8 und fr. 9 von Paulus seien. Aber in Bas. XLV, 1, 33 = D. XXXVIII, 17, 18 steht auch Gajus; die Verderbnis müßte also sehr alt sein.

24) Gai. II, 151 a. 25) Gai. II, 195.

26) Dernburg, die Institutionen des Gajus, ein Kollegienheft aus dem Jahre 161 n. Chr. Geb. Halle 1869.

lichen Fassung wegen unwahrscheinlich.[27]) Außer den Institutionen schrieb Gajus: *ex Q. Mucio libri* unter Pius;[28]) *ad edict. provinciale l. XXXII*, die beiden letzten B. vom ädilicischen Edikt; *ad edict. urbicum*, wovon nur 10 Bücher auf Justinians Zeit kamen.[29]) Mindestens einer der beiden Ediktskommentare ist vor den Institutionen geschrieben.[30]) Nach Pius sind vollendet: *ad leg. Juliam et Papiam l. XV*[31]) und *fideicommissor. l. II,*[32]) *ad SC. Orphitian. l. sing.*, frühestens a. 178. Fernere Werke: *ad leg. XII tabular. l. VI, rerum cottidianarum l. VII,* wohl erst später aurea genannt, Sammlung alltäglich vorkommender Rechtssätze; *regular. l. III* und *l. sing., de manumissionib. l. III, de verborum obligationib. l. III, de formula hypothecaria l. sing., ad. SC. Tertullianum l. sing., de tacitis fideicommissis l. sing., de casibus l. sing., dotalicion l. sing., ad leg. Glitiam (?) l. sing.*

39. Servilius, von Terentius Clemens (40) citiert.[33])

---

27) Daß Gajus ältere Literatur benutzt hat, ist selbstverständlich. Es geht aus seinen Citaten hervor, und auch wo er nicht citiert, wird er oft ältere Schriften benutzt haben; denn das ist in der antiken Literatur nicht ungewöhnlich. Ob das aber so weit geht, daß man sagen darf, er habe einen alten Grundstock nur leicht überarbeitet, ist doch höchst zweifelhaft. Für jene Annahme namentlich Kniep, vacua possessio I (1885) S. 461 ff. Präscriptio und Pactum (Jena 1891) S. 14 ff. Der Besitz des BGB. gegenübergestellt dem römischen und gemeinen Recht (Jena 1900) S. 26 ff. Kalb, Jahresbericht für Altertumswissenschaft LXXXIX (1896 II) S. 231 f. CIX. (1901 II) S. 40, vgl. auch denselben Roms Juristen S. 88 ff. Eine andere Frage ist, ob Gajus sein System (ius quod pertinet ad personas, ad res, ad actiones) erfunden hat. Affolter, das römische Institutionensystem Einleit. Thl. Berl. 1897 führt dieses System auf Q. Mucius Scävola zurück. Jedenfalls ist es sehr möglich, daß Gajus sich einem vorhandenen System anpaßte. Lehrbuchsysteme sind ja auch bei uns tralaticisch, die wir auf Selbständigkeit des Inhalts, der ihnen gegeben wird, mehr sehen als die Alten.

28) Gai. I, 188.

29) Ad edictum urbicum τὰ μόνα εὑρεθέντα βιβλία δέκα (Index Florent.).

30) Über den Kommentar zum Provinzialedikt s. v. Velsen, Zeitschr. d. Sav.-Stift. XXI (1900) S. 73 ff. (vergl. ob. S. 47 Anm. 12), dagegen Kalb, Jahresber. f. Altertumswiss. CIX (1901 II) S. 42 ff.

31) Gai. D. XXXI, 56. 32) Gai. D. XXXV, 1, 90. XXXII, 96.

33) D. XXXVII, 14, 10.

40. Terentius Clemens, Schüler Julians,[84]) schrieb *ad leg. Jul. et Pap. l. XX.*

41. Vindius Verus, Konsul a. 138, Konsiliar des Pius,[85]) konsultiert Julian;[86]) Mäcian (44) citiert ihn.[87])

42. Junius Mauricianus, unter Antoninus Pius,[88]) schrieb *ad legem Julian et Papiam l. VI.* Aus einem Werk von ihm *de poenis* soll nach der Inskription eine Stelle in den Digesten stammen;[89]) der Jndex Florentinus (§ 28) kennt dieses Werk aber nicht.

43. Venulejus Saturninus schrieb: *de officio proconsulis l. IV, de iudiciis public. l. III* (beide nach dem Tode Hadrians),[40]) *actionum l. X, de interdictis l. VI, de stipulationibus l. XIX,* vielleicht auch *disputationum libri,*[41]) *De poenis paganorum* schrieb ein Claudius Saturninus;[42]) ob dieser mit Venulejus Saturninus identisch ist, ist zweifelhaft.[48]) Es gibt noch einen dritten, von dem wir nicht wissen, wie er zu den beiden vorigen steht: Q. Saturninus, von dem Ulpian[44]) ein 10. Buch

---

84) Ter. Clem. D. XXVIII, 6, 6: Julianus noster.

85) Hist. Aug. Pius 12, 1. 36) Fr. Vat. 77. 87) D. XXXV, 2, 32, 4: Vindius noster.

88) Den er D. XXXI, 57 imperator Antoninus nennt.

89) D. II, 13, 3.

40) Venul. libr. I de off. proc. D. XL, 14, 2. XLVIII, 19, 15, libr. II de iud. publ. D. XLVIII, 2, 12, 1.

41) Wenn nicht D. XLVI, 7, 18 stipulationum statt disputationum zu lesen ist.

42) D. XLVIII, 19, 16.

48) Der Index Florentinus (§ 28) legt das Werk de poenis paganorum dem Venulejus Saturninus bei; aber dieser Index ist nicht immer zuverlässig. In zwei unmittelbar auf einander folgenden Stellen der Digesten (XLXIII 19, 15. 16) stoßen Venulejus und Claudius so auf einander, daß es schwer ist, an ihre Identität zu glauben. Kalb, Roms Juristen S. 26, macht geltend, daß Claudius Saturninus den Sprachgebrauch poena plecti hat (D. XLVIII, 19, 16, 4), den frühere Juristen (so auch Venulejus) vermeiden. Auch die Wendung: sceleris est instar bei Claudius Saturninus (D. XLVIII 19, 16 pr.) weist nach Kalb darauf hin, daß Claudius Saturninus frühestens ein Zeitgenosse Papinians war. Ist das so, dann muß der Claudius Saturninus, an den Hadrian (Fr. Vat. 223) und Antoninus Pius reskribierten (Marci. D. XX, 3, 1, 3, L, 7, 3 (4) pr.), und dessen Urteil (als er Prätor war) die divi fratres in D. XVII, 1, 6, 7 aufhoben, wieder ein anderer gewesen sein.

44) D. XXXIV, 2, 19, 7.

ad edictum anführt, und der bei demselben[45]) einer Ansicht des Marcellus zustimmt. Venulejus Saturninus citiert einmal:[46]) *Sabinus Proculus autem et ceteri diversae scholae auctores* aber er tritt der Ansicht des Proculus bei und konnte jene Gegenüberstellung auch vornehmen, ohne seinerseits sich zu den Sabinianern zu rechnen.[47]) Jedenfalls ist diesseits von Venulejus Saturninus die letzte Spur des Schulengegensatzes verschwunden.

44. Volusius Mäcianus, Konsiliar des Pius,[48]) Rechtslehrer M. Aurels,[49]) vielleicht unter Pius Präfectus Ägypti[50]) auch Konsiliar der *divi fratres,*[51]) schrieb *Quaestionum de fideicommiss. l. XVI, de iudiciis publicis l. XIV, de lege Rhodia.* Seine *assis distributio,* M. Aurel gewidmet, ist eine Darstellung der üblichen Einteilungen eines Ganzen mit Namen und Zeichen der Teile, wie sie bei Erbeseinsetzung und sonst vorkommt; also ein halbjuristisches Werk.

45. Florentinus schrieb nach Pius [52])*institutionum l. XII.*

46. Laelius Felix, von Gellius (um 170) citiert und wohl derselbe, den Paulus als Laelius anführt.[53])

47. Papirius Justus, *constitutionum libri XX,* Konstitutionen von den *divi fratres* und M. Aurel allein[54]) enthaltend.

48. Publicius wird von Marcellus angeführt.[55])

49. Ulpius **Marcellus,** Konsiliar von Pius[56]) und M. Aurel,[57])

---

45) D. XII, 2, 18, 5. — 46) D. XLV, 1, 188.

47) Anders wäre es, wenn er von diversae scholae auctores spräche, ohne zuvor den Sabinus genannt zu haben.

48) Hist. Aug. Pius 12, 1. — 49) Hist. Aug. Marc. Aur. 3, 6.

50) Urkunden aus den Berliner Museen II No. 613. P. Meyer, Hermes XXXII (1897) S. 222 ff. Stein das. 663 ff. Archiv f. Papyrusforschung I (1901) 447 ff.

51) Reskript der divi fratres D. XXXVII, 14, 17: Volusius Maecianus amicus noster ut et iuris civilis praeter veterem et bene fundatam peritiam anxie diligens. 52) D. XLI, 1, 16 (Divus Pius).

53) Gell. XV, 27. Paul. D. V, 3, 43. V, 4, 3.

54) So unter den überlieferten nur eine, die einzige des 8. Buchs. Die sonst erhaltenen gehören dem 1. und 2. Buch an und sind sämtlich von den divi fratres.

55) D. XXXI, 50, 2. — 56) Hist. Aug. Pius 12, 1.

57) D. XXVIII, 4, 3 pr. berichtet er (l. XXIX dig.) selbst über eine Verhandlung des Kaisergerichts aus dem Jahre 166 n. Chr.

einer der Besten, scharfsinnig und klar. — *Digestorum l. XXXI*
(unter M. Aurel und L. Verus)[58]) *notae ad Jul. di esta* und *ad
Pompon. regulas, ad leg. Jul. et Pap. l. VI, de officio consulis
libri, responsorum l. sing.* — Eine Stelle in den Digesten[59])
stammt nach der Inskription aus einem Werk des Marcellus
de publicis iudiciis. Sie wird aber wohl richtiger dem gleich-
namigen Werk Marcians (65) zuzuschreiben sein. Ebenso wird
die einzige Stelle, welche angeblich des Marcellus Werk *de
officio praesidis* angehört,[60]) dem so betitelten Werk Macers
(66) entstammen.

§ 21.

Die Juristen von Scävola bis zum Ausgang der
klassischen Zeit.

50. Q. Cervidius **Scävola,** Konsiliar M. Aurels,[1]) Lehrer
von[2]) Tryphonin (53)[3]) und Paulus (62),[4]) in seinen Bescheiden
auffallend kurz. Sein Hauptwerk sind *Digestorum l. XL*, vollendet nach Erlaß des SC. Orphitianum a. 178,[5]) aber vor
dem Tode M. Aurels (a. 180),[6]) ferner schrieb er *quaestionum
l. XX* (nicht vor der Mitregentschaft von M. Aurel und Commodus),[7]) *responsorum l. IV* (wie es scheint, unter Septimius
Severus),[8]) *notae ad Juliani* und *Marcelli digesta, quaestionum*

---

[58]) Marcell. l. III digestor. D. IV, 1, 7 pr.: Divus Antoninus (Pius);
s. auch Anm. 45.

[59]) D. III, 2, 22.   [60]) D. IV, 4, 43.

[1]) Hist. Aug. Marc. Aur. 11, 10.   [2]) Ob auch Papinians? S. Anm. 10.

[3]) Tryph. D. XX, 5, 12, 1. XLIX, 17, 19 pr. Scaevola noster.

[4]) Paul. D. III, 5, 18, 1.   IV, 4, 24, 2.   XII, 14, 27, 2: Scaevola noster.

[5]) Im neunten Buch kennt er das Erbrecht der Kinder am Vermögen
der Mutter, wie es durch das SC. Orphitianum a. 178 eingeführt ist. D. XXII,
3, 29, 1.

[6]) In D. XVIII, 7, 10 trägt Tryphonin eine dem Scävola unbekannte
Entscheidung des Kaisers Marcus nach.

[7]) Die Constitutio Marci et Commodi ad Aufidium Victorinum (C. I. IV,
57, 2) hat Scävola im 14. Buch der Quästionen besprochen (Ulp. D. IV, 4, 11, 1).

[8]) Dies wird daraus gefolgert, daß D. XXVI, 7, 47, 4 vom Präfectus

publice tractatarum l. sing., regularum l. IV und *de quaestione familiae l. sing.*

51. Tarruntenus Paternus, Präfectus Prätorio, unter Commodus hingerichtet,[9]) schrieb *de re militari.*

52. Ämilius **Papinianus**,[10]) Magister Libellorum,[11]) von a. 203 an Präfectus Prätorio.[12]) Caracalla ließ ihn a. 212 hinrichten, weil er in der einen oder andren Weise dessen an Geta begangenen Mord mißbilligt hatte.[12a]) Die Späteren feiern ihn als den größten der römischen Juristen, und jedenfalls ist er einer der allerersten; nur Julian ist man heute geneigt, über Papinian zu stellen. — *Quaestionum l. XXXVII,* unter Septimius Severus[13]) *responsorum l. XIX,* begonnen unter Severus und Caracalla,[14]) vollendet vielleicht erst unter Caracallas Alleinherrschaft,[15]) *definitionum l. II, de adulteriis l. II* und *l. sing., ἀστυνομικός μονόβιβλος.*

legionis spricht, ein Titel, den erst Septimius Severus eingeführt haben soll. Hirschfeld, Hermes XII (1877) S. 142f. Die Beweise dafür, daß Scävola in den Responsen das SC. v. 195 über die Veräußerung von Mündelgut nicht kennt (D. IV, 4, 47, D. XXVI, 7, 47, 4; Lenel Paling. II col. 287 sq. nota 6), scheinen mir nicht recht zwingend.

9) Dio Cass. LXXI, 33. LXXII, 5. Hist. Aug. Commod. 4, 2.

10) Leipold, über die Sprache des Juristen Ämilius Papinianus. Erl. Diss. 1891, dazu Kalb, Jahresber. f. Altertumswiss. LXXXIX (1896 II) S. 234f. Wölfflin, Krit. Vierteljahresschr. XXXIV (1892) S. 9 ff. Costa, Papiniano, 1 voll. Brl. 1894—1899 gibt I, p. 3—49 die Biographie. Daß Papinian Schüler Scävolas gemeinschaftlich mit dem späteren Kaiser Septimius Severus gewesen und diesem als advocatus fisci im Amte nachgefolgt sei, ist sehr möglich, steht aber Hist. Aug. Carac. 8, 3 nur von der Hand eines späten Interpolators Mommsen, Zeitschr. der Sav.-Stift. XI (1890) S. 30ff. Daß Papinian aus Afrika stammt, hat Kalb, Roms Juristen S. 111 ff. aus sprachlichen Erwägungen höchst wahrscheinlich gemacht; dagegen freilich E. Th. Schulze, Zeitschrift d. Sav.-Stift. XII (1892), S. 124ff.

11) Tryph. D. XX, 5, 12 pr.

12) S. Paul. D. XII, 1, 40 eine Verhandlung in seinem Gerichtshof; über die Zeitbestimmung vgl. Krüger S. 198 Anm. 6.

12a) Hist. Aug. Carac. 8, Sever. 21, 8.

13) Nach Marcus und Commodus: D. XXXI, 64. Nach Commodus: D. XXII, 3, 26. Unter Septimius Severus: D. XXII, 1, 6, 1. L, 5, 7.

14) S. z. B. D. XXVII, 1, 30 pr. XXXIV, 9, 16, 1. XXXI, 78, 1.

15) D. XXXIV, 9, 18 (libr. XV resp.) nennt Severus schon divus, aber vielleicht ist das in Wahrheit Note eines Kommentators Papinians.

53. Claudius Tryphoninus, Konsiliar des Septim. Severus,[16]) Schüler Scävolas, schrieb *notae* zu dessen *digesta*; *disputation. l. XXI* unter Caracalla.[17])

54. Messius, Konsiliar des Severus.[18])

55. Papirius Fronto *(responsa)* von Callistratus citiert.[19]).

56. Callistratus, Grieche, nimmt auf die Verhältnisse der hellenistischen Reichsteile viel Rücksicht, schreibt unvollkommenes Latein. — *Quaestionum l. VI* und *de iure fisci et populi l. IV*, unter Sept. Severus,[20]) *de cognitionib. l. VI*, unter Severus und Carac.,[21]) *institution. l. III, ad edictum monitorium l. VI* (das letzte Wort des Titels unklar).

57. Arrius Menander, Konsiliar von Severus und Caracalla.[22]) — *De re militari l. IV.*

58. Tertullianus schrieb *de castrensi peculio l. sing.*, unter oder nach Septim. Severus,[23]) *quaestion. l. VIII*, dem Ulpian unter Caracalla bekannt.[24]) Ob der genannte Jurist mit dem Kirchenvater Tertullianus identisch ist, ist zweifelhaft.[25]) Unwahrscheinlich ist es durchaus nicht. Die Zeiten stimmen. Der Kirchenvater lebte etwa 150—250[26]) und war notorisch der römischen Rechte gelehrt.[27]) Daß er, Christ geworden, die

---

[16]) Paul. D. XLIX, 14, 50: der Kaiser befolgt in einem Urteil den Rat Tryphonins.

[17]) S. z. B. D. XXVII, 1, 44 pr. D. XLIX, 15, 12, 17. Scialoja, Bull. dell' istit. di dir. Rom. I (1888) p. 228 sq.

[18]) D. XLIX, 14, 50. [19]) z. B. D. L, 16, 220, 1.

[20]) D. I, 3, 88. D. XLIX, 14, 2, 6.

[21]) D. I, 19, 3. [22]) Ulp. D. IV, 4, 11. 2.

[23]) Er gibt dem peculium castrense einen Inhalt (D. XLIX, 17, 4 pr.), den es erst unter Severus erhalten zu haben scheint. Fitting, peculium castrense S. 36 f. [24]) D. XXIX, 2, 30, 6.

[25]) Dagegen Krüger S. 203 Anm. 99. Lenel, Paling. II, Col. 341 nota 1. Dafür Teuffel-Schwabe § 372. Harnack Sitzungsberichte der Berl. Akademie 1895 XXIX S. 550 Anm. 1. Auf das Argument Harnacks, daß der Jurist Tertullian de castrensi peculio schrieb, der Vater des Theologen aber Centurio war und der Theologe eine gewisse Vertrautheit mit militärischen Dingen zeigt, ist wohl nicht viel zu geben. Übrigens hält Harnack selbst Zweifel nicht für ausgeschlossen. Voigt, Rechtsgesch. II S. 257.

[26]) Teuffel-Schwabe §. 878.

[27]) Euseb. hist. eccl. II, 2, 4; auch Tertullians Schriften zeugen davon.

Christenverfolger kurzsichtig, befangen, ja sophistisch be-
fehdet,[28]) schließt nicht aus, daß er ein tüchtiger Jurist war.

59. Claudius Saturninus, mit Venulejus Saturninus nicht
identisch, wohl Zeitgenosse Papinians. — *De poenis paganorum
l. sing.* (s. ob. 43).

60. Arrianus, *de interdictis*, von Paulus und Ulpian
citiert.[29])

61. Puteolanus, von Ulpian citiert.[30])

62. Julius Paulus, Schüler Scävolas,[31]) Assessor Papinians, des Präfectus Prätorio,[32]) Konsiliar des Severus oder
des Caracalla,[33]) Präfectus Prätorio neben Ulpian unter Alexander Severus.[34]) Ein feiner, logischer, zuweilen überlogischer
Denker. — *Ad edict. praetoris l. LXXVIII,* dazu *ad ed. aed.
cur. l. II,* vielleicht noch vor Septim. Severus,[35]) *ad. Sabin. l.
XVI,* unter Sept. Sever.,[36]) *decretor. l. III,* unter Severus und
Caracalla,[37]) *responsor. l. XXIII,* unter Elagabalus[38]) und Alexander Severus,[39]) *sententiar. l. V,* nach a. 206,[40]) *quaestion. l.
XXVI,* nach Septim. Sever.[41]) Ferner: *institution. l. II, regular. l. VII* und *l. sing.* Bearbeitung von Alfens Digesten,[42])

28) Krüger S. 203 Anm. 99.

29) Ulp. D. V, 3, 11. Paul. D. XXXVIII, 10,5. 30) D. II, 4, 12.

31) Anm. 4. 32) Paul. D. XII, 1, 40. Bericht über eine Beratung.

33) Paul. D. IV, 4, 38. D. XXIX, 2, 97. Berichte über Beratungen.
Hist. Aug. Pescenn. 7, 4.

34) Hist. Aug. Alex. Scv. 75, 5. 68, 1.

35) Fitting, Alter der Schriften S. 46 castrense peculium D. XXXII.
Krüger S. 207. Der Ansatz ist aber unsicher. Erheblich später datiert
Pernice, Zeitschr. d. Sav.-Stift. XIII (1892) p. 281 Anm. 4, aber, daß Paul.
D. XLIV, 4, 5, 6 nach Carac. C. I. IV, 30, 2a. 215 geschrieben ist, ist auch
nicht sicher.

36) Scheint vor Papinians Quästionen verfaßt zu sein. Krüger S. 207.

37) Diese sind die imperatores nostri in D. XXVIII, 5, 93 (92); vgl.
D. L, 2, 9 pr. Severus Augustus.

38) Der Imperator Antoninus in D. XLVIII, 19, 43 pr. ist Elagabalus.
Fitting S. 50.

39) Paul. D. XXXI, 87, 3. 4. XLIX, 1, 25.

40) Paul. II, 23, 5. 7 kennt das SC. vom J. 206 über die Schenkungen
unter Ehegatten.

41) Paul. l. 1 quaest. D. L, 1, 18: Divus Severus.

42) Dazu Ferrini, Ricerche critiche ed esegetiche Bull. dell'istit. di dir. R.
IV (1891) p. 1 sg.

von Labeos πιϑανά, ad Vitellium l. IV, ad Plautium l.
XVIII,[43]) ad Neratium l. IV,[44]) notae zu Julian, Scävola, Papinian, imperialium sententiarum in cognitionibus prolatarum l.
VI; zu verschiedenen einzelnen leges, de senatus consultis, und
zu verschiedenen einzelnen SCC., de officio verschiedener Beamter, und manches andere, zusammen ungefähr 90 Schriften.

63. Domitius **Ulpianus**, aus Tyrus in Phönizien stammend,[45]) war mit Paulus Assessor Papinians,[46]) wurde anscheinend von Elagabalus verbannt,[47]) aber unter Alexander Severus zurückgerufen und zum Magister Libellorum,[48]), dann zum
Präfectus Annonae,[49]) schließlich mit Paulus zum Präfectus
Prätorio ernannt.[50]) Er war der vertrauteste Ratgeber des
Kaisers, von ihm wie ein Vormund angesehen.[51]) Im Jahre
228 wurde er von den Prätorianern ermordet.[52]) Seine Werke
sind zumeist unter Caracalla geschrieben, vor seiner großen
Amtstätigkeit. Die bedeutendsten sind: Ad edict. praetoris l.
LXXXI, dazu als Anhang ad ed. aed. cur. l. II, die ersten
50 Bücher unter Caracalla[53]) und ad. Sabin. l. LI unter Caracalla

---

[43]) Dazu Riccobono Bull. dell'istit. di dir. Rom. VI(1893) p. 119 sg.

[44]) Dazu Landucci im Jubiläumsband für serafini (Studi giuridici etc.)
Fir. 1892 p. 403 sg.

[45]) Ulp. D. L, 15, 1 pr. Phoenice splendidissima Tyriorum colonia,
unde mihi origo est.

[46]) Hist. Aug. Pescenn. 7, 4. Alex. 26, 6.

[47]) Hist. Aug. Heliogabal. 16, 4.

[48]) Hist. Aug. Pesc. 7, 4. Alex. 26, 6.

[49]) C. J. VIII, 37, 4 a. 222. 30. März.

[50]) C. J. IV, 65, 4 a. 222. 1. Dez. (Hist. Aug. Alex. 26, 5. Dio Cass.
80, 1.)

[51]) Hist. Aug. Alex. 26, 6. 31, 2. 3. 34, 6. 51, 4. 67, 2. 68, 1.

[52]) Dio Cass. 80, 2, 2.

[53]) Im 9. Buch erscheint Caracalla als allein regierend (D. III, 3, 32, 2),
ebenso im 50.: Imperatoris nostri et divi Severi (D. XLVIII, 18, 3). Andererseits kommt im VI., XI., XV., XXXV. Buch Severus als lebender Kaiser vor
(D. III. 2, 24, IV, 4, 22, V, 3, 20, 12, XXVI, 10, 3, 3). Danach wird angenommen, daß Ulpian zu Lebzeiten des Severus einen ersten Entwurf des
Werkes bis mindestens Buch 35 anfertigte, und daß bei der Schlußredaktion
unter Caracalla einige Hinweise auf Severus als einen Lebenden stehen blieben.
Ob der letzte Teil des Werkes von Buch 51 an noch unter Caracalla oder
später vollendet wurde, ist zweifelhaft. Ein und derselbe Erlaß Caracallas
kommt im 52. Buch in D. XXXVI, 4, 5, 16 als vom regierenden Kaiser

(unvollendet).[54]) Dazu kommen *institution. l. II, regular. l. sing.*, *opinion. l. VI*, nach Erlaß des SC. über Veräußerung der Mündelgüter (a. 195),[55]) *de fideicommissis l. VI, ad. leg. Jul. et Pap. l. XX, de officio consulis l. III, de officio proconsulis l. X, de omnibus tribunalibus l. X*,[56]) sämtlich unter Caracalla,[57]) *de appellationib. l. IV*, unter Caracalla oder Elagabalus,[58]) *ad leg. Jul. de adulteriis l. V*, nach Caracallas Tode;[59]) ferner *responsor. l. II, disputation. l. X, regular. l. VII, πανδέκτου βιβλία X, pandectarum l. sing., notae* zu Papinians Responsen und Marcellus' Digesten, einiges andere. Wenn auch Ulpian kein originaler Kopf war, so war er doch ein Meister in der Beherrschung der gewaltigen Rechtsliteratur und steht den Vorlagen, die er bearbeitet, mit selbständiger Kritik gegenüber.[60])

Antoninus und gleich darauf als vom verstorbenen Kaiser Antoninus herrührend vor. Es muß aber auch beachtet werden, daß im 73. Buch noch einmal steht ab Imperatore Severo et Antonino rescriptum est. (D. XLII, 8, 19, 1. So die Florentiner Handschrift. Mommsen h. l. will freilich einfach setzen: a Severo et Antonino.) Wäre es nicht die nächstliegende Annahme, daß das ganze Werk zweimal bearbeitet ist, das erste Mal vor dem Tode des Septimius Severus, das zweite Mal nachher und zum Teil nach dem Tode Caracallas? Vgl. Fitting, S. 38 ff. Mommsen, Zeitschr. für Rechtsgesch. IX (1888) S. 101 ff. Fitting, Castrense peculium S. XXXV f. Karlowa S. 743. Krüger, S. 217 f.

54) D. XXXVIII, 17, 1, 3. Imperator noster et divus pater eius. D. XXX, 37 pr. Imperator noster et divus Severus. D. XXIV, 1, 32 pr.: Imperator noster Antoninus Augustus ante excessum Divi Severi patris sui. Daß das Werk unvollendet ist, beruht auf der Beobachtung, daß es das Sabinussystem nicht vollständig umfaßt. Krüger S. 219. Nach c. Cordi § 3 i. f. hat Ulpian eine zweite Auflage erscheinen lassen. Das kommt auch heute bei unvollendeten Werken vor. (Pernice, Labeo.)

55) D. XXVII, 9, 9, 10.

56) Pernice, Zeitschr. d. Sav.-Stift. XIV (1893) S. 135 ff. Kübler, Festschrift für Hirschfeld. Berl. 1903.

57) Die Beweise beruhen auch hier auf den Kaiserbezeichnungen. Siehe Fitting S. 34 ff. XIX, 1. 2. 3. 4. 5.

58) Welcher von beiden der Kaiser in D. XLIX, 5, 5, 3 ist, ist zweifelhaft.

59) D. XLVIII, 5, 14, 3 Divi Severus et Antoninus.

60) Pernice, Ulpian als Schriftsteller, Sitzungsberichte der Berliner Akademie 1885 S. 443 ff., setzt den Ulpian etwas zu tief herab.

64. Licinius Rufinus, Schüler des Paulus,[61]) *regular. l. XII* oder *XIII.*

65. Älius Marcianus schrieb *de appellationib. l. II,* nach dem Tode des Septim. Severus,[62]) *institution. l. XV (XVI?), regular. l. V, de iudiciis publicis l. II, ad formulam hypothecariam l. sing., ad SC. Turpillianum l. sing., de delatoribus l. sing., notae* zu Papinian *de adulteriis.*

66. Ämilius Macer, tätig unter Caracalla und Alexander Severus,[63]) verfaßte *de appellationib. l. II, de publicis iudiciis l. II, de officio praesidis l. II, ad leg. vicesimam hereditatium l. II, de re militari l. II.*

67. Julius Aquila, etwa gleichzeitig, *responsa.*

68. Furius Anthianus, etwa gleichzeitig, Kommentar zum Edikt, von dem die Kompilatoren nur noch 5 Bücher hatten.

69. Rutilius Maximus, etwa gleichzeitig, *ad leg. Falcidiam l. sing.*

70. Herennius **Modestinus,** Schüler Ulpians,[64]) als Respondent erwähnt a. 239,[65]) zwischen d. J. 226 und dem J. 244 als Präfectus *vigilum* in der *lis fullonum* tätig;[66]) schrieb seine Werke nach Caracallas Tode,[67]) nur *de heurematicis l. sing.* (kasuistisch) könnte früher sein, jedenfalls nicht vor a. 204.[68]) *Regular. l. X, pandectar. l. XII, differentiar. l. IX.* (Unterscheidungen von Dingen, die leicht verwechselt werden), *re-*

---

[61]) Er befragt ihn in D. XL, 13, 4.

[62]) D. XLIX, 1, 7 Divus Severus.

[63]) D. XXIX, 2, 61 libr. I de off. praesidis: divus Severus. D. XLIX, 13, 1 pr. libr. II de appell.: imperator noster Alexander.

[64]) Ulp. D. XLVII, 2, 52, 20. Herennio Modestino studioso meo de Dalmatia consulenti rescripsi.

[65]) C. I. III, 42, 5. [66]) Bruns I p. 362 sq.

[67]) Dies paßt vor allem zu dem, was wir sonst von seiner Lebenszeit wissen, und im allgemeinen auch zu den Kaiserbezeichnungen (Stellen bei Fitting S. 53 ff.). Daß regular. l. VI. (D. I, 9, 3) und in den Büchern de poenis (z. B. D. XXXIX, 4, 6) Divus Severus et Antoninus vorkommt, ist kein Beweis dafür, daß Caracalla damals noch lebte; s. Fitting selbst, dann Mommsen Zeitschr. f. Rechtsgesch. IX (1888) S. 108 sq.

[68]) D. XVIII, 6, 4, 2: Severus et Antoninus constituit, bezieht sich auf C. I. VI, 26, 2 a. 204.

sponsor. l. XIX, de excusationib. l. VI, griechisch (παραίτησις ἐπιτροπῆς καὶ κουρατορίας) vorwiegend auf provinzielle Verhältnisse berechnet, *de poenis l. VI, de praescriptionib. l. sing.*[69]) *libri singulares de enucleatis casibus, de manumissionib., de ritu nuptiar., de differentia dotis, de legatis et fideicommiss., de testamentis, de inofficioso testam.*[70])

71. **Hermogenianus** wird meist erst in das 4. Jahrh. versetzt, aber aus unzureichenden Gründen; der Sprache nach gehört er noch der klassischen Zeit an.[71]) Er schrieb *Juris epitomarum l. VI,* eine Verarbeitung früherer Juristenschriften.[72])

72. Aurelius **Arcadius Charisius,** Magister Libellorum,[73]) gehört in das 4. Jahrhundert;[74]) — *Libri singulares de muneribus civilibus, de officio praefecti praetorio, de testibus.*

§ 22.

3. Die Behandlung der Schriften der klassischen Juristen in der Folgezeit.

Die seit dem 3. Jahrhundert erstarkende Sitte, die einzelnen Schriftstellen der klassischen Juristen wie Gesetzestexte zu citieren, ist in der nachdiocletianischen Zeit vollkommen an der Tagesordnung. *Jus* bedeutet jetzt vorzugsweise das Recht der Juristenschriften im Gegensatz zu den Konstitutionen (*ius legesque*).[1]) Dabei mußten sich aber wegen der Menge

---

69) D. XLV, 1, 101, angeblich aus Buch 4, kann aus Buch 4 der pandectae sein.

70) D. XLI, 1, 53. 54, welche die Inskriptionen einem Werk des Modestin ad Q. Mucium beilegten, scheinen von Pomponius zu sein.

71) Kalb, Roms Juristen S. 144.

72) Diesem Werk mag auch D. XXXVI, 1, 14 entstammen, welche Stelle die Inskription einem 4. Buch fideicommissorum beilegt.

73) D. I, 11, 1.

74) Nicht weil er in D. I, 11, 1, 1 ein Gesetz Constantins vom J. 331 (C. Th. XI, 30, 16) erwähnte; denn die sententia principalis publice lecta, von der er spricht, ist das nicht; wohl aber wegen seiner Sprache.

1) C. Th. XI, 36, 25 (a. 378) satis et iure et constitutionibus eautum est. Nov. Val. 31, 1, 5 (a. 451) gnaros iuris et legum. In C. Deo auctore

des Stoffes und der Meinungsverschiedenheiten der klassischen Juristen häufig Zweifel und Zufälligkeiten in der Auswahl des der Entscheidung zu Grunde zu Legenden, und wegen der Unvollkommenheit des Buchwesens Entstellungen, selbst Fälschungen der Texte einstellen. Die Gesetzgebung hat öfter, freilich roh und willkürlich, die Benutzung der Juristenschriften in den Gerichten zu regulieren gesucht.

Konstantin verbot im J. 321[2]) die Benutzung der Notae von Paulus und Ulpian zu Papinian mit dem albernen Grunde: *qui dum ingenii laudem sectantur, non tam corrigere eum quam depravare maluerunt.* Dies war später auch auf die Noten Marcians ausgedehnt.[3]) Wahrscheinlich im Jahre 328[4]) wurden alle Werke des Paulus, entsprechend dem Ansehen, das sie schon hatten, namentlich aber die Sententiae, unter besonderer Hervorhebung ihrer Vortrefflichkeit mit Gesetzeskraft ausdrücklich bekleidet, eine Ausnahme in Bezug auf die Noten zu Papinian ist nicht ausdrücklich, aber wohl stillschweigend gemacht.

Im J. 426 erging das berühmte s. g. Citiergesetz Valentinians III.[5]) Man scheint in der Praxis sich hauptsächlich mit den Werken von Gajus, Papinian, Paulus, Ulpian und Modestin begnügt zu haben. Die ältere Literatur, die bei diesen, besonders bei Ulpian, reichhaltig exzerpiert vorlag, scheint selten geworden zu sein. Nun bestätigt das Gesetz die Schriften

---

spricht Justinian von den zwei Codices uno constitutionum, altero iuris enucleati = Digesten!

[2]) C. Th. I, 4, 1.   [3]) C. Deo auctore § 6.   [4]) C. Th. I, 4, 2.

[5]) C. Th. I, 4, 3. Papiniani, Paulli, Gaii, Ulpiani atque Modestini scripta universa firmamus ita, ut Gaium quae Paullum, Ulpianum et cunctos comitetur auctoritas, lectionesque ex omni eius opere recitentur. Eorum quoque scientiam, quorum tractatus atque sententias praedicti omnes suis operibus miscuerunt, ratam esse censemus, ut Scaevolae, Sabini, Iuliani atque Marcelli, omniumque, quos illi celebrarunt, si tamen eorum libri, propter antiquitatis incertum, codicum collatione firmentur. Ubi autem diversae sententiae proferuntur, potior numerus vincat auctorum, vel, si numerus aequalis sit, eius partis praecedat auctoritas, in qua excellentis ingenii vir Papinianus emineat, qui ut singulos vincit, ita cedit duobus. Notas etiam Paulli atque Ulpiani in Papiniani corpus factas (sicut dudum statutum est) praecipimus infirmari. Ubi autem pares eorum sententiae recitantur, quorum par censetur auctoritas, quod sequi debeat, eligat moderatio iudicantis. Paulli quoque Sententias semper valere praecipimus.

jener fünf mit der Hervorhebung, daß Gajus dieselbe Autorität haben soll wie die andern. Auch die Sententiae des Paulus werden noch besonders bestätigt. Die Noten von Paulus und Ulpian zu Papinian bleiben ausgeschlossen. Es gelten aber auch die Ansichten derer, welche bei den Fünf citiert sind; unter ihnen werden Sabinus, Scävola, Julian, Marcellus besonders genannt. Und zwar dürfen nicht bloß die von den Fünf citierten Stellen, sondern die Werke der Citierten selbst benutzt werden, diese aber nur, wenn die Echtheit der Lesart durch Vergleichung mehrerer Handschriften festgestellt wird. Wenn Meinungsverschiedenheiten unter den Autoritäten obwalten, so entscheidet deren Mehrzahl, bei Stimmengleichheit Papinian, und nur bei Stimmengleichheit unter den übrigen darf der Richter den eigenen Verstand gebrauchen.

§ 23.

4. Die nachklassische Jurisprudenz.

Der Niedergang der römischen Jurisprudenz ist von der Mitte des dritten Jahrhunderts an zu datieren. Es ist kein rascher Sturz, sondern ein allmählicher Verfall im Zusammenhange mit dem allgemeinen Verfall der römischen Welt.

Ein Hauptgrund des Verfalls der Rechtswissenschaft ist in der veränderten Stellung der Kaiser ihr gegenüber zu suchen, eine Veränderung, die freilich eine schon stark zurückgegangene Jurisprudenz voraussetzt. Die absolutistischen Kaiser seit Diokletian haben das *ius respondendi* nicht mehr verliehen; sie haben die zwischen dem geltenden Recht und den Anforderungen der Äquität vermittelnde Interpretatio als kaiserliches Privilegium in Anspruch genommen,[1] den Juristen also die alte Stellung als Fortbildner des Rechtes zu entziehen gesucht; sie haben die freie Bewegung des Richters durch die Citiergesetze geknebelt. Daß hierdurch die in der Rechtswissenschaft noch lebenden Kräfte umsomehr gelähmt wurden,

---

[1] Constantin C. J. 1, 14, 1.

ist begreiflich. Außer den Arbeiten des schon § 21, 72 mit aufgeführten Arcadius Charisius sind Sammelarbeiten und Scholien das Einzige, wovon wir noch hören. Gegen die justinianische Zeit zeigt sich aber wieder ein entschiedener Aufschwung in den Rechtsschulen, vor allem in der von Berytus. Als bedeutende Lehrer des fünften Jahrhunderts, zumeist in Berytus, sind bezeugt: Cyrillus, Domninus, Demosthenes, Eudoxius, Patricius.[2]) Am besten zeigt die Wiedererhebung der Rechtswissenschaft die Tatsache, daß es dem Kaiser Justinian gelang, den unter Theodosius II gescheiterten Plan einer grossen Kodifikation auszuführen, und daß die Jurisprudenz seiner Zeit die Fesseln sprengte, die er ihr in der Bearbeitung der Kodifikation aufzulegen gedachte.

§ 24.

5. Die Überlieferung der juristischen Werke.

Das meiste, was wir von den Werken und Aussprüchen der römischen Jurisprudenz kennen, verdanken wir den Justinianischen Digesten; auch die justinianischen Institutionen, und hie und da auch Codex und Novellen tragen dazu bei. Die Werke der nachklassischen Zeit haben zum guten Teil ihre Bedeutung darin, daß sie Quellen für die Kenntnis der Klassiker sind. Dazu kommen sonstige litterarische Notizen. Im Original haben wir nur verhältnismäßig weniges.[1])

---

[2]) Huschke p. 860 sqq.

[1]) Die Werke der klassischen Jurisprudenz, soweit tunlich in ihrem ursprünglichen Zusammenhange wiederhergestellt, bietet Lenel, Palingenesia iuris civilis (2 Bände. Leipzig 1888/9), ein ganz ausgezeichnetes Werk. Gajus' Institutionen, die Sententiae des Paulus, Ulpians l. sing. regular. und einiges andere hat Lenel nicht aufgenommen. Vgl. Kipp, Krit. Vierteljahrsschr. XXXIII (1890)S. 481 ff. Ähnliche Zwecke verfolgt Bremer, iurisprudentiae Antehadrianae quae supersunt. Lips. I 1896. II, 1899. II, 2, 1900. Huschke, iurisprudentiae Anteiustinianae quae supersunt (5. Auflage. Leipzig 1886) enthält eine Sammlung der außerhalb der Digesten überlieferten Citate — und Ausgaben der selbständig überlieferten Schriften mit guten Parallelstellensammlungen. Gajus s. auch Anm. 3. Kritisch besser sind die Ausgaben in

In das folgende Verzeichnis sind auch einige nur halb rechtswissenschaftliche Schriften aufgenommen.

I. Schriften der klassischen Zeit.

1. *Gaii institutionum commentarii quattuor* (§ 20, 38) waren bis 1816 nur bekannt in dem in der Lex Romana Wisigothorum enthaltenen Auszug[2]) (§ 25, 1) und aus sonstiger späterer Benutzung. 1816 fand Niebuhr in der Bibliothek des Domkapitels zu Verona einen Codex palimpsestus (rescriptus), welcher unter Werken des heiligen Hieronymus den echten Gajus enthält. Ein nicht reskribiertes Blatt der Handschrift war schon früher herausgegeben. Die Handschrift stammt etwa aus dem 5. Jahrhundert und ist durch wiederholte Nachvergleichung bis auf verhältnismäßig wenige Lücken jetzt vollständig entziffert.[3]) Im Jahre 1899 fand Chatelain in Autun auf Palimpsestblättern Stücke einer Paraphrase des Gajus. Die Handschrift stammt spätestens aus dem 5. Jahrhundert. Das Werk selbst gehört jedenfalls den Zeiten des Tiefstandes der Rechtswissenschaft an.[4])

2. *Maeciani assis distributio.*[5])

3. Von *Papiniani responsa* (§ 21, 52) sind geringe Reste des 5. und 9. Buches auf ägyptischen Pergamentblättern erhalten; die des 5. in Berlin, zuerst 1879, die des 9. in Paris, zuerst 1883 herausgegeben. Ein Responsum Papinians bildet

---

Krüger, Mommsen, Studemund, collectio librorum iuris Anteiustiniani (3 Bde. Berlin 1877-90. Bd. 1 in 4. Aufl. 1900).

[2]) Hitzig, Beiträge zur Kenntnis und Würdigung des sog. westgotischen Gajus, Zeitschr. d. Sav.-Stift. XIV (1898) S. 187 ff.

[3]) Nachbildung der Handschrift: Gaii institutionum commentarii quattuor. Codicis Veronensis denuo collati apographum von G. Studemund (Leipzig 1874). Ausgaben: Collectio t. I, 4. ed. 1900. Huschke p. 148 sqq., jetzt in neuer Bearbeitung von Seckel und Kübler 1903.

[4]) Vgl. Mommsen, Zeitschr. d. Sav.-Stift. XX (1899) S. 235 f. Kalb, Jahresbericht f. Altertumswissenschaft. CIX (1901 II) S. 87 f. No. 77 und dort Citierte. Die neueste Studemundsche Ausgabe (Collectio I) hat die Fragmente von Autun mit aufgenommen. Ferrini und Scialoja, Bull. dell' istit. di dir. Rom. XIII, 1 (1900).

[5]) Huschke p. 411 sqq.

den Schluß der Lex Romana Wisigothorum. Einen Satz seiner Quästiones hat Harmenopoulos.[6])

4. *Pauli sententiae* (§ 21 ,62) kennen wir aus dem in der Lex Romana Wisigothorum enthaltenen Auszuge, der aber nicht den reinen Text bietet und nur etwa $^1/_6$ des Ganzen umfaßt. In einigen Stellen der Handschriften ist er aus dem echten Werk ergänzt. Dazu treten andre Bruchstücke in Dig., Collatio, Fr. Vat. und andern Werken.[7]) Zwei geringfügige Bruchstücke aus Paul. *l. XXXII ad edictum* enthält ein zuerst 1897 herausgegebenes Pergamentstückchen.[8])

5. Von *Ulpiani institutiones* (§ 21, 63) sind Reste auf Papyrus von Endlicher 1835 in der Wiener Bibliothek gefunden.[9])

6. *Ulpiani l. sing. regularum* (§ 21, 63) ist enthalten in einer Handschrift des 10. Jahrh. (im Vatikan) in einer wahrscheinlich bald nach 320 n. Chr. hergestellten Epitome, welche Ergänzungen erhält durch Dig. und Collatio.[10])

7. Das s. g. *fragmentum de iudiciis*, ein ägyptisches Papyrusblatt, in Berlin, zuerst 1879 herausgegeben, vielleicht aus einem selbständigen Werk *de iudiciis*, vielleicht aus einem Ediktskommentar.[11])

8. *Fragmenta de iure fisci*, zwei zugleich mit dem Gajus in Verona entdeckte Pergamentblätter aus dem 5. oder 6. Jahrhundert. Das Werk selbst, zu dem sie gehören, scheint dem Ende des 2. oder Anfang des 3. Jahrh. anzugehören.[12])

9. S. g. *fragmentum Dositheanum*. In einer Handschrift zu St. Gallen folgt auf die Ars grammatica des Dositheus

---

[6]) Collectio II p. 157. III p. 285 sqq. Huschke p. 435 sqq.

[7]) Collectio II p. 89 sqq. Huschke p. 450 sqq. Citate aus Paulus' Institutionen: Collect. II p. 160. III p. 297 sq. Huschke p. 562.

[8]) Krüger, Zeitschr. der Sav.-Stift. XVIII (1897) S. 224 f. Die erste Herausgabe im gleichen Jahr von Grenfell u. Hunt. Vgl. auch Kalb, Jahresber. f. Altertumswissensch. CIX (1901 II) S. 46 f.

[9]) Collect. II p. 157 sqq. Huschke p. 617 sqq.

[10]) Collect. II p. 1 sqq. Huschke p. 563 sqq. Citate aus Ulpian: Collect. II p. 160. III p. 298. Huschke p. 623 sqq.

[11]) Collect. III p. 298 sq. Cantarelli, Bull. dell'istituto di dir. Rom. VII (1894) p. 27 sg.

[12]) Collect. II p. 162 sqq. Huschke p. 633 sqq.

eine Sammlung von *interpretamenta*, Übungsstücken zum Übersetzen zwischen dem Griechischen und dem Lateinischen, die
man kein Recht hat, wie früher allgemein geschah, dem Dositheus zuzuschreiben. Ein — durch andere Handschriften
überliefertes — Stück dieser Sammlung enthält einen juristischen Traktat, lateinisch und griechisch, aber durch schlechtes
Hin- und Herübersetzen sehr entstellt. Die Rede ist von *ius
naturale, gentium, civile, ius civile* und *ius honorarium*, dann
von Freilassungen. Das Werk, aus welchem das Bruchstück
stammt, ist nicht vor Julian geschrieben, der citiert wird.[13])

10. *Tractatus de gradibus cognationum*, wohl aus klassischer Zeit, in den Handschriften der *notitia dignitatum*.[14])

11. Ein Stückchen von *Pomponii liber sing. regularum*.[15])

12. Ein Satz aus Modestins *libri regularum* und ein Citat
wohl aus seinen *differentiae*.[16])

13. Ein Pergamentblatt aus Ägypten in der Sammlung
des Erzherzogs Rainer, zuerst 1888 herausgegeben, aus einem
nicht bestimmbaren Werk, nicht vor Julian. In seinem Inhalt
tritt die *formula Fabiana* hervor, daher genannt *Fragm. de
form. Fab.*[17])

II. Aus nachklassischer Zeit.

a) Aus dem westlichen Reiche.

14. *Fragmenta Vaticana*, auf einem Palimpsest im Vatikan von Angelo Mai entdeckt. Bruchstücke eines grossen
Sammelwerkes von Auszügen aus Schriften von Paulus, Papinian,
Ulpian, einer Schrift *de interdictis*, und Kaiserkonstitutionen,
materienweise geordnet, als selbständiges Produkt gering-
wertig, aber als Überlieferung sehr wertvoll, weil der Verfasser die Texte nicht änderte. Entstanden im Westen[18])

---

13) Collect. II p. 149 sqq. Huschke p. 424 sqq.
14) Collect. II p. 166 sqq. Huschke p. 626 sqq. Verwandtschafts-
tabellen: Collect. II p. 168. Huschke p. 628 sqq.
15) Collect. II p. 148. Huschke p. 146 sq.
16) Collect. II p. 161. Huschke p. 644.
17) Collect. III p. 299 sq.
18) Sie enthält Reskripte Maximians.

zwischen 372[19]) und 438,[20]) wahrscheinlich aber zur Zeit Konstantins angelegt und um 372 nur vermehrt.[21])

15. *Collatio legum Mosaicarum et Romanarum*, in den Handschriften überschrieben: *lex Dei quam praecepit Dominus ad Moysen*, eine Gegenüberstellung von Sätzen des Pentateuch in lateinischer Übersetzung und Sätzen des römischen Rechts aus Gajus, Papinian, Paulus, Ulpian, Modestin, nebst Konstitutionen aus C. Gr., C. H. und einer Konstitution von 390, entstanden im Westen zwischen 390 und dem C. Th. Zweck des Verfassers war, die Übereinstimmung des RR. mit dem biblischen zu zeigen.[22])

16. *Q. Aurelii Symmachi relationes*, aus seiner Amtsführung als *praefectus urbi* von Rom 384 bis 385.[23])

17. Etwa 411/413 ist als Privatarbeit nach amtlichen Quellen verfaßt die in einer Handschrift in Speier gefundene *notitia dignitatum utriusque imperii*, ein Verzeichnis der höheren Beamten beider Reichshälften mit ihrem Hilfspersonal und den ihnen unterstehenden Truppenteilen nebst ihren Insignien (mit Bildern). Die Bearbeitung ist so zu denken: Ein occidentalischer Verfasser stellte nach dem Muster der ihm vorliegenden notitia dignitatum des Ostreichs eine solche für das westliche Reich auf.[24])

18. *Consultatio*, Sammlung von Gutachten, die ein Rechtsgelehrter einem Anwalt erteilt, mit Belegen aus Pauli Sententiae, CC. Gr., H. und Th., in der zweiten Hälfte des 5. oder im 6. Jahrhundert wahrscheinlich in Gallien geschrieben.

---

[19]) Bis dahin reichen die Konstitutionen (§ 37).

[20]) Der C. Th. ist dem Verfasser unbekannt.

[21]) Collect. III p. 1 sqq. Huschke p. 706 sqq.

[22]) Collect. III p. 107 sqq. Huschke p. 645 sqq. Conrat, Hermes XXXV (1900) S. 344 ff. legt die Collatio dem Kirchenvater Hieronymus bei; dagegen Kalb, Jahresber. f. Altertumswissensch. CIX (1901 II) S. 48 f. Früher dachte man an Ambrosius von Mailand. Vgl. Krüger S. 308 Anm. 42.

[23]) Herausgegeben von W. Meyer (Leipzig 1878), von Seeck (Berlin 1883) (Monum. German. auct. antiquiss. VI, I).

[24]) Herausgegeben mit Kommentar von Böcking (Bonn 1839—53), von Seeck (Berlin 1876). Über die Entstehung vgl. Joh. Schoene, Hermes XXXVII (1902) S. 271 f.

Von Cujacius aus verschollener Handschrift herausgegeben.[25])

19. Zwei Anhänge zur Lex Romana Wisigothorum sind private Sammlungen von Auszügen aus römischen Quellen.[26])

20. Cassiodorius Senator, c. 480—575, in zahlreichen und den höchsten Ämtern der auf römischem Fuß gebliebenen Verwaltung Italiens unter den Ostgoten tätig, schrieb *variarum l. XII*, Sammlung von ihm verfaßter amtlicher Verfügungen und sonstiger Schriftstücke.[27])

b) Aus dem östlichen Reiche.

21. *Scholia Sinaitica.* Im Sinaikloster sind kürzlich gefunden wenige Bruchstücke eines Werkes, welches Scholien zu Ulpians *libri ad Sabinum* enthielt. Dasselbe muß im Orient nach dem C. Th. und vor Justinian verfaßt sein und dem Rechtsunterricht, vielleicht in Berytus, gedient haben.[28])

22. Das syrisch-römische Rechtsbuch. Nach 472, aber vor Justinian, ist im Orient eine griechische Darstellung römischen Rechts entstanden, von der Übersetzungen in die syrische, arabische und andere orientalische Sprachen erhalten sind. Diese Übersetzungen haben jahrhundertelang von Ägypten bis Armenien große Anerkennung gefunden und sich sogar dem Justinianischen R. gegenüber behauptet. Sie enthalten das RR. nicht ungetrübt, vieles ist mißverständlich, vieles in offenbar absichtlicher Abweichung vom RR. wiedergegeben (besonders in der Intestaterbfolge). Der Titel der Handschriften: „Gesetze und Befehle der siegreichen Könige" oder „Gesetze der siegreichen christlichen Könige Konstantin, Theo-

---

[25]) Collect. III p. 199 sq. Huschke p. 885 sqq.

[26]) Collect. III p. 249 sqq.

[27]) Ausgabe von Mommsen, monum. Germaniae, auctores antiquiss. t. XII. Berlin 1884.

[28]) Collect. III p. 265 sqq. Huschke p. 815 sqq. Zachariae von Lingenthal. Bull. dell' istituto di dir. Ro. V (1892) p. 1 sg. Riccobono das. IX (1898) p. 217 sg.

dosius und Leo" paßt nicht; denn Konstitutionen dieser Kaiser bilden den geringsten Teil.[29])

23. Johannes Lydus schrieb unter Justinian *de magistratibus rei publicae Romanae.*[30])

---

[29]) Mit deutschen Übersetzungen und Kommentar herausgegeben von Bruns und Sachau (Leipzig 1880). Ferrini, Beiträge zur Kenntnis des s. g. syrisch-römischen Rechtsbuchs, Zeitschr. d. Sav.-Stift. XXIII (1902) S. 101 ff.

[30]) Corpus scriptorum historiae Byzantinae. (Bonn 1837) p. 119 sqq.

Fünftes Kapitel.

§ 25.

Leges Romanae der germanischen Reiche.

In den germanischen Reichen auf römischem Boden sind drei Gesetzbücher erlassen, die, aus den Quellen des römischen Rechts geschöpft, für die Erkenntnis des vorjustinianischen Rechts von großer Wichtigkeit sind, obwohl sie es nicht ungetrübt enthalten.

I. *Lex Romana Wisigothorum* im J. 506 von König Alarich II gegeben für die Römer des Westgotischen Reiches, später *Breviarium Alaricianum* genannt. Sie ist hergestellt von einer Kommission von *Prudentes* und enthält Auszüge aus C. Th., posttheodosianischen Novellen, Gaii institution., Pauli sententiae, C. Gr., C. H. und ein Responsum Papinians. Gajus ist aufgenommen in einer verkürzten Bearbeitung, welche wahrscheinlich im 4. oder 5. Jahrh. für Schulzwecke hergestellt war; sie läßt das 4. Buch ganz fort und zieht die drei ersten in zwei zusammen. Bei den anderen benutzten Quellen ist den Auszügen, soweit es erforderlich erschien, eine *interpretatio* beigegeben, welche aber die Prudentes in der Hauptsache aus bereits vorhandenen schulmäßigen *interpretationes* ausgezogen haben.[1]

II. *Edictum Theoderici*, erlassen von Theoderich dem Großen gemeinsam für Römer und Ostgoten, wahrscheinlich bald nach 512, enthält in selbständiger Fassung Rechtssätze, die aus den CC. Gr. H. Th., posttheodosianischen Novellen, Pauli Sententiae und vielleicht noch anderen Quellen des

---

[1] **Ausgabe Haenel**, lex Romana Visigothorum (Leipzig 1849).

römischen Rechtes, auch aus den *interpretationes* geschöpft
sind.[2])

III. *Lex Romana Burgundionum.* In dem gegen Ende
des 5. Jahrh. erlassenen Gesetzbuch für die Burgunder (Gundo-
bada), welches nur teilweise auch für die Römer des Burgundischen Reiches galt, hatte König Gundobad (473—516) den
Römern ein besonderes Gesetzbuch versprochen. Dieses ist
erlassen wahrscheinlich noch von Gundobad, jedenfalls vor
Untergang des burgundischen Reichs (534). Die Lex Romana
Burgundionum stellt in selbständiger Fassung römische Rechtssätze, nicht frei von burgundischen Elementen, zusammen.
Benutzt sind CC. Th. Gr. H., posttheodos. Nov., Pauli Sententiae und Gaii Institutiones (oder Regulae?), auch die vorhandenen Interpretationen.[3])

---

[2]) Ausgabe: Bluhme, monumenta Germaniae leges V p. 145 sqq.
(Hannover 1875.)

[3]) Ausgaben: Bluhme, monumenta Germaniae leges III p. 579 sqq.
(Hannover 1863), v. Salis, mon. Germ. leg. sect. I t. II p. I (Hannover 1892).

Sechstes Kapitel.

Die Justinianische Gesetzgebung und ihre orientalischen Bearbeitungen.

§ 26.

1. Der Verlauf der justinianischen Gesetzgebung.

Kaiser Justinian (527—565) hat den Plan Theodosius' II, eine umfassende Kodifikation aus Konstitutionen und Juristenschriften herzustellen, wieder aufgenommen und zum Ziel geführt. Sein Hauptratgeber dabei war Tribonian.
I. Zuerst befahl der Kaiser am 13. II 528 durch die (ebenso wie die im folgenden angeführten) nach den Anfangsworten so benannte *c. Haec quae necessario*[1]) einer Kommission von 10 Mitgliedern, darunter Tribonian, Magister Officiorum, und Theophilus, Professor *(antecessor)* in Konstantinopel, die Abfassung eines neuen Codex Constitutionum, welcher am 7. April 529 durch die *c. Summa rei publicae*[2]) mit Gesetzeskraft vom 16. April 529 an veröffentlicht wurde.
II. Auf Grund eines der *c. Deo auctore* vom 15. Dez. 530[3]) vorangegangenen Befehls bildete Tribonian, jetzt Quaestor sacri palatii, unter seiner Leitung eine Kommission von 17 Mitgliedern, Constantinus, Comes sacrarum largitionum u. s. w., zwei Professoren von Konstantinopel, Theophilus und Cratinus, zwei von Berytus, Dorotheus und Anatolius, und elf Advokaten

---

[1]) Die erste Vorrede des Codex Justinianus.
[2]) Zweite Vorrede des C. J.   [3]) 1. Vorrede der Digesten.

vom Gericht des Präfectus Prätorio Orientis,[4]) zum Zwecke
der Ausarbeitung einer Sammlung von Auszügen aus den
Juristenschriften *(Digesta, Pandectae)*. Das Werk dieser Kommission ist durch *c. Tanta*, in griechischer Ausfertigung
Δέδωκεν,[5]) vom 16. Dez. 533 mit Gesetzeskraft vom 30. Dez.
533 publiziert und gleichzeitig durch *c. Omnem rei publicae*[6])
den Professoren in Konstantinopel und Berytus als nunmehr zu beobachtende Grundlage des Rechtsunterrichts zugefertigt.

III. Das schon in der *c. Deo auctore* (§ 11) in Aussicht
genommene Lehrbuch für Anfänger, *Institutiones* oder *Elementa*,
ist nach Fertigstellung der Digesten von Tribonian, Dorotheus
und Theophilus auf Befehl des Kaisers ausgearbeitet, aber
noch vor den Digesten durch *c. Imperatoriam majestatem*[7])
vom 21. Nov. 533 publiziert und nach c. Tanta § 23 mit
Gesetzeskraft vom 30. Dez. 533 an versehen.

IV. Seit Erlaß des Codex hatte Justinian durch einzelne
Konstitutionen manche Kontroversen der Juristen entschieden.
Diese Entscheidungen wurden in eine (verlorene) offizielle
Sammlung der *quinquaginta decisiones* gebracht.[8]) Auch waren
seit Erlaß des Codex manche sonstige Gesetze ergangen, und
in den Digesten durch Änderungen der alten Texte manche
Neuerungen eingeführt. Den hierdurch veralteten Codex ließ
Justinian durch Tribonian, Dorotheus und drei der an den
Digesten beteiligten Advokaten revidieren.

Das überarbeitete Werk, *Codex Justinianus repetitae prae-
lectionis*, wurde durch *c. Cordi*[9]) vom 16. Nov. 534 mit Gesetzeskraft vom 29. Dez. 534 publiziert.

V. Nach Vollendung dieser Arbeiten erließ Justinian noch
eine große Zahl von einzelnen Gesetzen (*Novellae leges*) zum
Teil großen Umfangs und einschneidender Bedeutung. Diese
wurden amtlich in eine Sammlung eingetragen (ob. S. 77).

---

[4]) c. Tanta § 9. [5]) 8. Vorrede der Digesten.
[6]) 2. Vorrede der Dig.
[7]) Vorrede der Inst.
[8]) c. Cordi § 1 u. 5.
[9]) 8. Vorrede zum Codex.

So viel wir wissen, ist aber diese Sammlung nicht offiziell veröffentlicht.

VI. Nach Wiedereroberung Italiens führte Justinian seine drei Gesetzbücher dort mittels Edikts ein, bestätigte ihre Geltung durch die Sanctio pragmatica *Pro petitione Vigilii* (vgl. ob. S. 74 Anm. 31) vom 13. Aug. 554 und ordnete zugleich an, daß auch die Novellen in Italien ediktal publiziert werden sollten.

§ 27.

2. Die Bestandteile der Justinianischen Gesetzgebung.

Die Institutionen.

Die Institutionen stellen das Privatrecht in kurzem Abriß dar, anhangsweise auch Strafrecht und Strafprozeß berührend (IV, 18 *de publicis iudiciis*). Sie zerfallen in vier, in Titel mit Rubriken geteilte Bücher. (Die Paragrapheneinteilung ist späteren Ursprungs.) Nach c. Imperatoriam maiestatem § 6 sind sie aus den älteren Institutionenlehrbüchern, vornehmlich dem des Gajus, desselben *res cottidianae* (ob. S. 115) und anderen Werken zusammengearbeitet. Ihre Quellen im einzelnen geben sie nicht an. Was aus Gajus, und hie und da, was aus anderen Juristenschriften oder Konsitutionen entnommen ist, lässt sich durch Vergleichung anderweitiger Überlieferung feststellen; soweit diese Vergleichung nicht führt, ist man beim Forschen nach den Quellen der einzelnen Partieen der Institutionen auf stilistische Erwägungen und sonstige Indizien angewiesen. Diese Forschung hat in der neuesten Zeit erhebliche Fortschritte gemacht.[1]) Aus stilistischen Gründen hat man mit Recht geschlossen, daß Buch I und II einen andern Verfasser haben als Buch III und IV, und daß mutmaßlich jeder der beiden an der Abfassung beteiligten Pro-

---

[1]) Ferrini, Bulletino dell' istituto di diritto Romano XIII (1900) p. 101 sq., dazu Kübler, Zeitschr. d. Sav.-Stift. XXIII (1902) S. 508 ff. Weiteres bei Kalb, Jahresber. für Altertumswissenschaft LXXXIX (1896 II) S. 284 ff.

fessoren eine dieser Hälften bearbeitet hat, während Tribonian nur die Oberleitung des Ganzen hatte.[2]) Eine Turiner Handschrift hat Scholien, welche wohl in Justinians Zeit zurückgehen und vorjustinianische Quellen benutzen.[3])

§ 28.

Die Digesten.

Die s. g. Kompilatoren der Digesten hatten Befehl, die Schriften derjenigen Juristen, welchen die Kaiser das ius respondendi *(auctoritatem conscribendarum interpretandarumque legum)* erteilt hatten, zu exzerpieren, und die Exzerpte in 50 Bücher mit Titeleinteilung nach Anhalt des Codex Justinianus und des prätorischen Edikts zu ordnen. Dieses Werk sollte dann die alleinige Grundlage der Benutzung der Juristenschriften in den Gerichten sein; das Citiergesetz Valentinians III wurde aufgehoben; alle Juristen sollten gleichstehen, auch die Noten zu Papinian von Paulus, Ulpian, Marcian durfte die Kommission benutzen. Sie sollte die alten Texte nach Ermessen kürzen, ergänzen oder sonst verbessern. Widersprüche sollten nicht vorkommen, auch keine Wiederholungen, weder innerhalb der Digesten, noch im Verhältnis zum Codex, in letzterer Beziehung höchstens dann, wenn besondere Umstände dazu führten. Aufgenommen werden sollte nur, was noch in praktischer Geltung stand, worüber im Zweifel die Rechtsgewohnheit von Konstantinopel entscheiden sollte.[1])

Demgemäß umfassen die Digesten 50 Bücher, welche mit Ausnahme von B. 30—32 in Titel mit Rubriken geteilt sind;

---

[2]) S. g. Turiner Institutionenglosse. Krüger, Zeitschr. f. Rechtsgesch. VII, 1 (1886) S. 47 ff.

[3]) Zu dieser Frage Huschke, praefatio seiner Ausgabe der Institutionen p. VI sq. Grupe, de Justiniani institut. compositione. Straßburg Diss. 1884. Karlowa I S. 1015 f. Krüger S. 341 f. Ferrini, Zeitschr. d. Sav.-Stift. XI (1890 S. 106 ff.). Zocco-Rosa, Per il XXXV anno d'insegnam. di F. Serafini (Fir. 1892) p. 417 sq. Buonamici, Archiv. giur. LVIII (1897) p. 189 sq.

[1]) c. Deo auctore.

30—32 bilden zusammen einen Titel *de legatis*. Die Ordnung folgt den befohlenen Vorlagen. Die offizielle Einteilung
in sieben *partes* lehnt sich an die der Ediktskommentare und
dient hauptsächlich den Zwecken des Rechtsunterrichts.[2])
Nach der c. Tanta § 2 sqq. ist die Einteilung folgende: I.
πρῶτα lib. 1—4. II. *de iudiciis lib.* 5—11. III. *de rebus lib.*
12—19. IV. *umbilicus lib.* 20—27. V. *lib* 28—36, darunter
28—29 *de testamentis* betitelt; die dann folgenden Inhaltsangaben
der c. Tanta treten nicht mehr als Titel auf. VI. lib. 37—44.
VII. lib. 45—50. Die Titelübersicht in der Florentiner Handschrift [3]) weicht von dieser Einteilung mehrfach ab.

In die einzelnen Titel sind die Exzerpte (s. g. *fragmenta,
leges)* mit Angabe des Verfassers und des Werkes, dem sie
entstammen (Inskription), eingetragen. (Die Paragrapheneinteilung ist späteren Ursprungs.) Das offizielle Verzeichnis der
benutzten Werke, welches den D. vorangestellt werden sollte,[4])
ist durch die Florentinische Handschrift überliefert (s. g. *Index
Florentinus.*[5]) Dasselbe ist aber nicht frei von Mängeln. Ein
genaues gab Krüger.[6]) Im ganzen sind 40 Juristen benutzt.
Nach Justinians Angabe[7]) lagen 2000 *libri* mit 3 000 000 *versus*
(Zeilen) vor, welche die Kompilatoren auf 150 000 *versus*
reduziert haben. Die benutzten sind nicht durchweg solche
Juristen, welche das *ius respondendi* gehabt haben. Gajus hatte es
wahrscheinlich nicht, und die Republikaner Q. Mucius, Alfenus
und Älius Gallus können es ebensowenig gehabt haben, wie
der dem 4. Jahrhundert angehörige Arcadius Charisius. Den
Löwenanteil hat Ulpian, von dem ein Drittel, danach Paulus,
von dem ein Sechstel des Ganzen stammt. Die Kommission
teilte (nach einer Entdeckung Bluhmes[8]) die zu exzerpie-

---

2) vgl. c. Omnem rei publ. § 2 sqq.
3) In Mommsens kleinerer Ausgabe p. V sqq.
4) C. Tanta § 20. 5) Mommsens kleinere Ausgabe p. XXX sqq.
6) Bei Mommsen a. a. O. p. 879 sqq. 7) C. Tanta § 1.
8) Bluhme, Zeitschr. f. geschichtl. Rechtswiss. IV (1820) S. 257 ff.
Der Angriff auf seine Lehre, den Hofmann, die Compilation der Digesten
Justinians (herausgegeben von J. Pfaff. Wien 1900) unternommen hat, ist
durch Mommsen, Zeitschr. d. Sav.-Stift. XXII (1901) S. 1 ff., Krüger das.
S. 12 ff. und Jörs Art. Digesta in Pauly-Wissowa's Encykl. abgeschlagen.

renden Schriften in drei Massen, welche vielleicht je einer
Subkommission überwiesen wurden. Die jeder Masse ange-
hörenden Auszüge stehen in den einzelnen Titeln bei einander,
nur ist manchmal ein Fragment wegen inhaltlicher Verwandt-
schaft zu solchen einer anderen Masse in diese eingesprengt;
auch sonst finden sich kleine Abweichungen. Die eine Masse
beginnt mit den *libri ad Sabinum*, daher Sabinusmasse genannt,
die andere mit den *libri ad edictum*, daher Ediktsmasse, die
dritte mit den Quästiones und Responsa Papinians, daher
Papiniansmasse. Einige wohl erst im Laufe der Arbeit her-
beigeschaffte Werke sind einer vierten Masse überwiesen, s. g.
Appendixmasse. Die Reihenfolge der Massen in den Titeln
wechselt; nicht alle Titel haben alle Massen, manche zwei
Serien der verschiedenen Massen, was wohl daher kommt,
daß man ursprünglich beabsichtigte, zwei Titel zu bilden,
und diese später zu einem verband.[9])

Die Arbeit der Kommission ist, verglichen mit den etwa
gleichzeitigen Arbeiten auf dem Boden des Westreichs, selbst
mit der besten unter ihnen, der Lex Romana Wisigothorum,
höchst respektabel. Die in Wahrheit kaum lösbare Aufgabe,
aus zahllosen Schriften von Juristen, zwischen denen viele Kontroversen schwebten, aus einem Zeitraum von über 250 Jahren, dessen
Ende schon um Jahrhunderte zurückliegt, ein einheitliches
modernes Gesetzbuch zu machen, hat die Kommission in hoch-
achtbarer Weise zu lösen gesucht, wenn auch viele Mängel übrig
geblieben sind. Insbesondere fehlt es nicht an Widersprüchen
und Wiederholungen; selbst Wiederholung einer und derselben
Stelle kommt vor *(leges geminatae)*. Stellen, deren Beziehung
zu dem Titel, in dem sie stehen, dunkel ist, nennt man *leges
fugitivae, erraticae*. In die Texte hat die Kommission in-
struktionsgemäß durch Auslassungen, Zusätze und Veränderungen überall tief eingegriffen. Zusätze und Veränderungen
nennt man Interpolationen *(emblemata Triboniani)*. Man hat
das unbehagliche Gefühl, daß man die Garantie dafür, Worte

---

[9]) Ein genaues Verzeichnis der zu den vier Massen gehörigen Schriften
gibt (nach Bluhme) Krüger bei Mommsen a. a. O. p. 874 sqq. Auch
ist bei Mommsen zu den einzelnen Titeln der D. angegeben, wie sie sich
aus den Massen zusammensetzen.

der Klassiker vor sich zu haben, eigentlich nirgends in den Digesten besitzt; dennoch bleibt nichts übrig, als jeden Satz und jedes Wort so lange für echt zu nehmen, bis sich positive Gründe für einen Eingriff der Kompilatoren ergeben. Diese Materie gehört zu den interessantesten, aber auch schwierigsten des Quellenstudiums. Während zahlreiche Interpolationen längst bekannt sind, hat man erst in neuester Zeit umfassende und systematische Nachforschung nach den Interpolationen gehalten und feste Grundsätze zur Reinigung der Klassikertexte zu gewinnen gesucht.[10])

Glosseme sind ursprüngliche Glossen, welche ein späterer Abschreiber aus Versehen in den Text aufnahm. Auch sie sind in den D. zahlreich, von Interpolationen nicht immer klar zu unterscheiden, und stammen wohl großenteils schon aus den Handschriften, welche den Kompilatoren vorlagen.

Die älteste und beste Handschrift[11]) der Digesten ist die s. g. Florentina (scl. littera = Lesung), geschrieben von Griechen im 6. oder 7. Jahrhundert. Sie soll im J. 1135 von den Pisanern der Stadt Amalfi abgenommen sein, war jedenfalls seit der Mitte des 12. Jahrh. in Pisa, kam 1406 nach dessen Eroberung durch die Florentiner nach Florenz. Sie

---

10) Hauptverdienst in dieser Richtung haben Eisele, Zeitschr. der Sav.-Stift. VII, 1 (1886) S. 15 ff., IX (1888) S. 296 ff., XI (1890) S. 1 ff., XIII (1892) S. 118 ff., XVIII (1897) S. 1 ff. Gradenwitz, Interpolationen in den Pandekten. Berlin 1887; Lenel in den Noten seiner Palingenesie. S. ferner Grupe, die Gajanischen Institutionenfragmente in Justinians Digesten Zeitschr. d. Sav.-Stift. XVI (1895) S. 300 ff. Zur Sprache der Gajanischen Digestenfragmente: Zeitschrift der Savigny-Stiftung XVII (1896) S. 311 ff. XVIII (1897) S. 213 ff. Übrigens ist jede materiellrechtliche Ausführung über römisches Recht heutzutage mit der Interpolationenfrage befaßt. Eine brauchbare Monographie über das Interpolationenwesen ist Appleton, des interpolations dans les Pandectes et des méthodes propres à les découvrir. Paris 1895. Dazu Kipp, Zeitschr. d. Sav.-Stift. XVI (1895) S. 333 ff. Zur Vorsicht mahnt, vielfach mit Recht, Kalb, die Jagd nach Interpolationen in den Digesten. Festschrift z. fünfundzwanzigjährigen Rektorats-Jubiläum von Autenrieth. Nürnberg 1897 S. 11 ff., der auch in seinen sonstigen Arbeiten (Juristenlatein, Roms Juristen, Jahresberichte für Altertumswissenschaft) der Interpolationenfrage eingehendste Beachtung schenkt. Neuestens Jörs Art. Digesta.

11) Vgl. Buonamici, sulla storia del manuscritto Pisano Fiorentino, delle Pandette Arch. giur. XLVI (1891) p. 60 sq.

ist fast vollständig und verhältnismäßig wenig fehlerhaft.[12]) Von Handschriften ähnlichen Werts sind nur geringe Reste vorhanden.

Diesen Handschriften gegenüber stehen die s. g. Vulgathandschriften, wie sie die Bologneser Glossatoren hatten (*littera Bononiensis*), seit dem 11. Jahrh. Sie sind von der Florentina abhängig, haben aber bis Buch 34 einzelne der Florentina gegenüber bessere Lesarten, die nicht auf Konjektur, sondern auf handschriftlicher Überlieferung beruhen. Danach ist mit Mommsen[13]) anzunehmen, daß die Vulgathandschriften alle auf eine Mutterhandschrift zurückgehen, welche aus der Florentina abgeschrieben, aber bis Buch 34 aus einer zweiten, der Florentina gleichwertigen Handschrift korrigiert war. Einzelne griechische Stellen haben sie nachgemalt, in der Hauptsache aber enthalten sie das Griechische der D. nur in lateinischer Übersetzung, die zum Teil von dem Pisaner Burgundio (gest. 1194) herrührt, zum Teil aber wohl älter ist.[14]) Gewöhnlich umfassen die Vulgathandschriften nur ein Stück der Digesten nach eigentümlicher Dreiteilung, zu welcher Zufall und Absicht zusammengewirkt haben müssen: 1. *Digestum vetus* bis Buch 24 Tit. 3 *inscriptio* von l. 2 Wort *trigesimo* einschließlich, später nur bis XXIV, 2 i. f. 2. *(Digestum) Infortiatum* (verstärkte Digesten) von XXIV, 3 bis XXXVIII Ende. Hiervon heißt der Schlußabschnitt *tres partes*, beginnend XXXV, 2, 2 mitten im Satze mit den Worten *tres partes*. 3. *Digestum novum*: XXXIX—L.[14])

§ 29.

Der Codex Justinianus.

Die Kommission zur Abfassung des älteren Codex hatte

---

[12]) Praefatio der größeren Ausgabe p. IV sqq.

[13]) Savigny, Gesch. des röm. Rechts im Mittelalter IV S. 408 ff. Fitting, Sitzungsber. der Berl. Akad. 1894 XXXV S. 818 ff. bes. 817 f.

[14]) Vgl. Karlowa I S. 1027 f. Anm. 3. Krüger S. 382 f.

den Befehl, aus den CC. Gr. H. Th. und aus den nach Abschluß des C. Th. ergangenen Konstitutionen eine neue Kon-
stitutionensammlung unter dem Namen Codex Justinianus zu-
sammenzustellen. Nicht mehr Gültiges sollte sie fortlassen,
nichts doppelt und keine Widersprüche aufnehmen, alles unter
passende Titel chronologisch ordnen, Konstitutionen, die *sine
die et consule* vorlägen, mit dieser Bezeichnung versehen.
Solche Gesetze sollten darum nicht weniger gelten; ebenso
wie Spezialreskripte und Pragmaticae durch Aufnahme in den
Codex den Constitutiones generales gleichgestellt werden
sollten. Überflüssige Vorreden der Konstitutionen sollten beseitigt, die Texte nach Bedarf geändert, dem Inhalt nach zusammengehörige Konstitutionen zu einer vereinigt werden;
auch die Ermächtigung, Konstitutionen zum Zweck der Ver-
teilung auf mehrere Titel zu zerschneiden, muß die Kommission
gehabt haben, obwohl dies in der Instruktion deutlich wenigstens nicht steht.[1]) Der Codex, wie er vorliegt, beruht in
der Hauptsache auf der Arbeit der ersten Kommission, die
zweite hatte nur den Auftrag, die inzwischen ergangenen
Gesetze in ihn einzutragen und die dadurch bedingten Veränderungen in dem älteren Bestande seines Inhaltes vorzunehmen. [2]) Der alte Codex wurde aufgehoben, und es blieben
von früheren Konstitutionen außerhalb des neuen Codex nur
in Kraft die bei den Behörden registrierten militär- und fiskal-
rechtlichen, sowie diejenigen Pragmaticae, welche Privilegien
erteilten, oder dem Codex nicht widersprachen.[3])

Der Codex zerfällt in 12 Bücher, diese in Titel mit Rubriken. Die Ordnung ist im ganzen aus Verschmelzung derjenigen des C. Gr. und C. Th. hervorgegangen.

Aufgenommen sind Konstitutionen von Hadrian an. Über
die hervorragende Rolle diocletianischer Konstitutionen und
ihre Ursachen vergl. ob. S. 78 f. Occidentalische Konstitutionen nach Abschluß des C. Th. fehlen. Den Konstitutionen
ist die Angabe der Urheber und der Adressaten vorangestellt

---

1) c. Haec quae necessario § 2, c. Summa § 1.
2) c. Cordi § 2. 3.
3) c. Summa § 4, Cordi 4. 5.

(Inskription). Die Datierung u. s. w. steht am Schlusse (Subskription). (Die Paragrapheneinteilung ist späteren Ursprungs.) Die oben besprochenen Zusammenlegungen, Zerteilungen, Veränderungen der Texte sind zahlreich vorgenommen. Konstitutionen, welche aus dem C. Th. in den C. J. übergegangen sind, haben somit zweimal derartige Veränderungen über sich ergehen lassen müssen (vergl. ob. S. 80 f.). Die moderne Interpolationenforschung hat dem Codex noch nicht dieselbe Aufmerksamkeit gewidmet wie den Digesten.[4])

In den Handschriften des Codex sind früh Inskriptionen und Subskriptionen vernachlässigt, der Inhalt selbst ist stark verkürzt. Man ließ die drei letzten Bücher fort, in den übrigen überging man die griechischen und viele lateinische Konstitutionen. Mindestens seit dem 9. Jahrhundert hat man aber angefangen, das Fehlende wieder zu ergänzen. Die existierenden Handschriften der Bücher 1—9 *(Codex)* gehen bis ins 11., die der drei letzten Bücher *(tres libri)* jedoch nur bis ins 12. Jahrhundert zurück. Wichtig für die Kritik ist auch ein Auszug, der frühestens aus dem 7. Jahrhundert stammt und, weil in einer Handschrift des 10. Jahrhunderts zu Perugia überliefert, *Summa Perusina* genannt wird.[5]) Die griechischen Konstitutionen sind erst seit dem 16. Jahrhundert aus den Basiliken und andern Quellen wiederhergestellt *(leges restitutae).*[6])

§ 30.
Die Justinianischen Novellen.

Die Novellen[1]) sind meistens in griechischer Sprache er-

---

4) S. jedoch Eisele, Zeitschr. d. Sav.-Stift. VII, 1 (1886) S. 15 ff. Grupe, zur Latinität Justinians, Zeitschr. d. Sav.-Stift. XIV (1893) S. 224 ff. XV (1894) S. 327 ff. Dazu Kalb, Jahresber. f. Altertumswissensch. LXXXIX (1896 II) S. 293 ff. H. Krüger, Bemerkungen über den Sprachgebrauch der Kaiserconstitutionen im C. J. Arch. f. lat. Lexikographie X (1898) S. 147 ff. XI (1900) S. 453 ff.

5) Heimbach, Anecdota T. II, Leipzig 1840.

6) Über das in diesem Absatz Gesagte vgl. Krüger, Praefatio seiner größeren Ausgabe.

1) Biener, Geschichte der Novellen Justinians. Berlin 1824.

lassen, einige aus besonderem Grunde, weil sie sich auf die Tätigkeit der obersten Reichsbehörden beziehen, oder weil sie für die lateinischen Reichsteile bestimmt waren, lateinisch, einige zweisprachig. Erhalten sind verschiedene Sammlungen.

1. Die *epitome Juliani*, ein lateinischer Auszug aus 122 Novellen der Jahre 535—555; zwei kommen doppelt vor, wodurch die Zahl auf 124 steigt. Privatarbeit eines Professors Julianus in Konstantinopel noch zur Zeit Justinians.[2])

2. Das sogen. *Authenticum*, eine Sammlung von 134 Novellen der Jahre 535—556, enthält die lateinischen im Original, die griechischen in einer sehr mangelhaften lateinischen Übersetzung, die auf eine zum Teil bereits textlich verdorbene griechische Vorlage schliessen lässt. Danach ist unwahrscheinlich, daß (wie behauptet ist[3]) in dieser Sammlung die offizielle Publikation der Novellen für Italien vorliege; die Sammlung scheint aber allerdings in Italien entstanden zu sein. Ihr Name soll daher rühren, daß Irnerius, der berühmte Glossator (um 1100), zuerst nur die Epitome Juliani gekannt, und als er die hier besprochene Sammlung kennen gelernt, ihre Echtheit bezweifelt, dann aber sie als die authentische vor dem Julian bevorzugt habe. Jedenfalls hat diese Bevorzugung seit dem 12. Jahrhundert stattgefunden.[4]) Die von dem Inhalt des Authenticums brauchbar befundenen 96 Novellen *(authenticae* in diesem Sinne), die man glossierte, ordnete man in 9 Collationes, die andern ließ man als *authenticae inutiles, extraordinariae* entweder fort oder stellte sie an den Schluß. Die so geordnete Sammlung ist die sogen. Vulgata. Auszüge aus den einzelnen Novellen wurden zu den Stellen des Codex, zu welchen sie in Beziehung stehen, am Rande vermerkt, später auch in den Text aufgenommen *(authenticae* in diesem Sinne).

3. Die griechische Novellensammlung, von den Humanisten ans Licht gezogen, enthält 168 Nummern. Dazu kommen in einer Handschrift in Venedig noch 13 Edikte Justinians. Davon sind aber 7 Doubletten, 5 Gesetze Justi-

---

[2]) Ihre Anhänge vergl. Krüger S. 372.

[3]) Zachariae v. Lingenthal, Sitzungsber. der Berliner Akad. 1882 S. 993 ff. S. dagegen Krüger S. 357 Anm. 29.

[4]) Savigny, Gesch. des röm. R. im Mittelalter III S. 490 ff.

10*

nians vor Abschluss des Codex, 4 Gesetze von Justinus II
(565—578), 4 von Tiberius II (578—582), 3 bis 4 *formae prae-*
fectorum praetorio (vgl. ob. S. 86f.), so daß eigentliche justinianische Novellen 158 bis 159 übrig bleiben. Lateinische Novellen
haben die Handschriften teils gar nicht, teils in griechischem
Auszuge. Die Sammlung ist im Orient, wahrscheinlich in
Konstantinopel geschrieben, angelegt unter Justinian, abge-
schlossen unter Tiberius II. Dazu treten einige Ergänzungen
der Überlieferung durch andere Sammelwerke und Auszüge.[5])

§ 31.

Das *Corpus iuris civilis*. Ausgaben.

I. Der Ausdruck *corpus iuris* im Sinne der Gesamtheit
des Rechts ist echt römisch;[1]) als Bezeichnung für die Gesamtheit der justinianischen Rechtsbücher findet er sich schon
bei den Glossatoren des 12. Jahrh. Die Handschriften um-
faßten aber immer nur ein Stück des Ganzen und zwar so,
daß Digestum vetus, Infortiatum, Digestum Novum, Codex
(l. I—IX) je einen selbständigen Band bildeten, Institutionen,
tres libri und Novellen in einem Bande (*volumen parvum,*
volumen) zusammengefaßt wurden, in welchen man noch die
Bücher des langobardischen Lehenrechts (*libri feudorum*) und
einzelne Gesetze deutscher Kaiser als *decima collatio* (zu den
9 Collationes der Novellen) aufnahm. Abschnitte aus Gesetzen
Friedrichs I. und II. wurden auch, wie die Novellenauszüge, in
den Codex eingereiht *(authenticae Fridericianae)*.

Auch in den gedruckten Ausgaben erscheinen zunächst
jene 5 Bände selbständig. Die ältesten Ausgaben haben gewöhnlich die Glosse des Accursius (gest. um 1260), die aber
im Laufe der Zeit Zusätze erhielt; oft findet sich als 6. Band
ein Sachregister *(Thesaurus Accursianus)*.[2])

---

[5]) Vgl. Kroll, Praefatio zu seiner und Schölls Ausgabe.

[1]) Liv. III, 34 mit Beziehung auf die XII Tafeln; ferner C. J. V, 13, 1 pr.:
rem in omni paene corpore iuris effusam.

[2]) Die letzte glossierte Ausgabe ist von Joh. Fehius (Lyon 1627. 6 Bde. fol.).

II. Die humanistische Bewegung des 15. und 16. Jahrh.
hat auch für die Herstellung der Quellen des römischen
Rechts in reinerer Gestalt reiche Früchte getragen. Gregor
Haloander (1501—1531) gab 1529—1531 alle Bestandteile
des Corpus Juris Civilis heraus und zwar Digesten wie Codex
unzertrennt, die Novellen zum ersten Male griechisch mit lateinischer Übersetzung.[3]) Die Textverbesserungen Haloanders
haben großenteils dauernden Wert behalten. Der Italiener
Lelio Torelli gab 1553 die Digesten in ausgezeichnetem kritischen Abdruck der Florentina heraus.[4]) Die Herstellung der
verlorenen griechischen Konstitutionen des Codex beruht
hauptsächlich auf den Arbeiten des Spaniers Antonius
Augustinus (1516—1586)[5]) und des unübertroffenen Jacobus
Cujacius (1522—1590).[6]) Die Novellen edierte Heinrich
Scrimger, ein Schotte (gestorben 1571), im Jahre 1558 vollständiger als Haloander nach der venetianischen Handschrift.[7])
Nach ihm gab der Franzose Antonius Contius (gest. 1577) in
seiner (zweiten) zu großem Ansehen gelangten Ausgabe[8])
(1571) den griechischen Text nebst einem lateinischen, der
sich zusammensetzt aus Vulgata und Übersetzungen von Haloander, Heinrich Agylaeus,[9]) Contius selbst und anderen Zutaten.
Contius ist auch Urheber der jetzt gebräuchlichen Zählung
und Einteilung der Novellen.

Die erste Gesamtausgabe unter dem Titel *Corpus iuris civilis*
ist die von Dionysius Gothofredus (1549—1622) im Jahre 1583
veranstaltete.[10]) Die seitdem zahlreich erschienenen Wiederholungen und Nachdrucke der gothofredischen Ausgaben herrsch-
ten bis in das 18. Jahrhundert vor. Sie enthalten J., D., C.

---

[3]) Vgl. Stintzing, Geschichte der deutschen Rechtswissensch. I S. 180 ff.

[4]) Vgl. Stintzing a. a. O. S. 214 f. Terrasson, histoire de la juris-
prudence Romaine (Paris 1750) p. 424

[5]) Constitutionum Graecarum Codicis collectio 1567.

[6]) In seinen observationes und seiner Ausgabe der tres libri (1562). Vgl.
Terrasson l. c. p. 463 suiv. Stintzing a. a. O. S. 375 ff. Es gibt von
Cujacius auch eine Ausgabe der Institutionen, zuerst 1585.

[7]) Vgl. Stintzing a. a. O. S. 206. Terrasson l. c. p. 431.

[8]) Vgl. Stintzing a. a. O. S. 206 f.

[9]) Supplementum versionis novellarum Haloandrinae. Col. 1560.

[10]) Vgl. Stintzing a. a. O. S. 208 f.

und Nov., die letzteren auf Grund der Rezension des Contius, aber manchmal nur lateinisch; dazu Beigaben verschiedener Art.[11]) Der von Späteren vermehrte Notenapparat ist als Parallelstellensammlung noch heute wohl brauchbar.[12])

Die Ausgabe von Gebauer und Spangenberg[13]) hat den Text der Digesten auf Grund einer Nachvergleichung der Florentina durch H. Brencmann verbessert und den Novellen eine neue Übersetzung von J. Fr. Hombergk zu Vach[14]) beigegeben. Die Becksche Ausgabe[15]) gibt die Novellen griechisch, in Hombergkscher Übersetzung und nach dem Authenticum in ursprünglichem Zusammenhange. Die Ausgabe der Brüder Kriegel mit Hermann (Codex) und Osenbrüggen (Novellen),[16]) hat viel Verdienst um die Kritik des Codex und hat die Hombergk'sche Übersetzung verbessert. Die beste Ausgabe ist jetzt die von Krüger (J. und C.), Mommsen (D.) und Schöll (Nov., nach Schöll's Tode vollendet von Kroll).[17]) J. D. u. C. beruhen auf vorangegangenen Einzelausgaben, und zwar der Institutionen von Krüger,[18]) der Digesten von Mommsen[19]) und des Codex von Krüger,[20]) die aber durch die Gesamtausgabe Verbesserungen erfahren haben. Die Novellen sind nur einmal bearbeitet. Die Ausgabe stellt dem Text der griechischen Sammlung den des Authenticums zur Seite, darunter eine neue lateinische Übersetzung.[21]) [22]).

---

11) Die in der folgenden Note bezeichnete Ausgabe bringt eine Sammlung nachjustinianischer Kaiserkonstitutionen, die libri feudorum, XII Tafeln, Ulpians Fragmente, Paulli Sententiae und anderes.

12) Als die beste der gothofredischen Ausgaben gilt die von Simon van Leeuwen 1663 besorgte (Amsterdam fol.). 13) Gottingae 1776. 1797.

14) Erschienen 1717. 15) Leipzig 1825—1886.

16) Zuerst 1828—1843 (17. Aufl. Leipzig 1887).

17) Berol. Vol. I (J. D.) II (C.) 1872. 9. u. 7. Aufl. 1902. 1900. Vol. 3. (Nov.) 1880—1895.

18) Justiniani Institutiones. Recensuit P. Krueger (Berol. 1867), editio altera 1899.

19) Digesta Justiniani Augusti. Recognovit assumpto in operis societatem Paulo Kruegero Th. Mommsen. 2 voll. (Berol. 1868. 70.)

20) Codex Justinianus. Recensuit Paulus Krüger (Berlin 1877.)

21) Hinzugefügt sind einige zerstreut überlieferte Konstitutionen Justinians, darunter auch die Sanctio pragmatica: Pro petitione Vigilii. 22) Von Ein-

§ 32.

4. Die orientalischen Bearbeitungen der Justinianischen Gesetzgebung.

I. Mit Justinian pflegt man die römische Rechtsgeschichte abzuschließen; der berechtigte Grund dafür ist, daß Justinians Gesetzgebung in Deutschland rezipiert, nur bis dahin also die römische Rechtsgeschichte Vorgeschichte unseres eigenen Rechtes ist. Die byzantinischen Bearbeitungen des römischen Rechtes aber sind für Kritik und Auslegung des justinianischen Rechtes von großer Bedeutung. Justinian[1]) hatte in Ansehung der Digesten jede Kommentierung als dem wahren Sinne des Gesetzes gefährlich verboten, nur wörtliche Übersetzungen (κατὰ πόδα), kurze Inhaltsangaben (ἴνδικες) und παράτιτλα, Parallelstellensammlungen zu einzelnen Stellen und ganzen Titeln sollten erlaubt sein. Diese auf die andern Werke Justinians nicht erweislich ausgedehnten Bestimmungen sind bald übertreten. Man verfaßte auch Übersetzungen εἰς πλάτος: erläuternde Paraphrasen, und Kommentare: παραγραφαί. Auch einzelne Monographien kommen vor. Zum größten Teile kennen wir diese byzantinische Rechtsliteratur nur aus den Basiliken und ihren Scholien (s. unt. II). Selbständig überliefert ist eine griechische Paraphrase zu den Institutionen,[2]) die dem Theophilus selbst zugeschrieben wird. Diese Angabe wird freilich wegen der inneren Mängel des Werkes be-

---

zelausgaben sind noch zu nennen: Institutionen mit Kommentar von Ed. Schrader (Corpus iur. civ. t. I [Berl. 1832], mehr nicht erschienen), auch eine kleinere Ausgabe nur mit Parallelstellénsammlung von demselben mit Tafel, Clossius, Maier (zuerst 1885); ferner eine solche von Huschke (Leipzig 1867). — Juliani epitome von Haenel (Leipzig 1873). — Authenticum von Heimbach, II partes (Leipzig 1845—51). Justiniani novellae quae vocantur sive constitutiones quae extra Codicem supersunt ordine chronologico digestae ed. Zachariae a Lingenthal. II partes (Leipzig 1881). Dazu Nachtrag: de dioecesi Aegyptiaca lex (a. 554) (Leipzig 1891).

[1]) C. Deo auctore § 12. Tanta § 21.

[2]) Nach Ferrini, Byzantin. Zeitschr. VI (1897) S. 548 ff. (und früheren Arbeiten desselben) ist dabei auch eine griechische Bearbeitung der Institutionen des Gajus benutzt.

zweifelt, findet sich aber schon in Scholien des sechsten Jahrhunderts.[3])

II. Mehrmals sind von den byzantinischen Kaisern gesetzliche Auszüge und Bearbeitungen der justinianischen Rechtsbücher veranstaltet. Hiervon ist die wichtigste τὰ Βασιλικά,
begonnen unter Basilius Macedo, vollendet und publiziert unter
Leo dem Weisen (886—911). Sie enthalten in 60 Büchern
eine zeitgemäße griechische Bearbeitung der justinianischen
Gesetzgebung, aus deren einzelnen Bestandteilen jedesmal das
Zusammengehörige in einem Titel der Basiliken vereinigt ist.
Der Text ist um so wertvoller, weil er auf den älteren Übersetzungen beruht. Im 10. Jahrh. ist das Werk mit Scholien
aus der älteren byzantinischen Literatur versehen. Der Text
ist ziemlich vollständig, die Scholien nur teilweise auf uns gekommen.[4]) Die Überlieferung wird ergänzt durch spätere
Bearbeitungen. Dahin gehört die Synopsis Basilicorum (um
950), ein alphabetischer Auszug aus den Basiliken, der s. g. Tipu-
citus (τὶ ποῦ· κεῖται), Inhaltsangabe der Basiliken mit Parallel-
stellen und neueren Gesetzen (aus dem 12. Jahrh.). Die
letzte noch in Betracht kommende Bearbeitung des römisch-
byzantinischen Rechtes ist der ἑξάβιβλος des Konstantinos
Harmenopoulos, Nomophylax und Richters von Thessalonich,
um 1345.[5])

[3]) Vgl. Zachariae v. Lingenthal, Zeitschr. d. Sav.-Stift. X (1889)
S. 257 f. Ausgabe von Reitz, 2 Bde. (Hag. 1757). Eine neue von E. C. Ferrini
Berlin 1884—1897.

[4]) Ausg. von Heimbach 6 Bde. mit Supplement von Zachariae v.
Lingenthal (Leipzig 1833—1870). Ein neues Supplement von Ferrini und
Mercati erschien 1897.

[5]) ed. Heimbach (Leipzig 1851). — Im übrigen ist zu verweisen auf
K. E. Zachariä von Lingenthal, Geschichte des griechisch-römischen Rechts
(3. Aufl. Berlin 1892) Einleitung.

Siebentes Kapitel.

§ 33.

Akten und Urkunden.

Wir besitzen inschriftlich eine Reihe von Beamtendekreten in speziellen Justiz- und Verwaltungssachen, die zwar nicht objektives Recht schufen, aber für dessen Erkenntnis als lebendige Akte der Anwendung hochbedeutsam sind. Wir nennen:

I. Dekret des L. Ämilius Paulus als Prokonsuls von Hispania Ulterior v. J. 189 v. Chr., Freierklärung gewisser Sklaven betreffend. Bronzetäfelchen, bei Cadix 1866 gefunden.[1])

2. Die s. g. sententia Minuciorum (Bronzetafel, 1506 bei Genua gefunden). Die Brüder Q. und M. Minucius Rufus entscheiden im J. 117 v. Chr. einen Streit der Genueser mit den *castellani Langenses Veturii (Langates)*, den Einwohnern eines benachbarten, von Genua abhängigen Ortes. Sie haben in Genua verhandeln lassen, Untersuchung geführt und schon dort Maßregeln getroffen, dann aber die Parteien nach Rom vorgeladen und ihnen dort den Spruch verkündet, und zwar *ex senatus consulto*, so daß man sich den Spruch als seinem Inhalt nach vom Senat genehmigt vorzustellen hat. Am Schluß werden für etwaige weitere Streitigkeiten die Parteien aufgefordert, sich wieder an die Urteiler zu wenden. Danach hatten die Minucier einen dauernden Beruf zu solchen Entscheidungen, ohne Zweifel als vom Senat bestellte Kommissare, und wohl selbst Senatoren.[2])

3. Dekret des Prokonsuls von Sardinien von a. 69 n. Chr., ein Urteil mit Gründen in einem Grenzstreit von zwei Ge-

---

[1]) Bruns I p. 281. [2]) Bruns I p. 358 sqq.

meinden; von Zeugen beglaubigte Privatabschrift aus dem Protokollcodex des Prokonsuls; 1866 in Sardinien auf einem Bronzetäfelchen gefunden.[8])

4. Ein Schreiben der Präfecti Prätorio von 168 n. Chr. an die Munizipalmagistrate von Saepinum, enthaltend eine Verwarnung, die Pächter der fiskalischen Schafherden nicht zu verletzen; auf Stein in Sepino.[4])

5. Dekret des L. Novius Rufus, *legatus Augusti pro Praetore*, in Prozesssachen, v. J. 193 n. Chr. Nur der Eingang ist erhalten und der Formen wegen bemerkenswert *(ex tilia recitavit)*. Inschrift in Tarragona.[5])

6. Urteil des Alfenius Senecio, *(subpraefectus classis praetoriae Misenatis)* im 2. oder 3. Jahrh. in einem Prozeß, in welchem es sich um den Verkauf von Grundstücken handelt, die teilweise *loca religiosa* waren, aus einer verlorenen Inschrift von Accursius, dem Glossator, abgeschrieben.[6])

7. Mehrere Zwischenurteile von Präfecti vigilum in einem Prozeß von *fullones* wegen eines Wasserzinses aus den Jahren 226—244 n. Chr., s. g. lis fullonum. Marmorinschrift zu Rom, 1701 gefunden.[7])

8. Auch einige priesterliche Erlasse sind inschriftlich erhalten: Ein Reskript der *quindecimviri sacris faciundis* (289 n. Chr.) bestätigt die von den Dekurionen von Cumae vollzogene Wahl eines Priesters der Mater Deum,[8]) ein Pontifikaldekret genehmigt die Umbestattung eines Leichnams. Bemerkenswert ist, daß es ebenso, wie die kaiserlichen Reskripte, unter der Bedingung ergeht, *si ea ita sunt que libelo contenentur*.[9])

II. Auch Inschriften, welche private Rechtsgeschäfte und Ähnliches beurkunden, sind in reicher Zahl erhalten. Das Material ist zu groß, um hier auch nur annähernd im einzelnen vorgeführt werden zu können. Eine umfassende Sammlung, geordnet nach Gegenständen, bietet Bruns.[10])

---

[8]) Bruns I p. 231 sqq. [4]) Bruns I p. 233 sq.
[5]) Bruns I p. 361. [6]) Bruns I p. 361 sq.
[7]) Bruns I p. 362 sq. [8]) Bruns I p. 237.
[9]) Bruns I p. 237.
[10]) I p. 260 sqq. Aber nicht alles, was dort gesammelt ist, beruht auf In-

III. Die Hauptform der römischen Privaturkunde klassischer Zeit ist die der Zeugenurkunde *(testatio)*, bei welcher eine Erklärung vor den Zeugen abgegeben und von ihnen durch Siegelung der Urkunde als geschehen bezeugt wird. Derjenige, gegen welchen die Urkunde, z. B. ein Schuldbekenntnis, beweisen soll, kann sie schreiben oder schreiben lassen. Sie kann die Erklärungen der Beteiligten in dritter Person protokollieren: *Ille emit, mancipioque accepit, fide rogavit; ille fide promisit, fide sua esse iussit, accepisse et habere se dixit.*[11]) Es kann aber auch der Aussteller in erster Person schreiben: *scripsi me accepisse* oder ein dritter statt seiner: *scripsi rogatu illius eum accepisse.*[12]) In derselben Weise kann ein anderer Vorgang als von den Zeugen wahrgenommen protokolliert werden; deshalb eignet sich die Zeugenurkunde auch als beglaubigte Abschrift einer anderen Urkunde. Sie bezeugt dann, daß die Zeugen ein Schriftstück des Inhalts vor sich gesehen haben, wie es die Abschrift wiedergibt.[13])

Die Urkunde wird in wachsüberzogene Holztäfelchen eingeritzt, von denen 2 *(diptychon)*, 3 *(triptychon)*, oder mehr verbunden werden. Die Beurkundung durch die Zeugen, deren Zahl schwankt, geschieht in der Weise, daß sie je ein Siegel auf die Schnur setzen, mit welcher die die Urkunde tragenden Tafeln, die Schrift nach innen, verschlossen werden.[14]) Dem Siegel wird der Name des Zeugen zugeschrieben (er braucht es nicht selbst zu tun). Im Notfall wird die Urkunde vor Gericht vorgelegt; die Zeugen haben sich zu erklären, ob sie die Siegel als die ihrigen anerkennen, und wird dies bejaht, so haben sie damit zugleich bezeugt, daß der Vorgang,

---

schriften. Über das Statut der Elfenbeinarbeiterzunft das. p. 356 vgl. noch Gradenwitz, Zeitschr. d. Sav.-Stift. XI (1890) S. 72 ff. XII (1892) S. 188 ff. Auch das schiedsrichterliche Urteil Bruns I p. 360, der sog. Schiedsspruch von Histonium, gehört hierher. Denn der römische Schiedsspruch ist Privatakt. Öffentliche und private Elemente können sich mischen, so in dem Beschluß des Rats von Puteoli (Bruns I p. 303 Nr. 117) betr. einen privatrechtlichen Vertrag der Gemeinde.

11) Bruns I p. 288 Nr. 105.
12) Bruns I p. 316 sqq. Paul. D. XII, 1, 40. D. XLV, 1, 12; 6, 2.
13) Bruns I p. 350 Nr. 149.
14) Vgl. Paul. V, 25, 6.

welcher in der Urkunde niedergelegt ist, sich vor ihnen ab-
gespielt hat. Derjenige, welcher die Urkunde zum Zweck
des Beweises gegen sich aus den Händen gibt, insbesondere
der Schuldner, der die Schuldurkunde dem Gläubiger ausstellt,
siegelt sie mit, um die einseitige Öffnung der Urkunde durch
den Gegner auszuschließen. Um nicht die Urkunde öffnen und
die Siegel zerstören zu müssen, nur um den Inhalt zu lesen,
sind die Täfelchen so eingerichtet, daß der Inhalt der ver-
schlossenen Urkunde auf der Außenseite wiederholt wird
(scriptura exterior). Die Öffnung ist also nur nötig, um die
Übereinstimmung der *scriptura interior* mit der *scriptura exterior* zu beweisen. Die *scriptura exterior* ist aber nicht immer
wörtlich mit der *interior* übereinstimmend; z. B. kommen
Quittungen vor, deren *scriptura interior* auf *habere se dixit*
lautet, während die *scriptura exterior* die Form hat: *scripsi
me accepisse* oder *scripsi rogatu illius eum accepisse.*[15]) Bei
letztwilligen Verfügungen, deren Inhalt geheim bleiben soll,
fällt die *scriptura exterior* fort.

Eine Anzahl solcher Wachsurkunden aus den Jahren
131—167 n. Chr. sind (1786—1855) zum Vorschein gekommen
aus Goldbergwerken bci Verespatak in Siebenbürgen. Sie
handeln von Käufen mit Manzipation, *stipulatio duplae*, Quit-
tung über das Kaufgeld; Darlehn mit Stipulation, *depositum
irregulare*, *pecunia constituta*, Dienstmiete, Sozietät, Auflösung
eines Collegium Funeraticium.[16]) Zu Pompeji ist 1875 im
Hause des L. Cäcilius Jucundus eine Kiste mit Wachstafeln
gefunden, fast alle Quittungen über Zahlungen des Jucundus
enthaltend, die meisten über, von ihm abzüglich seiner Pro-
vision abgelieferte, Auktionserlöse; einige über Zahlungen an
die Gemeinde Pompeji zu Händen eines Sklaven derselben.[17])
1887 sind noch einige weitere Wachstafeln in Pompeji gefunden.[18])

---

[15]) Bruns I p. 318 sq.
[16]) Bruns I p. 288—291. 311—313. 328 sq. 334. 350. 375 sqq.
[17]) Bruns I p. 314 sqq.
[18]) Bruns I p. 291 sqq. Eck, Zeitschr. d. Sav.-Stift. IX (1888) S. 60 ff.
151. Gradenwitz, Zeitschr. d. Sav.-Stift. XIV (1893) S. 126 ff. Grünhuts

IV. Papyrusurkunden haben früher keine große Rolle gespielt. Altbekannt sind Verhandlungen über Testamentseröffnung, fünf Protokolle von Gemeindebehörden v. J. 1474 an in einer Papyrushandschrift vom Anfang des 6. Jahrh. aus Ravenna, jetzt in Paris.[19]) In den letzten Decennien sind die Papyrusfunde ganz besonders ergiebig gewesen. Das klassische Land dafür ist Ägypten. Neben die Epigraphik ist die Papyrologie als eine selbständige und wichtige Disziplin getreten.[20]) Eine große Menge von Rechtsurkunden öffentlicher und privater Natur sind uns in Gestalt von Papyri geschenkt und gewähren namentlich tiefe Einblicke in das Verwaltungs- und Rechtsleben Ägyptens unter römischer Hoheit. Nur einiges kann beispielshalber hier genannt werden: Ein Papyrus der Sammlung des Erzherzogs Rainer von Österreich enthält eine griechische Abschrift aus dem Protokollbuch (τόμυς ὑπομνηματισμῶν) des Bläsius Maximus, Präfekten einer Kohorte, über einen Erbschaftsstreit, den er auf Delegation des Präfectus Ägypti im Jahre 124 n. Chr. zu entscheiden hatte.[21]) Eine ähnliche Verhandlung vom J. 135 n. Chr. gibt ein Berliner Papyrus.[22]) Ein anderer enthält eine prozessuale Verhandlung über den Nachlaß eines Ermordeten aus dem Ende des 2. Jahrhunderts.[23]) Aktenstücke in einer Vormundschaftssache aus

---

Zeitschr. XVIII (1891) S. 349ff. Ausgabe beider Gruppen von Zangemeister C. J. L. vol. VI supplem. I (1898). Erman, Zeitschr. d. Sav.-Stift. XX (1899) S. 172 ff.

[19]) Bruns I p. 280 sqq. gibt das älteste Protokoll, alle bei Savigny vermischten Schriften III, S. 122 ff.

[20]) Mit einer eigenen Zeitschrift: Archiv für Papyrusforschung, herausgeg. von Ulrich Wilcken. Seit 1901. Die wichtigsten Sammlungen sind: F. G. Kenyon, Greek papyri in the British Museum. Lond. I. 1893. II. 1898. Corpus papyrorum Raineri archiducis Austriae (herausgeg. von Wessely und Mitteis). Wien 1895. Urkunden aus den königl. Museen zu Berlin. Herausgegeben von der General-Verwaltung. Griech. Urkunden (B. G. U.) Berl. I—III,'11 (1898—1903). Grenfell u. Hunt the Oxyrhynchus papyri. London I. 1898. II. 1899. The Amherst papyri. London I. 1900. II. 1901. Grenfell, Hunt und Hogarth. Fayum towns and their papyri. London 1900.

[21]) Bruns I p. 364 sqq. Mommsen, Zeitschr. d. Sav.-Stift XII (1892) S. 284 ff.

[22]) Bruns I p. 267 sqq. Mommsen, Zeitschrift der Sav.-Stift. XIV (1893) S. 1 ff.

[23]) Mommsen, Zeitschr. der Sav.-Stift. XVI (1895) S. 185 ff.

den Jahren 147/148, wiederum aus Ägypten, sind im Besitz des Professors Nicole in Genf.[24] Ein Testament vom Jahre 186 n. Chr. bietet ein Berliner Papyrus.[25] — Ein hochverdienstliches Werk von Gradenwitz macht sich zur Aufgabe, mit reichem Material an Erläuterungen in die Papyrusforschung einzuführen.[26]

---

[24] Erman, Zeitschr. d. Sav.-Stift. XV (1894) S. 241 ff.

[25] Mommsen, Zeitschr. d. Sav.-Stift. XVI (1895) S. 198 ff. Scialoja, Bull. dell' istitut. di dir. Rom. VII (1894) p. 1 sg.

[26] Gradenwitz, Einführung in die Papyrusurkunde I. Heft, Erklärung ausgewählter Urkunden. Leipzig 1900; s. noch denselben Bull' dell' istituto di dir. Rom. IX (1896) p. 98 sq. Arch. f. Papyrusforsch. II (1902) S. 96 ff. Mitteis, zur Berliner Papyruspublikation, Hermes XXX (1895) S. 564 ff., Papyri aus Oxyrhynchos, Hermes XXXIV (1899) S. 88 ff., neue Rechtsurkunde aus O. Arch. f. Pap.-Forsch. I (1901) S. 178 ff. 343 ff., griechische Papyri zu Leipzig. Arch. f. Pap.-Forsch. II (1903) S. 159 ff. A. Schulten, römischer Kaufvertrag aus dem Jahre 166 n. Chr., Hermes XXXII (1897) S. 273 ff. Scialoja, Bull. dell'istituto di dir. Rom. VIII (1895) p. 155 sq. Wenger, rechtshistorische Papyrusstudien, Graz 1901, dazu Erman, Zeitschr. der Sav.-Stift. XXII (1901) S. 241 ff. Wenger, zu den Rechtsurkunden in der Sammlung des Lord Amherst Arch. f. Pap.-Forsch. II (1902) S. 96 ff. J. C. Naber observatiunculae ad papyros iuridicae, Arch. f. Pap.-Forsch. I (1901) S. 85 ff. und Fortsetzungen.

Achtes Kapitel.

§ 34.

Die nichtjuristische Literatur als Quelle der Kenntnis des römischen Rechts.

Es ist kein Zweig der Literatur bei den Römern, der nicht für das römische Recht Ausbeute gewährte. Geschichtsschreiber, Dichter, Rhetoren, Redner, Philosophen, Briefschreiber, Grammatiker, Kommentatoren, Notizen- und Anekdotensammler, Fachschriftsteller, Kirchenväter,[1]) alle tragen zu unserer Kenntnis des römischen Rechts mehr oder weniger bei, durch Mitteilung und Besprechung von Rechtssätzen, Auszügen aus Juristenschriften, Behandlung von Rechtsfällen, Schilderungen aus dem Rechtsleben, juristische Anekdoten, Verwendung rechtlicher Vorgänge im Bühnenstück, Benutzung von Zügen des Rechtslebens in Satire und Predigt. Nicht zu reden davon, daß überhaupt die ganze Kenntnis der römischen Geschichte und des römischen Lebens, welche uns die Literatur gewährt, mittelbar für die Kenntnis des römischen Rechts unentbehrlich ist. Es ist hier nur möglich, auf das besonders Wichtige und auf sonst wenig Bekanntes aufmerksam zu machen.

1. Plautus (254—184 v. Chr.) hat das Recht gern auf die Bühne gebracht, muß aber mit Vorsicht benutzt werden, da man mit dichterischer Freiheit und Anlehnung an griechische Originale rechnen muß.[2]) Weniger ergibt und noch vorsichtiger zu benutzen ist Terenz.

---

[1]) Ferrini, die juristischen Kenntnisse des Arnobius und des Lactantius, Zeitschr. der Sav.-Stift. XV (1894) S. 343 ff.

[2]) Vgl. Emilio Costa, il diritto privato nelle comedie di Plauto (Turin

2. M. Porcius Cato, der Vater, auch als Jurist bekannt (§ 16, I, 1), schrieb *de re rustica*, mit Berücksichtigung des Landwirtschaftsrechts (Formeln für Rechtsgeschäfte. [3])

3. M. Terentius Varro, geb. 116 v. Chr., gest. nach 36 v. Chr.: *Rerum rusticarum libri. — De lingua Latina.* [4])

4. Eine besonders hervorragende Stellung nimmt ein Cicero (106—43 v. Chr.), der in seinen philosophischen und rhetorischen Schriften und seinen Briefen viel Juristisches bietet, und in seinen Reden, vor allem den prozessualen, eine eminente Quelle des Rechtes seiner Zeit hinterlassen hat. In Zivilsachen sind gehalten die Reden *pro Quinctio, pro Roscio Comoedo, pro Tullio, pro Caecina,* in Strafsachen die *pro Roscio Amerino,* die Verrinischen, *pro Fonteio, pro Cluentio, pro C. Rabirio (perduellio), pro Murena, pro Sulla, pro Archia, pro Flacco, pro Sestio, in Vatinium, pro Caelio, pro Balbo, pro Plancio, pro C. Rabirio* (Repetunden), *pro Milone.* — Ciceros Werke *de republica* und *de legibus* sind nicht Darstellungen des römischen Staats und Rechts, sondern allgemeine philosophische Betrachtungen und gesetzgeberische Vorschläge, aus denen aber über die römische Wirklichkeit vieles zu lernen ist. [5])

5. M. Valerius Probus, Grammatiker (von Tiberius bis Domitian), verfaßte eine Schrift über die gebräuchlichen Abkürzungen, zumal in *leges, plebiscita, SCC., legis actiones, edicta perpetua;* von ihr haben wir einen am Schlusse unvollständigen Auszug, der teilweise ergänzt wird durch eine alphabetische Notensammlung einer Handschrift im Kloster Einsiedeln (Kanton Schwyz).[6])

6. Valerius Maximus: *factorum et dictorum memorabilium libri novem,* an Kaiser Tiberius gerichtet.

1890). Bekker, die römischen Komiker als Rechtszeugen, Zeitschr. d. Sav.-Stift. XIII (1892) S. 58 ff. Costa, il diritto privato nelle comedie di Terenzio, Archivio giuridico L S. 407 ff.

[3]) Auszug: Bruns II p. 49 sqq. [4]) Auszug: Bruns II p. 53 sqq.

[5]) Vgl. Keller, Semestrium ad M. Tullium Ciceronem l. VI. vol. I (l. I—III) Zürich 1851—1853. Bethmann-Hollweg, der römische Zivilprozeß. B. II S. 762 ff. Schneider, der Prozeß des C. Rabirius. Zürich 1889. Kübler, der Prozeß des Quinctius und C. Aquilius Gallus, Zeitschr. d. Sav.-Stift. XIV (1893) S. 54 ff.

[6]) Collect. II p. 141 sqq. Huschke p. 129 sqq.

7. Q. Asconius Pedianus (c. 3—88 n. Chr.): Kommentar zu fünf Reden Ciceros; der früher ihm zugeschriebene Kommentar zu den Verrinen ist nicht von ihm und wird jetzt meist als Pseudo-Asconius citiert.[7])

8. Quintilianus (c. 35—95 n. Chr.): *institutio oratoria*, besonders für den Prozeß wichtig.

9. C. Plinius Caecilius Secundus der Jüngere (62 bis 113 n. Chr.): Briefe, und zwar gehören hierher die Privatbriefe; der Briefwechsel mit Trajan ist § 14, I besprochen.

10. Die Feldmesser, *agrimensores, gromatici* (*groma* ein Meßinstrument): Sex. Julius Frontinus (c. 40—103 n. Chr.), Hyginus, Siculus Flaccus, Balbus unter Trajan; Agennius Urbicus im 5. Jahrhundert. Eine Sammlung der gromatischen Schriften, vielleicht aus der Zeit Justinians, in Handschriften des 9. oder 10. Jahrhunderts, enthält auch Auszüge aus juristischen Quellen, so namentlich den tit. Dig. X, 1 *finium regundorum* aus einer der Florentina gegenüber besseren Vorlage.[8]) Frontinus ist zugleich Verfasser einer Schrift *de aquis urbis Romae*, wichtig wegen der mitgeteilten Gesetzes- und sonstigen Urkunden.[9])

11. A. Gellius (geb. etwa 130 n. Chr.): 20 Bücher *noctes Atticae* (um 170), allerlei schöngeistige und halbwissenschaftliche Erörterungen, besonders wichtig durch die Auszüge aus älteren römischen Juristenschriften.

12. Pompejus Festus um 150 n. Chr. fertigte aus dem Werke des unter Augustus lebenden Verrius Flaccus *de verborum significatu* einen Auszug, der unvollständig erhalten ist, aber ergänzt wird durch einen weiteren von Paulus Diaconus (c. 735—797) angefertigten Auszug.[10])

13. Nonius Marcellus (2. Hälfte des 3. oder Anfang des 4. Jahrhunderts): *compendiosa doctrina per litteras*, ein lexikalisches Werk.[11])

14. Servius Honoratus Maurus (2. Hälfte des 4. Jahrhunderts): Kommentator Vergils.[12])

---

[7]) Auszug: Bruns II p. 69 sqq.
[8]) Auszüge: Bruns II p. 88 sqq., vgl. auch Bruns I p. 96.
[9]) Vgl. Bruns I p. 115.   [10]) Alphabetischer Auszug: Bruns II p. 1 sqq.
[11]) Auszug: Bruns II p. 66 sqq.   [12]) Auszug: Bruns II p. 78 sqq.

15. Q. Aurelius Symmachus (c. 345—415 n. Chr.): Privatbriefe, seine offiziellen Berichte als Stadtpräfekt vgl. § 24.

16. Macrobius (Ende des 4. und Anfang des 5. Jahrhunderts): *Saturnalia* und Kommentar zu Ciceros *Somnium Scipionis*.

17. Anicius Manlius Severinus Boethius (gest. 524): Kommentar zu Ciceros Topica.[13])

18. Isidorus Hispalensis (gest. 636): *originum (etymologiarum) libri*; besonders das 5. Buch behandelt juristische Kunstausdrücke unter Benutzung alter Quellen, aber sehr wirr.[14])

---

[13]) Auszug: Bruns II p. 75 sqq.   [14]) Auszug: Bruns II p. 82 sqq.

Sachregister.

(Zugleich Erklärung der Citierweisen.)

In diesem Buche ist die sog. philologische Citierweise befolgt, welche bei allen Quellen von der größten zur kleinsten Einteilung absteigt. Der Verfasser ist der Ansicht, dass die altherkömmliche sog. juristische Citiermethode nicht mehr aufrecht ·erhalten werden sollte. In dem Sachregister sind die Buchstaben, mit denen man eine Quelle zu bezeichnen pflegt, im Druck hervorgehoben. Die sonst nötigen Erklärungen über die üblichen Anführungsweisen sind teils unter den Stichworten der einzelnen Quellen gegeben, teils selbständig in das Alphabet eingeordnet.

11*